U0593156

西南林业大学经管学术文库

绿色能源
电价市场化变迁

党国英　刘朝阳◎著

Market–Oriented Change of
Green Energy Electrovalence

经济管理出版社
ECONOMY & MANAGEMENT PUBLISHING HOUSE

图书在版编目（CIP）数据

绿色能源电价市场化变迁 / 党国英，刘朝阳著. --
北京：经济管理出版社，2024. 6
　　ISBN 978-7-5096-9682-8

　　Ⅰ . ①绿… Ⅱ . ①党… ②刘… Ⅲ . ①电价 - 电力市
场 - 研究 Ⅳ . ①F407. 61

　　中国国家版本馆 CIP 数据核字（2024）第 084459 号

组稿编辑：郭　飞
责任编辑：郭　飞
责任印制：黄章平
责任校对：张晓燕

出版发行：经济管理出版社
　　　　　（北京市海淀区北蜂窝 8 号中雅大厦 A 座 11 层　100038）
网　　址：www. E-mp. com. cn
电　　话：（010）51915602
印　　刷：唐山玺诚印务有限公司
经　　销：新华书店
开　　本：720mm×1000mm/16
印　　张：17
字　　数：262 千字
版　　次：2024 年 6 月第 1 版　　2024 年 6 月第 1 次印刷
书　　号：ISBN 978-7-5096-9682-8
定　　价：88. 00 元

· 版权所有　翻印必究 ·
凡购本社图书，如有印装错误，由本社发行部负责调换。
联系地址：北京市海淀区北蜂窝 8 号中雅大厦 11 层
电话：（010）68022974　　邮编：100038

前　言

　　自党的十八大以来中国就强调绿色发展的重要性，2020 年 9 月 22 日，国家主席习近平在第七十五届联合国大会一般性辩论上发表重要讲话，中国将采取更加有力的政策和措施使二氧化碳排放力争在 2030 年前达到峰值，2060 年前实现碳中和。如何兑现中国碳减排的世界承诺与现实面临的以煤炭为主导的能源结构挑战？大力发展绿色能源就成为关键的突破口。

　　电价规制是优化电力资源配置，引导和决定产业发展的根本性制度保障。中国对绿色能源电价规制以传统最优规制理论中的平均成本定价模型作为价格规制的理论基础，实施以固定上网电价政策为主的电价规制模式，在一定程度上促进了我国绿色能源电力的规模化发展。但与此同时，煤电占比仍居高不下，而绿色能源电力却面临严重的消纳不畅、巨大的补贴资金缺口和难以融入电力市场化的突出问题，与我国绿色发展战略和电力市场化改革的深入推进相背离。

　　本书以绿色能源可持续发展为目标，根据绿色能源电力发展阶段的异质性特征，将绿色能源电价规制划分为三类模式：绿色能源上网电价规制模式、绿色证书交易制度电价模式和可竞争电力市场电价规制模式。利用博弈模型工具分别对三类规制模式进行作用机理分析，采用计量实证分析、模拟仿真方法与典型案例法进行电价制度市场化效果检验，论证中国绿色能源电价规制模式市场化变迁的路径，探讨我国绿色能源电价市场化变迁的对策与方向，以探索适宜我国国情的绿色能源电价规制理论，化解绿色能源电力发展面临的现实困境，指导绿色能源电价通过市场化变迁实现可持续发展。具体得出如下结论：

第一，现行固定上网电价规制模式不利于绿色能源电力对煤电的有效替代，这也是中国煤电发电量占比居高不下的根本原因。政府不对绿色能源电力设置消纳配额比例时，绿色能源电力厂商的产能决策主要取决于补贴大小，政府对绿色能源采取全额保障收购政策时，会使其电力产量不受电力市场供求约束而造成大量弃风、弃光；现行固定上网电价规制模式是弃风、弃光、与电力市场化不相适应的主因。政府对绿色能源电力设置消纳配额比例时，有利于优化固定上网电价规制模式与电力市场化的适应性，使绿色能源电力的产能受供求关系的约束。

第二，配额制—绿色证书制度电价模式与电力市场化更相适应，能加速实现绿色能源电力对煤电的替代，将补贴负担从政府和消费者转变为污染者付费，使绿色证书的价格直接反映于煤电生产成本中，在增加绿色能源电力产量的同时对煤电产量产生显著抑制作用；电价规制与电力市场的动态均衡机制会根据市场供求自动对绿色能源电力成本变化做出反应并调整规制强度，不仅有助于解决规制者信息不对称，还能提高补贴效率并有效减少弃风、弃光现象；配额制—绿色证书制度电价规制模式显著提升了社会福利，随着政府绿色能源发展目标的提升，对社会福利的改善效果更显著。

第三，可竞争电力市场电价规制模式是绿色能源电力进入成熟期，并具备与煤电市场化竞争阶段需选择的模式。规制发电端与售电市场的市场力，构建可竞争电力市场是绿色能源电价市场化的必要环节，电价市场化阶段自然垄断性会增强绿色能源电力厂商的讨价还价能力，影响电力价格；电网售电公司相对第三方售电公司与绿色能源电力厂商讨价还价时具有更强的议价能力，不但能显著降低电力交易价格，而且会对第三方售电公司产生挤出效应。

固定上网电价规制模式优化、依次向配额制—绿色证书制度电价规制模式、向可竞争电力市场电价规制模式转型是中国绿色能源电价规制市场化转型的可选路径。绿色能源发展装机容量指标电价规制相对固定电价规制，能对补贴形成有效约束并让电力市场趋于稳定，更容易实现规制目标，可作为固定上网电价规制向配额制—绿色证书制度电价规制模式转型的过渡模式，在电价规制模式转型过程中，绿色能源固定电价规制存量补贴采取先快后慢的退出方式，煤电厂商、绿色能源电力厂商与政府三方能同时快速达到均衡水平，实现绿色证书交易高效化。配额比例与罚款力度对绿色能源配额制—绿色证书制度效果存在重大影响，其比例与力度过高或过低均不利于绿色能源配额制—绿色证书制度规制模式的实施。中长期电力市场化交易不利于高比例绿色能源电价市场化的推进，构建需求侧响应的双边交易现货市场是向绿色能源可竞争电力市场电价规制模式转型的有效衔接机制。

目　录

第一章　导论

中国碳中和目标的实现与绿色发展战略急需加快电力结构的绿色转型，加速实现对煤电的有效替代，促进绿色能源产业快速发展。绿色能源电力现有的固定上网电价规制模式面临资源浪费、配置低效以及难以持续的巨大补贴资金缺口，需要从理论上探索、实践中验证适宜中国绿色能源发展的电价制度模式。基于我国绿色可持续发展战略，深入探讨绿色能源电价规制模式的市场化变迁理论与转型实践，对如何摆脱我国绿色能源电力面临的现实困境，快速融入电力市场化改革进程，加快推进我国能源结构绿色低碳转型具有重要的实践指导意义。

第一节　绿色能源发展的时代背景

人类对高碳化石燃料的持续高强度开发利用导致了资源的枯竭、气候的恶化、环境的污染与生态的破坏，全球面临严峻的生存与发展的资源环境挑战。构建人类命运共同体、实现可持续发展成为世界多数国家应对全球气候变化的共识。我国自党的十八大以来就强调绿色发展与生态文明建设的重要性，敦促、引导产业通过供给侧结构性改革实现绿色转型。2020年，我国进一步明确将采取更有力的措施在 2030 年前实现碳达峰，努力争取 2060 年前实现碳中和。然而，中国能源结构仍以煤炭为主（史丹，2018），排放的温室气体以及二氧化硫、烟尘等污染物占全国总排放量的 80%以上，自 2011 年以来，我国一直是全球碳排放最多的国家。

电力行业以煤炭为主导的电力结构导致其二氧化碳排放量约占中国二氧化碳排放量的 49.1%、世界二氧化碳排放量的 32.1%（Musa 等，2018）。面对严峻的碳减排压力与碳中和的国家战略，实现电力部门的绿色发展对整个能源的绿色发展至关重要（Domhnaill 和 Ryan，2020）。我国电力部门曾推行多项煤电节能减排措施，运用多种绿色技术，如碳捕捉等，力图在煤电低碳、节能环保转型中实现突破，但成效差强人意。因而，我国能源产业特别是电力行业如何对传统煤电进行有效替代，向清洁、低碳的绿色能源结构转型，实现绿色能源电力的快速发展是实现绿色发展的根本。

伴随世界范围内市场导向的能源治理改革浪潮（Tzankova，2020），中国开启了电力市场化改革，决心在电力市场建立以价格机制为核心的市场机制，使市场机制在电力市场资源配置中起决定性作用。2020 年 5 月，中共中央、国务院发布《关于新时代加快完善社会主义市场经济体制的意见》，再次强调构建有效竞争的电力市场，绿色能源与电力市场化融合已是大势所趋。然而，绿色能源因其所具有外部性与自然垄断性，且我国长期实行以固定上网为主的电价规制模式，此模式虽然促进了绿色能源规模的扩大，但一直以来我国政府对绿色能源的电价规制基于传统电力工业特点并在计划与高度垄断性体制下设计实施，受绿色能源区域性与季节性特性影响与我国电力储能技术的限制，绿色能源在与整个电力市场化的融合中面临诸多挑战（Kirkegaard 和 Caliskan，2018）。

国家对绿色能源产业的扶持促使其装机规模迅速扩大，但绿色能源电力在全国的电力消费结构中所占比例却十分有限，弃风、弃水及弃光所引发的资源浪费与我国以煤电为主导的能源结构存在突出的矛盾。据国家能源局统计，2015~2017 年，全国弃风、弃水及弃光电量分别为 1255 亿千瓦时、1269.8 亿千瓦时及 187.42 亿千瓦时，合计约为三峡电站 2.7 年的发电量。针对绿色能源资源富集省份大量弃风、弃水及弃光问题，我国采取了包括行政与计划手段在内的各种措施，截至 2019 年底，新疆、甘肃等省份仍然存在较大比例的弃风、弃光问题。

中国现行以绿色能源固定上网电价规制为主的补贴政策因面临巨大资金缺口而难以持续，已成为绿色能源发展的主要障碍（Tu 等，2020）。长期以来，我国对终端用户征收绿色能源发展基金作为固定上网电价规制模式的补贴来源。然而，截至 2017 年底绿色能源发电补贴累计缺口达 1127 亿元，为弥补补贴资金缺口，我国于 2006~2016 年对第二产业、第三产业用户征收标准从 2006 年的 0.1 分/千瓦时提高到 2016 年的 1.9 分/千瓦时。目前中国电价水平接近欧美国家，但工业用电价格已远高于美国（杨娟和刘树杰，2019）。随着经济进入新常态，第二产业、第三产业利润空间下滑，为提升产业竞争力，降低消费者电价尤其是第二产业、第三产业用户电价已成为趋势。2018 年、2019 年《政府工作报告》明确提出一般工商业电价平均降低 10% 的目标，绿色能源现有补贴资金征收渠道已难以维系，现有的电价规制模式已无力支撑绿色能源的快速发展。

自愿交易绿色证书制度无论从绿色能源交易数量还是从效果来看，对整个电力市场而言无异于杯水车薪，未起到实质性作用。自 2017 年开始，中国试点自愿交易绿色证书制度，2017 年 7 月至 2020 年 6 月累计总成交量仅占核发量的 0.14%，相当于核发 718 个绿色证书仅成交 1 个。我国共计 28 个省份陆上风电、集中式光伏发电参与了绿色证书的核发和挂牌交易，累计成交量低于 1000 个绿色证书的地区占比为 75%，其中有 21.42% 的省份绿色证书累计成交量为零，合计 2198 名认购者累计认购 37811 个绿色证书，对应绿色能源电力电量为 0.38 亿千瓦时，而中国同期非水新能源电力发电量超过 16305 亿千瓦时，绿色证书对应交易电量占比仅为十万分之 2.33。这意味着自愿交易绿色证书制度难以适应绿色能源电力市场化进程，不利于绿色能源产业的发展壮大。

由此可见，实现我国碳中和目标和绿色发展战略急需加快电力结构的绿色转型，加速实现对煤电的有效替代促进绿色能源产业快速发展。绿色能源产业现有的固定上网电价规制模式面临新能源资源浪费、配置低效以及巨大的补贴资金缺口难以维续的巨大挑战。自愿交易绿色证书制度无论从绿色能源交易数量还是从效果来看，对整个电力市场无异于杯水车薪，未起到实质性作用。中国绿色能源产业的发展要真正融入电力市场化进程，对煤电行业进行有效替代以实现可持续发展，需要从理论上探索、实践中验证适宜中国绿色能源发展的电价制度模式。

第二节　绿色能源电价市场化的意义

电力价格是配置电力资源、引导和决定产业发展的"无形之手"。中国对绿色能源电价规制以传统最优规制理论中的平均成本定价模型作为价格规制的理论基础，实施以固定上网为主的绿色能源电价规制，促进了我国绿色能源产业的规模化发展。与此同时，我国煤电发电量占比仍居高不下，绿色能源产业面临严重的资源配置低效、巨大的资金补贴缺口及难以融入电力市场化的突出问题，与我国绿色发展战略、与电力市场化改革的深入推进相背离。如何探索适宜我国国情的绿色能源价格制度，化解绿色能源产业面临的现实难题，指导绿色能源产业融入电力市场化中健康可持续发展，是我国绿色能源产业急需破解的问题。

一、理论意义

随着世界范围内对绿色能源电力开发利用的重视，绿色能源电价制度的研究也越来越受到关注。从目前的研究重点来看，研究内容多集中于绿色能源电价规制模式的定性分析，以绿色发展为目标，结合电力市场竞争对绿色能源电价规制的作用机理和政策效应进行定量分析与实证检验的研究寥寥无几。绿色能源产业因存在外部性与自然垄断性双重市场失灵，政府在其发展初期进行补贴性电价规制不仅使电力生产商获得合理投资收益，维持发电项目稳定持续运营，还改变了煤电生产商与绿色能源电力生产商的竞争格局。基于电价规制理论，本书分别构建了绿色能源固定上网电价规制模式，绿色证书制度电价模式中绿色能源电力厂商、煤电厂商博弈模型，以及可竞争电力市场电价规制模式中绿色能源电力厂商、电网背景售电公司、第三方售电公司博弈模型，讨论了电力市场均衡的存在性与均衡解。结合三类模式下中国绿色能源电价规制中存在的问题，构建优化博弈分析模型并得到优化后的电力市场均衡解及规制模式参数区间。本书对不同市场竞争情景下电力市场均衡的讨论建立在绿色能源电价规制对电力市场实际作用的基础之上，研究内容不仅再现了电力市场的客观竞争情景，而且丰富了电力市场的竞争与规制理论。

在电力需求一定的情况下受电价规制的激励，绿色能源发电容量投资的增加势必挤出部分煤电发电容量投资，由此引起的电力价格波动及社会福利问题是政策制定者关注的焦点。本书在明晰绿色能源电价规制对发电厂商发电容量投资作用机理的基础上，进一步比较不同绿色能源电价规制模式的政策效应，包括固定上网电价与绿色证书制度模式下电力市场价格、绿色能源电力产量、煤电产量、电力总产量以及社会福利的比较分析，并对不同价格规制模式之间的过渡衔接进行了模拟仿真。在可竞争电价规制模式下对绿色能源电价市场化进行了探索性研究，构建了以市场势力为核心变量的绿色能源电力生产商与售电公司之间的 Rubinstein 博弈模型，电网背景售电公司与第三方售电公司之间的 Bertrand、Cournot 博弈模型，进一步拓展了博弈理论在政府规制经济学中的应用范围。

二、现实意义

中国计划于 2030 年实现碳达峰、2060 年前实现碳中和，并使非化石能源的消费比重在 2030 年提高到 25%左右，绿色发展已成为我国重要的国家战略。自 2011 年以来，我国一直是全球最大的碳排放国家，加快实现能源绿色转型比以往更为迫切。中国最大的碳排放源头是电力行业，与其他能源相比，电能具有利用效率高、污染少、传输距离远且速度快的特点，它与人类社会向更高层次能源迈进的要求相契合，已成为全球能源发展的趋势，也是中国能源转型的关键。长期以来，中国电源结构以煤电为主，截至 2019 年底，煤电发电量占比仍超过 70%，煤电在供应电力的同时会产生二氧化硫、氮氧化合物、烟尘等有害物质以及影响全球气候的温室气体二氧化碳。中国前后推行了多项煤电节能减排措施，运用多种新技术如碳捕捉等，力图在煤电低碳、节能环保转型中实现突破，但效果却差强人意。相对煤电，绿色能源不产生或很少产生有害物质，且不消耗化石燃料，更有利于经济社会与环境的绿色可持续发展，加快发展绿色能源并实现对煤电的有效替代，已成为中国电力产业实现绿色可持续发展的基本选择。电力市场化是中国绿色能源必须面对的体制性约束，现有的绿色能源电价规制模式已越来越难以与之相适应，绿色能源补贴资金缺口持续扩大，弃风、弃光电量问题仍没有得到根本性解决，其深层次的原因在于当前的电价规制模式存在明显的缺陷与不足。被寄予厚望的自愿绿证交易制度自 2017 年试点以来，其政策效果也差强人意，难以对绿色能源的发展起到实质性性作用。

基于我国绿色可持续发展战略，深入探讨中国绿色能源电价规制模式的市场化变迁理论与转型实践，对如何摆脱我国绿色能源电力面临的现实困境，快速融入电力市场化改革进程，加快推进我国能源结构绿色低碳转型具有重要的实践指导意义。

第二章　绿色能源电价制度的理论基础

本章对重要基本概念进行界定与辨析，明晰绿色能源电价制度的经济学理论，回顾绿色能源电价规制模式的国内外文献研究，梳理绿色能源电价规制模式的最新研究成果，为阐述中国绿色能源电价规制模式的内在机理与制度变迁奠定理论基础。

第一节　概念界定

一、可再生能源与绿色能源

（一）可再生能源

国际能源署（IEA）对能源进行了定义和分类，按人类加工与否分一次能源和二次能源。能否在自然生态系统循环再生，一次能源又分为可再生能源和非可再生能源。可再生能源无需人力就能在自然生态系统循环再生，如水能、风能、太阳能等。非可再生能源会随着开采、利用逐渐耗尽，如煤炭、石油、核材料等。《中国百科大辞典》《资源环境法词典》《软科学大辞典》《国土资源实用词典》等也对可再生能源进行了类似的

绿色能源电价市场化变迁

定义，指出可再生能源包括水能、风能、太阳能等。经济合作与发展组织（OECD）认为可再生能源包括水能、太阳能、风能、潮汐能，以及生物质能、沼气和城市废物的可再生部分的一次能源。

关于可再生能源的定义和分类，国内外一致认为可再生能源是相对非可再生能源具有再生性，而其再生性不需要人类干预就可以通过自然界自身循环反复再生，是人类可以取之不尽、用之不竭的无污染的永续一次能源。在可再生能源具体涵盖的能源范围方面，一致认为可再生能源主要包括水能、风能、太阳能等，生物质能以及沼气等是否完全属于可再生能源尚有争议，除 OECD 认为生物质能、沼气为部分可再生能源外，《环境科学大辞典》指出生物质能经燃烧利用后消失，需要适宜的环境或因有人的栽培才能萌发、繁衍，故生物质能是有条件的可再生能源。

（二）新能源

新能源又称非常规能源，是指新近才被开发利用或正在积极研究、有待发展推广的传统能源之外的各种能源形式。1981 年，联合国召开的"联合国新能源和可再生能源会议"对新能源的定义为：以新技术和新材料为基础，使传统的可再生能源得到现代化的开发和利用，用取之不尽、周而复始的可再生能源取代资源有限、对环境有污染的化石能源，重点开发太阳能、风能、生物质能、潮汐能、地热能、氢能和核能等。

一般来说，常规能源是指技术上比较成熟且已被大规模利用的能源，原煤、原油、天然气、水能、核能等都被看作常规能源。而新能源通常是指新近才被人类开发尚未大规模利用、有待于进一步研究发展的能量资源，如太阳能、风能、现代生物质能、地热能、海洋能以及氢能等。常规能源和新能源是两个相对的概念，相对于常规能源，在不同的历史时期和科技水平情况下，新能源有不同的内容，随着常规能源的资源有限性以及环境问题的日益突出，以环保和可再生为特质的新能源越来越受到各国的重视。

（三）绿色能源

绿色能源也称清洁能源，有狭义和广义两种概念。狭义的绿色能源是

· 8 ·

指以可再生资源为主要发电来源的清洁能源，这些能源消耗之后可以恢复补充，不排放污染物或很少产生污染，能够直接用于生产生活的能源，它包括核能和可再生能源。传统意义的清洁能源是指对环境友好的能源，意思为环保，排放少，污染程度小。但是这个概念不够准确，容易让人们误以为是对能源的分类，认为能源有清洁与不清洁之分，从而误解清洁能源的本意。清洁能源的准确定义应是：对能源清洁、高效、系统化应用的技术体系。含义有三点：第一，清洁能源不是对能源的简单分类，而是指能源利用的技术体系；第二，清洁能源不但强调清洁性，同时也强调经济性；第三，清洁能源的清洁性指的是符合一定的排放标准。可再生能源由于不存在能源耗竭的可能，因此，可再生能源的开发利用日益受到许多国家的重视。广义的绿色能源则包括在能源的生产、消费过程中对生态环境低污染或无污染的能源，如天然气、清洁煤和核能等。

因此，绿色能源是指温室气体和污染物零排放或排放很少的能源，主要是新能源和可再生能源。主要有两层含义：第一，利用现代技术开发干净、无污染新能源，如太阳能、风能、潮汐能等；第二，化害为利，同改善环境相结合，充分利用城市垃圾淤泥等废物中所蕴藏的能源，与此同时，大量普及自动化控制技术和设备提高能源利用率。目前主要的绿色能源包括太阳能、水能、风能、生物质能、地热能等。根据绿色能源的内涵并结合我国绿色能源发展实践，本书研究的绿色能源主要包括水能、风能、太阳能和生物质能。

二、绿色能源电力与绿色能源电价

根据发电电源的一次能源差异，分为不同类别的电力。利用可再生能源生产的电力称为绿色能源电力，与可再生能源电力相对应的是非可再生能源电力，主要包括以煤炭作为燃料进行电力生产的煤电以及利用其他非可再生能源进行发电的电力。根据国际能源署的解释，利用可再生能源进行电力生产，即通过电力生产设备如风机、太阳能光伏组件、水轮机等，将风能等可再生能源转化为电能，其电力生产方式不产生或很少产生对环境有害的物质。在电力生产过程中，因其不以化石能源为燃料，不需要消耗化石能源。因此，可再生能源电力相对传统的煤电等（以化石能源为燃料进行发电的方式），更低碳、清洁，更节能环保，更有利于绿色可持续发展。

综上所述，本书将绿色能源电力界定为：利用可再生能源进行电力生产，生产中不以化石能源为燃料，不需要消耗化石能源，不产生或很少产生对环境有害的物质，通过生产设备将可再生能源转化为电能的电力。结合本书关注的绿色能源为风能、水能、太阳能与生物质能，本书研究的绿色能源电力为水力发电、风力发电、太阳能发电以及生物质能发电，分别简称为水电、风电、光伏发电、生物质发电，绿色能源电力的价格称为绿色能源电价。

三、绿色能源电价规制与市场化

（一）规制的经济学内涵

20 世纪 70 年代以前，规制经济学理论研究的重点集中于公共领域的定价问题。关注的核心问题是怎样促进公共领域的投资以实现公共品的提供，确保公共领域的投资回报率能控制在合理的范围内以避免形成超额垄断利润以及如何实现规制者规制成本最小化等问题。直到 1970 年，大部分早期规制文献主要聚焦于公用事业的规制。以 Kahn① 对规制的定义最具代表性，认为规制是政府针对特定产业并重点在影响该产业效益绩效等方面进行强制的行政性管控，包括特许授权、价格定价、所提供服务的强制性要求等。传播范围最广的是 Stigler 对规制的定义，认为规制本质上是一种政府的法律规定，规制的根本目的在于服务并促进产业发展，由政府进行的针对性设计，是政府强制权力的体现。1981 年 Stigler 进一步将规制的范围扩展到所有的公共领域与私人关系中，不仅包含公用事业与反托

---

① Alfred E. Kahn 在 1970 年出版的 *The Economics of Regulation: Principles and Institutions* 中论述了规制的定义以及规制需要解决的主要问题等。

拉斯的范畴，还囊括了要素市场的公共干预以及对商品的服务和生产、销售与交易的公共干预等。通过对规制早期研究的范围和内涵的理解与拓展，Spulber（2017）在对规制与法律进行区分的基础上得出了规制的经济学阐释：规制是由行政机构制定并执行的直接干预市场配置机制或间接改变企业和消费者的供需决策的一般规制或特殊行为。

（二）价格规制与电价规制

曲振涛和杨恺钧（2006）认为，价格规制作为经济规制的一种重要形式，主要针对因垄断、外部性等所引起的偏离帕累托效率标准的市场失灵，由行政机构规定产品或服务的价格，或者通过设计一定的机制，制定一系列的条件和标准激励与指导企业进行价格决策。价格规制的根本目的在于能够真实反映资源的稀缺程度，真正成为沟通经济活动参与者信息的有效方式并真实反映市场关系的一种激励制度。价格规制不是对市场机制的替代，而是在市场机制作用不充分的区域由政府为市场作用的有效发挥创造制度和环境。

电价规制就是政府针对电力部门，从电力的供需与优化配置出发对其价格水平与构成在不同阶段进行规制的政策或行为。政府电价规制不仅要满足追求利润的企业目标，还要顾及资源优化配置和分配效率的社会目标。因而电价规制的目的不仅旨在保护消费者的利益，而且要激励企业生产并保障企业合理获利，从而实现电力资源的优化配置并提升社会分配的效率。

（三）绿色能源电价规制

电力工业分为发、输、配及售四个相对独立的环节，每个环节规制不尽相同。电力价格由上网电价、高电压等级输电电价、中低电压等级配电电价与销售电价的价格及政府电价附加等组成，电价规制是政府对发电环节的上网电价、输配环节的输配电价以及销售环节的销售电价三个电力链的价格进行规制。

结合前文对绿色能源电力的界定，本书所指的绿色能源电价规制为绿色能源电力价格规制，是指对水电、风电、太阳能光伏发电、生物质发电的上网电价进行的价格规制。绿色能源电价规制与电价规制之间为从属关系，绿色能源电价规制仅为电价规制中上网电价规制中的一部分。

（四）绿色能源电价市场化

2015 年，中国开启了电力市场化改革，决心在电力市场建立以价格机制为核心的市场机制，使市场决定价格的机制在电力市场资源配置中起决定性作用。随着中国电力市场化的深入推进，绿色能源面临新的体制性约束（Kirkegaard 和 Caliskan，2018）。吴力波和孙可奇（2015）认为，电力市场的垄断强化导致绿色能源市场份额降低，进而对绿色能源电力的发展存在抑制性，绿色能源电价规制可有效促进可再生能源电力的发展。但也应注意，一个世纪以来集中式的高碳电力系统实现了电能的安全供给，代价却是产生了全球 1/3 以上的碳排放。随着技术进步与绿色能源技术的持续创新，越来越多的绿色能源电力获得实际运用，但这些技术充分发挥潜力还需要新的机制与制度与之配合。如果规制、监管等制度最终落后于技术发展，就可能会影响绿色能源电力的发展，最终阻碍能源绿色低碳转型。

放松规制的国际经验表明，规制的放松是一种更高效率的规制，电力市场化竞争意味着除市场失灵外，是对绿色能源电力按其特性产生的特定规制需求。市场化程度是影响产业规制政策效果的关键因素，竞争程度的差异使得产业规制存在最优实施空间（黄先海等，2015）。市场竞争是政府补贴得以有效实施的前提，否则政府的补贴仅具有扶持效果而难以实现资源要素的最优配置。相反，政府忽视产业的市场化程度，一味地实施补贴会导致市场无序发展，引起规制失效（戚聿东和李颖，2018）。因此，绿色能源电价规制模式需要与电力市场化相适应与融合。在电力市场化中，规制、监管模式将绿色能源融入其中，并能发挥关键性作用（林卫斌，2017）。电力市场化后，绿色能源电价规制模式对其发展也起到至关重要的作用（Ciarreta 等，2020），随着绿色能源电力竞争力的提升，加强对垄断力量的电价规制，建立可竞争电力市场更有利于绿色能源的发展（Lee 等，2020）。

政府规制和市场化是相辅相成而非自相矛盾，它们的互补性在解决绿色能源发展时将发挥有效的作用。随着中国继续对电力系统进行脱碳绿色转型，需要进一步的创新，市场和政府规制之间需要进一步适应与融合（Yu等，2020），在电力市场化条件下，进行中国绿色能源电价规制已十分必要和迫切。所以，绿色能源电价市场化是指在我国电力市场化体制约束下，为了促进绿色能源发展壮大，政府通过价格规制激励引导企业的决策行为所采取的一种经济性规制政策（黄珺仪，2018），实现绿色能源电价规制模式与电力市场化改革的适应，真正反映电力资源的稀缺程度，体现电力市场供求关系的激励制度，不断提升绿色能源市场化程度，在提高绿色能源市场竞争力的同时，促进其市场化变迁的过程（史丹，2018）。

第二节　绿色能源电价制度的经济学理论

Scherer（1980）指出，规制的传统理由是假设自然垄断的存在。随着对"市场失灵"表现形式与内涵认识的不断深入，外部性等导致的市场失灵问题也成为规制经济学的重点研究领域（植草益，1992）。曲振涛和杨恺钧（2006）针对存在的垄断、外部性与信息不对称问题指出，政府通过实施价格规制可防止资源偏离帕累托效率的配置。绿色能源电力同时兼具外部性与自然垄断特征，其电价规制本质上是典型的价格规制问题（黄珺仪，2011）。本节重点从正外部性与自然垄断性两个方面回顾绿色能源电力价格规制的文献研究。

一、绿色能源的正外部性

绿色能源因能够替代化石能源保护环境、获取提高能源独立性带来的国家安全以及保证电力供应多元化产生的稳定电力价格的三种社会收益而具有正外部性，但因量化外部性收益存在困难且企业难以获取全部收益，企业缺乏投资绿色能源的积极性（俞萍萍和杨冬宁，2012）。在环境正外部性方面，相对于煤电生产过程排放大量的污染气体，绿色能源作为一种清洁能源，其主要开发利用方式为发电（林伯强和李江龙，2014）。对煤电生产排放有害及温室气体产生的负外部性未能内在化的机制缺失，会限制绿色能源的市场竞争力（Pischke 等，2019）。

2011 年，中国超过美国成为世界碳排放最多的国家，在煤炭资源过度使用引起的资源稀缺与环境问题成为阻碍我国可持续发展面临的重大挑战的背景下，绿色能源的重要性迅速凸显（林伯强和李江龙，2014）。然而，绿色能源在开发初期固定成本过高（时璟丽，2017），需要进行合理的电价规制以促进产业的持续健康发展（黄珺仪，2018）。在推广绿色能源技术的早期阶段，相对传统化石燃料，绿色能源通常更为昂贵，导致绿色能源相对缺乏竞争力，需要价格规制政策来促进绿色能源的发展（Domhnaill 和 Ryan，2020）。Johansson 和 Kristrm（2019）指出，绿色能源具有的正外部性是对其进行补贴等价格规制的经济学基础，更为严格的规制有利于绿色能源技术创新，也有利于弥补正外部性导致的社会收益问题（Hille 等，2020），进而需要运用针对性价格规制模式矫正因正外部性产生的市场失灵（Landry 和 Bento，2020）。

二、绿色能源发电产业的自然垄断性

（一）电价规制与规制放松

规模经济最初被认为是引起自然垄断的缘由，从而竞争会导致无效率并产生破坏性。为避免破坏性甚至是毁灭性的竞争最终可能产生的垄断力量，需要进行价格规制。现代自然垄断理论建在规模经济的基础上，植草益（1992）把自然垄断定义为：因技术或特别的经济理由而成立的垄断或寡头垄断。在市场失灵不可避免的领域，或者市场不存在的范围，规制可以发挥替代、互补的作用。电力作为传统自然垄断产业，在很长一段时期实行严格的电价规制，使得技术进步快速推动自然垄断产业的最小效率规模显著下降（范合君和戚聿东，2011）。高度垄断的同时也会导致效率损失，自然垄断又分为强自然垄断和弱自然垄断（和军和刘凤义，2016），输配环节属于强自然垄断，发电环节为弱自然垄断。中国电力产业自 2015 年起开始了新一轮规制放松的电力市场化改革，但存在利益集团左右和扭曲规制放松的问题（白让让，2015），在弱自然垄断环节引入竞争进行电力市场化改革，党的十八届三中全会决议以两百多字的篇幅，分两处提出了涉及自然垄断的改革路径（陈林，2018），强调电力市场化改革的关键在于管住中间、放开两端。

（二）资源禀赋、技术进步与绿色能源自然垄断

技术、制度变迁等带来自然垄断的动态边界改变（曲振涛和杨恺钧，2006），引起了传统自然垄断范围发生改变（杨娟和郭琎，2019），加速了电力产业强、弱自然垄断环节的分离与发售电环节的电力市场化变革。黄昕和平新乔（2020）认为，自然垄断与技术、生产率导致的规模经济存在关联，技术变革使绿色能源开发成本大幅降低，有力地促进了绿色能源电力快速发展，将其能否大规模开发最终归结为成本问题（林伯强和李江龙，2014）。《世界能源发展报告 2018》数据显示，全球风电和光伏发电成本在 2013~2018 年，分别下降了 30% 和 75%，随着技术的不断提高，未来发电成本还将持续快速下降，绿色能源发电成本的不断降低，较化石能源更加凸显了其本身的经济竞争力，预计到 2025 年，绿色能源竞争力将全面超过化石能源。

成本的快速降低使绿色能源参与电力市场化竞争成为可能，但中国绿色能源富集于经济相对落后的"三北"地区与西部地区的独特区域特征，使资源与用电负荷存在区域分离，容易形成市场力（魏楚和郑新业，2017）。林伯强（2018）指出，中国绿色能源电力分布与负荷中心存在区域分离现象，使中国很难照搬发达国家已成功实施的分布式能源发展模式，依托特高压构建的能源互联网使中国绿色能源地域分布与用电负荷集中区域连接成为可能。但优质绿色能源发电资源相对集中于五大电力集团、三峡集团等大型企业，随着绿色能源开发成本下降，在市场化竞争阶段，优质资源集中于少数企业，有限区域的电力市场化可能在卖方市场形

成新的市场力。中国包括电力在内的上游、基础性产业的实证检验表明，控制力主要源于自然垄断而非行政垄断（黄昕和平新乔，2020）。因此，需要加强价格规制实现公平竞争，营造企业自由公正的市场规则与环境（戚聿东和李颖，2018）。

三、制度变迁理论

（一）制度与制度变迁

诺思认为，制度是一个社会的博弈规则，是人为设计的型塑人们互动关系的所有约束。它们由正式的规则、非正式的行为规范、惯例和自我限定的行为准则所构成。在制度构成中，正式规则的作用至关重要，非正式约束对正式规则的实施起促进或阻碍作用，而正式规则、非正式规则的最终作用发挥则需要实施机制予以保障。制度体系可分为制度环境和具体制度安排两个层次，制度安排一般受制度环境的决定并在制度环境框架内进行，制度环境决定制度安排的性质、范围和进程，制度安排反作用于制度环境并推动制度环境的局部调整。

制度变迁是一个复杂的过程，指一系列行为规则、非正式约束、实施的行为进行替代、转换的过程及有效变迁的结果。它包含两层含义：一是新的制度安排如何产生的问题，即制度创新问题。制度创新的入手应该包括四个方面，即合理产权安排、降低交易成本、规范游戏规则、重构组织体系。二是如何从旧制度安排过渡到新制度安排，即新旧制度如何转换的问题。新制度经济学家对制度变迁方式的认识比较趋同，都倾向于把制度变迁分为诱致性制度变迁和强制性制度变迁。林毅夫认为，诱致性制度变迁是指现行制度安排的变更、替代或者是新制度安排的创造，它由个人或一群个人在响应获利机会时自发倡导、组织和实行。与此相反，强制性制度变迁由政府命令和法律引入和实行。

（二）制度变迁的路径依赖

制度变迁到底采取哪种方式是改革战略的选择问题。由于不同国家具有不同的制度环境，所以很难收敛于相同的电力改革模式。这实际上涉及制度变迁过程中的路径依赖问题。任何社会的制度变迁都是在原有制度基础上采用一种新的制度，无论是正式的制度变迁还是非正式的制度变迁都是如此。初始的制度选择会提供强化现存制度的刺激和惯性，因为沿着既定的方向和既有的路径往前走要比另辟蹊径方便得多。

诺思在其制度变迁分析框架中，把财产权、国家和意识形态作为三个基本要素。国家因有暴力上的优势能规定和实施财产权，统治者界定清楚产权会增加交易费用，利益集团的竞争压力会限制统治者对有效率产权结构的选择。意识形态既被看作一种规范制度，也被看作是一种完整的世界观，由它支配、解释信念并赋予合法性。无论是保持现有秩序还是推翻现有秩序，如果没有意识形态的向心推力都不可能。诺思认为，由制度所引起的报酬递增和信息不完全是决定不同国家、不同制度变迁轨迹的两个重要因素。一方面，上述两种力量和偶然因素决定了变迁路径的多样性；另一方面，交易费用的存在也使大量非绩效的制度变迁陷入"锁定"状态而长期存在。路径依赖理论正是通过引入制度和时间维度把握了由制度和组织的连续交互作用引起的制度变迁的动态过程。社会组织指存在自身利益需要的各个集团，正是这些利益集团的矛盾提供了制度变迁的动力。一种社会制度之所以长期处于均衡状态或陷入非绩效的"锁定"状态，在于各种政治利益集团的力量处于相对均衡状态，或是占统治地位的集团竭力维护现有制度并反对各种企图进行制度路径替代的其他利益集团的活动。

（三）制度变迁的渐进过程

路径依赖作用的客观存在决定了非正式制度变迁的渐进性特征必然会在制度变迁中起作用。非正式制度是一种诱致性变迁过程，这种局部变迁过程更多的是处于制度安排层面上的创新，既可能由政府引发，也可能由社会经济运行过程中的内生性因素所触发。新的"制度安排"在开始阶段不一定充分和完美，但制度本身将通过学习、适应和强化功能逐渐达到某种程度上的改进。渐进的制度变迁可以逐步融合原有制度的运行特征，从而适应相关生产要素的价格与宪法秩序的演变过程，实现新制度安排的收益递增。电力产业的规制制度变迁既存在正式制度的整体性、突变性的变迁，又存在非正式制度的变迁。从整个电力产业规制制度变迁过程来看，非正式制度变迁占有更大的部分。

（四）电力产业政府规制变迁

电力产业的规制制度变迁无论是供给主导式还是需求诱导式，都是为了使制度具有多样性的选择空间、使制度安排更具活力，实现稳定的变迁与进化过程，通过规制制度变迁实现电力产业的效率、公平与发展相互兼容的目标。我国曾经实行高度集中的计划经济体制，这种计划经济体制和电力产业的特点相结合形成了电力产业传统的规制特征。全国电力产业都属国家所有，在行政上由国务院电力行政主管部门集权管理，实行统一规划、统一调度、统一核算和统一经营，在组织形式上采取发、输、配垂直一体化，电力部门既行使企业职能，又行使政府规制职能。这种高度集中的产业规制使企业缺乏竞争活力，价格形成机制不能刺激生产效率，相对单一的投资渠道造成基础设施产业投资不足，电力的供需缺口长期存在。这一制度特征构成了我国电力产业规制变迁的初始条件，影响和制约了电力产业规制变迁的路径。

中国电力规制制度的演变伴随着经营体制的改革，我国产业放松规制及规制重建的过程经历了一个从试点到推广、从探索到正式推行的过程，大体经历了三个阶段：第一阶段是政企分开，发电市场逐渐放开阶段。第二阶段是政企分开，部分省份市场化改革试点阶段。第三阶段是横、纵向分拆阶段。在这一过程中政府的规制充分尊重了规制演化过程中的自发力量，体现了我国特有的强制性与渐进性相容的制度变迁特色。

第一阶段的规制改革的目标是解决电力的供求不平衡。这一阶段的改革的特点是多元化投资主体在利益导向下自主举行的，政府行为主要是适应市场发展，对新出现的电力公司以及电力交易规则并不积极参与，仅以法律或制度形式确认。因此，这一进程是资金需求下的诱致性制度变迁。但是从严格意义上说，它只不过是电力规制制度在"边际上的变动"，电力产业的基本矛盾和规制制度并没有从根本上变动。

第二阶段的规制变革以政府机构改革和政企分开的深度调整为特征。这一阶段是政府主导下的强制性变革，总体上取得了一定的效果，但是没有完成严格意义上的制度变迁过程。其原因在于：首先，虽然国家电力公司不再具有行政管理职能，但依然保持垂直一体化的垄断格局；其次，竞争的公平性不能体现，独立发电公司与拥有电网和调度权的国家电力公司处于非常不平等的地位；再次，电力市场的地方保护主义严重阻碍竞争；最后，电价不合理。不同地区、城市之间电价差别很大，农村用电不能同网同价，使得电价过高。这些因素与电力产业规制制度内在演化的市场化精神相背离，因此需要下一阶段的整体制度变迁来完成。

第三阶段以电力产业的纵横分拆和"独立的电监会"产生为特征。这一阶段电力产业的市场构建与规制变革从框架上建立了现代电力产业的规制体系，与政治体制改革关系更为紧密。中央与地方间的关系、政权的层级、职能部门的设立及相互关系都有待进一步规范。国有电力企业的行政级别名消实存，行政级别与行政效率关系仍相当密切，成为制约我国电力规制机构有效运作的现实条件，也导致了电力产业规制在机制层面并不完善，如规制的方式、规制内容以及谁来规制规制者的问题都没有作出有效的规定。因此，未来电力产业的规制制度变迁仍然将在初级行动集团的影响下重新调整方向获取潜在的制度受益。

第三节　绿色能源电价模式的文献述评

21 世纪以来，越来越多的国家将绿色能源产业的发展与推广运用并重，推出了众多绿色能源电价规制政策。中国也将能源绿色转型作为能源发展战略，借鉴成功国家经验并结合自身国情，实行了一系列的绿色能源电价规制政策。相关政策模式的实施对我国绿色能源电力的发展起到了积极的促进作用，随着时间的推移，在规制模式的执行和贯彻上也逐渐暴露出一些问题，其中绿色能源电价规制模式的阶段适用性、效果，规制模式调整优化以及相互之间的衔接问题就亟待解决。目前，国内外学者在电价规制模式研究领域已经取得了较多的研究成果，为中国绿色能源电价规制市场化变迁提供了一定的理论参考。

基于不同的视角，绿色能源电价规制模式的划分也不尽相同。按形式分为直接的和间接的电价规制模式，按强制与否分为强制性和自愿性电价规制模式（Haas，2011；Onifade，2016）；还可以基于价格和数量进行分类（Haas，2011；Jacobs 等，2016），而黄珺仪（2011）认为，包括上网电价政策、配额制等规制实质上都是价格规制，不应划分为以价格为基础和以数量为基础的不同类型，绿证的初期形式为配额制，虽对电量有要求，但绿色能源电价仍受到监管，绿证市场价格也是由实际出售证书的供求来确定。由于存在交叉与相互影响，上述分类均不清晰也不详尽。本书以绿色能源电力市场化为目标，结合绿色能源发展的阶段异质性特征，综合国内外研究成果，将绿色能源电价规制模式分为固定上网电价政策、配额制与可交易绿色证书制度和可竞争电力市场电价规制三类模式。

一、固定上网电价模式

固定上网电价政策由 Feed-in Tariff 翻译而来，简称 FIT。Sandeman（2010）、Leepa 和 Unfried（2013）指出，固定上网电价是短期内有效促进绿色能源电力投资的价格规制政策。为支持绿色能源电力的发展，2004年，最先由德国政府实行了可再生能源法，从法律层面明确了绿色能源支持性价格规制的必要性，有效促进了德国绿色能源电力的发展。随后欧盟各国陆续推出了类似德国的绿色能源电价规制政策，并结合各自国情进行了完善，为快速促进绿色能源电力发展，通常在发展初期会给绿色能源较高的上网电价（Stokes，2012）。各国对绿色能源电力实行的补贴方式与补贴强度的不同，使得 FIT 电价规制在形式上呈现多样性特征，但其本质是政府为促进绿色能源电力发展在价格上给予的扶持性规制模式（Dusonchet 和 Telaretti，2010；Hochhalter，2012）。马莉和范孟华（2014）指出，绿色能源电力发展初期技术水平、开发经济性不如传统电力，面临如何与常规电力竞争、如何收回投资等问题，政府通过固定上网电价规制促进其发展，具体又分为固定电价、溢价电价制度等。其中，采用固定电价的典型国家为德国和日本，采用溢价电价制度的典型国家为西班牙，溢价上网电价使绿色能源电力在传统电力上网电价的基础上，获得了一个溢价收益，溢价部分通过政府性补贴实现（Hong 等，2014）。另外，固定上网电价规制具体实施中的差异除了固定与溢价外，也体现在补贴强度、补贴分摊主体、补贴时限、补贴标准以及退补方式等（Jenner 等，2013）。

Ciarreta 等（2017a）指出，绿色能源电力整个运营期内的成本主要为建设期间的固定资产投资，投产后无燃料成本，如果上网电价明确，投资者就可以预期投资收益，有效规避投资风险，从而促成投资。Ritzenhofen 等（2016）指出固定上网电价规制减少了发电厂商面临的不确定性风险，能有效刺激投资。同时，对固定上网电价规制可能存在的问题也有较多研究，Xia F 等（2020）强调固定上网电价规制对绿色能源电力发展具有重要作用，提出长期保护性价格模式会产生经济效率损失。Haas 等（2014）指出，随着绿色能源电力不断发展、装机规模不断扩大、成本造价降低以及学习效应带来的技术创新，初期较高上网电价需要进行相应调整。Yurchenko 和 Thomas（2015）对欧盟发展绿色能源电力所采取的电价及相关政策进行了全面、详细的介绍，指出固定上网电价规制具有低门槛和低风险的优点。同时也指出，该模式在实施中必须非常谨慎地确定价格，以使其成为契合实际并具有挑战的目标。如果电价太高，会导致大量新产能过度投资，给消费者带来不必要的高昂成本；如果价格过低，则无法有效激励绿色能源电力的发展。Stokes（2013）认为加拿大安大略省在 2012 年之前，固定上网电价规制有力促进了绿色能源电力的发展，随着补贴规模增加，现有固定电价规制模式需要进行改进。Jacobs 等（2016）从固定电价补贴确定原则角度，对比分析了绿色能源电力生产成本与环境外部性以衡量补贴的优缺点。Winter 和 Schlesewsky（2019）指出，德国固定上网电价规制对绿色能源电力促进的同时也存在扭曲分配的问题。Antweiler

（2017）对加拿大可再生能源电力固定电价规制模式进行了优化，认为优化后的模式有利于提升规制效果。Devine 等（2017）指出，大多数国家针对绿色能源电力施行的固定电价规制，补贴分摊没有考虑电力市场主体的风险偏好，绿色能源电力厂商与消费者风险偏好均为中性时，固定上网电价政策才会最优。

中国针对绿色能源电力发展固定上网电价规制的成效，一直是理论界争论的焦点。Ngar 和 Hills（2014）指出，绿色可持续发展转型的主要挑战是如何将可持续发展从概念转变为有效实施的方法。中国在绿色转型中也面临上述问题，他们从政治、经济体制视角，运用中央与地方关系、治理理论，深入对比研究了竞争性招标电价政策与固定上网电价规制对中国风电产业的不同政策效果，结果显示，鉴于中国特殊国情，国外普遍适用的招标电价政策远不如固定上网电价规制政策有效，固定上网电价规制更适宜我国国情的复杂性。吴力波和孙可奇（2015）指出，固定上网电价规制促进了中国绿色能源电力的发展，实证发现，垄断程度越高绿色能源市场份额越低，垄断力量阻碍了绿色能源发展，长远看，打破市场垄断是促进绿色能源发展的关键。Li 和 Chen（2018）强调固定上网电价补贴对风电产业起积极促进作用的同时，高额财政补贴存在难以持续的问题。

黄珺仪（2018）对中国现行风电固定上网电价政策进行了实证分析，结果显示我国风电产业现有补贴水平对风电产业的促进作用不明显。林伯强（2018）指出，绿色能源电力开发成本主要为前期建设时的固定成本，投资建设成本相对传统煤电较高，但后期可变成本具有优势。为鼓励绿色能源电力发展，在初期政府除了明确发展总量规划，还应设定一个固定上网标杆电价，激励绿色能源电力投资。利用随机动态递归的方法构建模型，以风电为例对中国绿色能源电价规制进行实证分析，发现固定电价规制对风电等绿色能源电力的发展具有促进作用，但目前的电价水平仍不足以使风电产业形成与竞争型市场相适应的自我滚动发展能力。Qiang 等（2018）对中国能源转型期间发电成本进行研究认为，随着时间推移绿色能源电力的发电成本会逐渐下降，燃煤发电成本会不断上升，预计 2025

年前绿色能源电力发电成本将低于燃煤发电成本，在此之前对绿色能源电力的固定上网电价规制及补贴仍十分必要。

Liu 和 Chu（2018）对中国绿色能源电力的适应性问题进行了研究，认为实施风电、光伏等绿色能源支持政策时需注意政策效果的评估，避免无序、缺乏规划等造成投资泡沫。北京大学国家发展研究院能源安全与国家发展研究中心等（2018）针对中国风电、光伏发电补贴及弃电问题进行深入研究，指出我国绿色能源发展面临补贴缺口急剧膨胀与"弃风、弃光"居高不下的双重挑战，剖析了出现上述问题的内在制度性根源，建议对现有固定电价政策进行调整。Yuan 和 Xi（2019）回顾了近 40 年我国风电产业政策，指出固定电价规制的退出应与风电产业的技术进步相匹配，过早或过晚均不利于风电产业的长期发展。Bao 等（2019）认为固定电价规制有力地促进了中国绿色能源电力装机规模的扩大，但在促进绿色能源消费方面不成功。Hu 等（2019）认为，固定上网电价规制促进了中国风电装机规模的扩大，但弃风矛盾突出，需要对规制模式进行优化。

二、配额制与绿色证书交易制度模式

配额制由英文 Renewable Portfolio Standard 翻译而来，简称 RPS。绿色证书交易制度的英文为 Tradable Green Certificate System，简称 TGC。Mitchell 等（2006）指出，配额制与固定电价规制是绿色能源推广方面应用最多的价格规制模式。Kildegaard（2008）认为，绿色证书交易制度本质上更多的是基于提升规制政策效率的考虑。Avril 等（2012）指出，配额制在美国等数十个国家已实施多年，是推动绿色能源发展的重要规制模式。配额制将绿色能源电力作为发电厂商的法定义务，政府通过设置绿色能源目标配额指标，同时建立绿色证书交易市场，在绿色能源强制配额下最大限度利用市场价格机制确定绿色能源电价（Dong，2012）。Aune 等（2012）针对欧盟计划 2020 年实现绿色能源电力占比 20% 的目标，设计了欧盟跨国绿色证书交易市场模型，数据模拟显示其可以有效降低欧盟绿色能源电力发展目标的成本。Pineda 和 Bock（2016）发现，配额制—绿色证书交易制度是减少碳排放并激励绿色能源电力发展的有效政策模式，它使发电厂商拥有绿色能源电力生产配额的义务，绿证价格由市场机制确定，配套的绿色证书交易市场提供了配额未完成者避免罚款，从而达到规定配额指标的机制。Helgesen 和 Tomasgard（2018）构建了电力市场可交易绿色证书古诺均衡模型，认为引入绿色证书交易市场能促进绿色能源电力的竞争，提升社会福利。Zhao 等（2020）指出配额制作为实现能源低碳转型的规制模式，是否在资源优化配置中发挥决定性作用，是中国电力市场化改革的关键问题。

Zhang 等（2017）以中国风电产业为例，模拟了绿色证书交易对中国风电产业的影响，认为绿色证书交易无法有效促进风电产业的发展。Curriera 和 Currierb（2018）指出，配额制—绿色证书交易规制并不能激励绿色能源电力生产商充分挖掘其降低生产成本的潜能。Xiaohua 等（2017）实证检验了中国绿色证书交易市场 2017～2018 年的效率，结果显示中国试点的非强制配额下的绿色证书市场交易作用有限，未对绿色能源电力发展起到明显的促进作用。余杨和李传忠（2020）从财税减负视角针对中国 2017 年推出的绿色证书交易制度进行建模研究，得出绿证自愿认购的政策效果有待进一步验证。

在配额制与绿色证书交易制度构建方面，Raadal 等（2012）指出，电力市场信息披露会对绿色证书交易市场产生影响，但瑞典的实证结果显示其影响并不显著。Fang 等（2019）利用系统动力学方法构建了中国配额制演进模型，分析了市场利益主体的策略选择，指出配额制涉及电力市场中垄断者利益，电力生产商会倾向于抵制，需强化规制政策执行刚性。Zhao 等（2020）、Zuo 等（2019）分别构建了 SD 模型，分析了中国绿色证书交易市场的运行，指出配额制—绿色证书交易电价规制发挥作用的关键在于政府规制参数的合理设定。Zhu 等（2020）认为，中国的配额制必然会影响零售电力市场中利益相关者的策略，激励和惩罚强度是分析市场主体博弈行为的关键参数。赵新刚和任领志（2019）通过构建绿色能源电力厂商与火电厂商两方演化博弈模型，分析了不同配额制情景下博弈双方的策略行为及对绿色证书交易制度的影响，指出配额制是中国实现能源绿色转型的强制性制度变迁。Kwon（2020）认为配额制是韩国发展绿色能源电力的主要规制模式，但针对小型光伏项目需采用固定上网电价模式予以支持，合理的规制参数设置可以更有效地促进绿色能源电力发展。

三、可竞争电力市场制度模式

虽较少文献涉及绿色能源可竞争电力市场电价规制模式，但依然可从现有研究成果中找到相关依据与理论基础。Simao 等（2012）指出，欧盟已将发展绿色能源电力，尤其是风电作为应对日益严峻的环保挑战的战略举措。在整个欧洲实行了积极的激励计划，固定上网电价与配额制等模式有效推广了绿色技术，但未来欧盟国家绿色能源电力面临进入电力市场加入竞争的趋势。Roldan Fernandez 等（2016）指出，市场化有利于形成绿色能源电力供给与需求侧之间的良性响应，通过价格信号引导负荷需求。

随着中国电力市场化改革的深入，绿色能源电价市场化也逐渐成为国内外学者研究的热点。林伯强（2018）指出，在电力市场中涵盖绿色能源电力，用市场机制促进其发展是国际学术界、产业界关注的焦点。目前，绿色能源电价规制与电力市场相融合是解决中国电力市场面临的关键问题所在。电力向绿色转型过程中必须在充分学习国外先进经验的同时，形成适用于中国国情的绿色能源电价制度模式，才能确保正确的转型发展方向。Chen 等（2019）利用随机前沿方法实证了中国经济体制市场化改革对经济绿色转型的提升作用，从市场化对经济效率的提升角度阐述了对经济绿色转型的积极作用。但因电力工业具有特殊性，电力市场化能有效提升电力工业整体效能，有利于绿色转型，但发电侧电源结构包含大量依赖化石燃料的煤电厂，绿色能源电力在市场化过程中面临与传统煤电的艰难竞争，绿色能源电力价格市场化面临诸多挑战。近年来，弃风、弃光持续扩大，加强适合本土绿色能源电力市场化模式的研究已十分急迫（Zhang 等，2018）。中国绿色能源电力经历了十多年的快速发展，近年来主要绿色能源省份出现了大规模弃水、弃风和弃光问题，低效的市场化机

绿色能源电价市场化变迁

制和不利于竞争的市场结构阻碍了绿色能源电力渗透力的提升（Xu 等，2018），急需加强电力市场建设以利于绿色能源电力的长远发展（Li 等，2018）。同时，随着绿色能源电力装机容量在能源结构中的比例不断上升，消纳问题将更加凸显，适合中国国情的绿色能源电价市场化模式有利于其消纳（Ma 等，2020）。

综合国内外研究成果，结合绿色能源发展的阶段异质性特征①，本书提出绿色能源电价规制的第三类模式，即绿色能源可竞争电力市场电价规制模式。随着绿色能源的不断发展，其开发技术日益成熟，开发成本会不断下降，市场竞争力将不断增强。一方面，绿色能源会随着市场竞争力的增强，因资源禀赋差异导致的绿色能源自然垄断性会逐渐凸显；另一方面，传统的电力垄断势力会阻碍绿色能源电价市场化的顺利推进。在绿色能源可竞争电力市场电价规制模式的着力点方面，市场势力不仅会对绿色能源的电力消纳产生不利影响，还会扭曲绿色能源电力的价格，加强对垄断力量的规制仍是绿色能源电力市场化面临的重要议题（Ciarreta 等，2017b）。日本电力市场实证结果显示，垄断厂商合谋行为影响绿色能源电力发展（Matsukawa，2019），绿色能源电力价格市场化的困境除了成本因素外，可竞争市场的构建十分重要（Laura 等，2017）。可竞争的售电市场可以通过激励性需求响应缓解电力市场中垄断势力的市场力，有利于绿色能源电价市场化的推行（Yoo 等，2017）。随着可再生能源电力技术升级，建造与运营成本降低，越来越具备与传统煤电竞争的条件，构建可竞争市场有利于其市场化价格的形成（Coester 等，2018）。因此，绿色能源电力市场化需进一步完善配套的市场机制（Bahmani 等，2020），随着未来电力体系以绿色能源电力为主导，绿色能源电力融入市场化的电力市场必须解决市场失灵问题，仍需强化政府规制（Newbery 等，2018）。

---

① 随着绿色能源发展阶段的变化，其技术趋于成熟，开发成本会不断降低，市场竞争力会不断增强。

四、不同电价规制模式比较

不同绿色能源电价规制模式的比较是理论研究的焦点，主要集中于绿色能源固定上网电价规制模式与配额制—绿色证书交易电价模式之间的比较。由于研究的视角不同，尤其是规制目标的差异，在电价规制模式比较研究中得出的结论也不尽相同。

Mészáros 等（2010）以英国为例研究了固定上网电价与绿色证书交易制度对绿色能源电力及电力市场的影响，认为固定电价规制模式更有利于促进绿色能源电力的发展。Haas（2011）研究了欧盟成员国发展绿色能源电力采取的价格规制，欧盟大多数国家采取固定上网电价规制模式，以民众可以接受的成本成功促进了绿色能源电力的发展；意大利等国的实证结果显示，绿色证书交易市场处于低效状态，难以有效促进绿色能源电力的发展。Ross 等（2012）认为澳大利亚现行的配额制—绿色证书交易制度未能区分不同类型绿色能源电力的技术水平、发展阶段，造成对小型风电发展的激励失效。Sun 和 Nie（2015）通过建立两阶段模型比较固定上网电价规制和配额制，结果表明固定上网电价制度比配额制更有效率。Kilinc-Ata（2016）实证了欧盟 27 国及美国 50 州的固定电价规制模式与配额制—绿色证书交易模式对绿色能源电力发展的影响，认为固定电价规制整体表现优于配额制—绿色证书交易电价规制模式。Ritzenhofen 等（2016）的研究多集中于固定上网电价规制与配额制—绿色证书交易电价制度对绿色能源电力投资的影响，研究发现两种规制政策均能提高绿色能源电力的渗透水平，固定上网电价规制的实现成本更小，而配额制—绿色证书交易制度更具有稳定性，配额制必须加大规制力度，确保投资者投资预期才能有效实施。García-álvarez 等（2017）实证了固定上网电价规制和配额制对 2000~2014 年欧盟 28 国陆上风电的影响，认为固定上网电价规制能有效促进上述国家陆上风电的发展，电价与期限是规制模式成功的关键因素。García-álvarez 等（2018）进一步实证了固定上网电价规制和配额制—绿色证书交易电价规制对 2000~2014 年欧盟光伏发电的影响，认为补贴与期限是重要的规制参数，固定上网电价规制有效促进了欧盟国家光伏发电的装机规模扩大。

Fagiani 等（2013）从投资者规避风险的角度对比分析了固定上网电价规制与绿色证书交易制度对投资者风险决策的影响，虽然固定上网电价规制下绿色能源电力投资风险较低，但过度依赖规制者政策执行的一贯性，存在政策风险；相反，在绿色证书交易制度下，只要控制好投资风险偏好，就更能确保绿色能源电力的长期投资收益。Ciarreta 等（2017a）以西班牙电力市场为例，研究了固定上网电价规制与绿色证书交易制度的规制效果，认为固定上网电价规制成功实现了绿色能源电力的发展目标，但缺失对电力市场或电力价格信号的响应；而绿色证书交易制度在实现绿色能源电力发展目标的同时，能有效降低政府规制成本。Hustveit 等（2018）构建了动态随机模型，研究了瑞典与挪威的配额制—绿色证书交易电价规制的市场运行情况，结果表明绿证价格难以提前预期，绿色能源电力投资需考虑不确定性风险；绿证价格对电力消费与生产高度敏感，规制政策变化需谨慎，同时应避免绿证价格波动过大，瑞典、挪威绿色证书交易市场能较好地促进绿色能源电力的发展并提升规制效率。Zhao 等（2017）运用系统动力学模型对比研究了固定上网电价规制与配额制模式对中国生物质能发电的影响，认为配额制更适合中国国情。Liu 等（2018）构建了局部均衡模型，并以中国为例模拟仿真了绿色能源电价规制模式效果，认为固定上网电价规制对促进绿色能源电力发展的效果显著，配额制—绿色证书交易电价模式的效果温和。Choi 等（2018）对比研究了韩国固定上网电价规制与配额制模式对政府、电力厂商收益的影响，认为从政府的角度来看，配额制更有利于发展光伏发电。蒋轶澄和曹红霞（2020）认为现有的固定电价规制模式造成绿色能源电价补贴压力越来越大，配额制已成为中国当前绿色能源电力转型的目标规制模式。

在规制参数制定方面，Boomsma 和 Linnerud（2015）研究了市场与政策风险对固定上网电价规制与配额制—绿色证书交易制度的影响，指出两类规制模式受影响程度的差异小于预期，同时规制者调整规制模式参数需保持谨慎，否则极有可能付出更大的社会成本才能实现其绿色能源发展目标。郭炜煜和赵新刚（2016）对比研究了固定电价制度和配额制对绿色能源电力发展的影响，认为两种规制模式均对绿色能源电力有积极的促进作用，指出随着中国电力市场化改革的推进，加强研究两类模式之间的衔接十分必要。Dong 和 Shimada（2017）研究认为，日本发展绿色能源电力最先采用配额制模式，但难以实现发展目标，2009 年改为实行固定上网电价模式仍难以实现规制者的绿色能源发展目标。除绿色能源电力发展的阶段异质性因素外，来自电力垄断组织的影响也是重要原因，过强的电力垄断组织通过向政府施加影响，调整规制模式参数，削弱了规制模式的效果。Fang 等（2019）指出，规制模式参数的合理设置能加速市场均衡的形成。

绿色能源固定上网电价规制模式与配额制—绿色证书交易制度模式是基于绿色能源处于发展初期或快速发展期，开发成本较高难以和传统煤电市场化竞争，为加快绿色能源的发展，政府给予绿色能源支持的电价规制模式。规制目标、电力市场特征不同，比较的结论也会不同；另外，规制模式的参数设置也会影响规制目标的实现。目前，国内外研究中鲜有对第三类模式即绿色能源可竞争电力市场电价制度模式的研究，该模式是绿色能源进入成熟期，开发成本不断下降，市场竞争力不断提升，具备与传统煤电市场化竞争时必然需要选择的规制模式，决定于绿色能源发展阶段的异质性特征。

绿色能源的正外部性与中国绿色能源发电产业的自然垄断性，需要对绿色能源进行电价规制，绿色能源电价规制模式的选择成为学术界研究的热点，现有研究思路和方法为本书研究提供理论借鉴，但有些问题还需进一步明确和深入探讨：一是考虑电力市场化条件下中国绿色能源的电价规制问题。随着中国电力市场化改革的推进，绿色能源电力面临如何与电力市场化相适应的问题。市场化进程中我国绿色能源电价规制模式的成效与模式选择问题对绿色能源电力发展的重要性越发凸显。二是关注中国绿色能源电价规制的阶段异质性问题。在绿色能源电价规制模式研究中，固定上网电价规制、配额制—绿色证书交易制度对绿色能源电力的影响及规制模式对比的成果较为丰富。但绝大多数研究都是基于各国的实证检验得出的结论，两类电价规制模式均有支持者与批评者。绿色能源电力发展本身具有阶段异质性特征，不同绿色能源电力之间也存在发展阶段差异，在选择价格规制模式时必须予以考虑。另外，电价规制模式实施效果也会因垄断势力、利益主体阻碍以及规制模式主要参数设定的差异存在不同影响。因此，结合不同类型绿色能源电力技术的发展阶段特征，考察绿色能源电价市场化制度变迁是一个值得探索的领域。

第三章　绿色能源电价模式的内在机理

　　本章基于三类绿色能源电价制度模式的内涵与经济理论,探讨绿色能源电力厂商、煤电厂商与售电商在电力市场、可交易的绿色证书市场以及不同市场之间的相关博弈模型,揭示三类绿色能源电价制度模式对实现能源结构绿色转型与可持续发展的作用机理与理论效果。

第一节　固定上网电价规制模式的作用机理

　　首先明晰绿色能源固定上网电价规制模式的内涵和理论基础,其次通过构建绿色能源电力厂商与煤电厂商的古诺博弈模型,进一步分析绿色能源固定上网电价规制模式的作用机理,从而揭示绿色能源固定上网电价规制模式对能源结构绿色转型的偏离。

一、固定上网电价规制的内涵

　　固定上网电价规制实质上是一种直接补贴性电价规制(Ciarreta等,2017b),绿色能源发展具有明显的阶段异质性,初期开发成本较高,难以和传统电力展开市场竞争,政府对其采取价格规制,给予上网电价补贴以支持绿色能源的发展。通过对绿色能源高于市场电价部分予以补贴，解决绿色能源具有的正外部性。绿色能源电价补贴会激励绿色能源厂商竭尽全力进行投资，直到绿色能源的边际成本等于政府对绿色能源实行的固定上网电价 P_m，如图 3-1 所示。

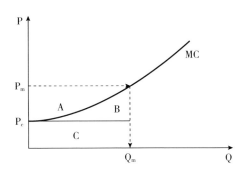

图 3-1　绿色能源固定上网电价规制

P_e 为传统煤电的电价，绿色能源的总成本为 A 与 B 的面积之和。其中，政府对绿色能源的电价补贴为 A 的面积。根据补贴方式不同，绿色能源固定上网电价规制可以分为三种：固定电价、固定电价补贴和变动电价补贴（黄珺仪，2016）。固定电价的固定上网电价规制在绿色能源整个经营期内实行统一、固定的上网电价。固定电价补贴的固定上网电价规制对绿色能源的电价补贴是以电力市场电价为基准，给予绿色能源额外固定数量的电价补贴。补贴会随着电力市场电价的波动而变化，但与各期电力市场电价之间的差额维持不变。变动电价补贴的固定上网电价规制是前述两种固定上网电价规制的综合，政府对绿色能源采用最高限价模型，对绿色能源整个经营期执行最高限价的上网电价，各期补贴金额为各期电力市场电价与最高限价的差额。

中国目前对绿色能源实行的固定上网电价规制模式为变动电价补贴的固定上网电价规制，差别在于参照基准为煤电标杆上网电价，超过煤电标杆上网电价部分通过绿色能源发展基金予以补贴。不论是固定电价、固定电价补贴还是变动电价补贴的固定上网电价规制，其内涵都是一致的，都是政府对绿色能源实行的直接补贴性电价规制。

二、固定上网电价规制的理论基础

绿色能源具有正外部性，如图 3-2 所示，MPR 表示绿色能源电力厂商的边际私人收益，MSR 表示边际社会收益，MER 表示边际外部收益。

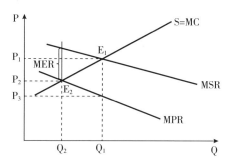

图 3-2　绿色能源边际成本定价

由于绿色能源具有正外部性，绿色能源电力厂商的边际私人收益与边际社会收益的差异导致 MPR ≠ MSR，此时市场价格难以完全反映社会收益，而 MER = MSR-MPR，从整个社会的角度来看，MC = MSR 时达到帕累托均衡点 E_1，实现福利最大化时的产量为 Q_1，价格为 P_1，Q_1 为绿色能源电力最优电量，P_3 为消费者愿意接受的绿色能源电力的价格。M 为最优补贴金额，M = MER（Q_1），$P_1 = P_3 + M$ 为绿色能源电力厂商愿意接受的价格，Q_2、P_2 为市场竞争时的电量和电价。但对于绿色能源电力厂商来说，MC = MPR 时实现帕累托均衡点 E_2，最优产量和价格分别为 Q_2 与 P_2，此时存在产出缺口 $Q_1 - Q_2$，需要政府对绿色能源电力进行电价规制，解决正外部性问题。由于信息不对称，政府难以准确掌握绿色能源电力生产商的私人信息，难以按绿色能源电力生产商的边际成本进行电价规制，绿色能源固定上网电价规制模式的基础是按照绿色能源电力的平均成本确定其电价或补贴。如图 3-3 所示。

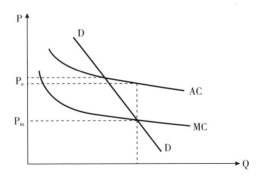

图 3-3　绿色能源平均成本定价

固定上网电价规制是规制者按绿色能源的平均成本确定绿色能源的上网电价或补贴，可以使绿色能源生产商获得可预期的稳定投资收益，但由于规制者很难准确掌握绿色能源厂商的真实生产成本，电价规制的效果容易与规制目标相偏离。

三、绿色能源电力厂商与煤电厂商的博弈分析

固定上网电价规制本质上属于政府对于绿色能源电力的价格补贴，为从理论上进一步分析绿色能源固定上网电价规制模式的作用机理，以明确绿色能源固定上网电价规制模式难以实现绿色能源对煤电的有效替代，并且不受电力市场需求约束，与电力市场化不相适应，会产生弃风、弃光等问题，造成资源浪费。在电力市场中构建对绿色能源电力实行固定上网电价规制前后，构建绿色能源电力厂商与煤电厂商间的古诺博弈模型。具体内容包括通过求解古诺博弈模型均衡解，构建绿色能源电力厂商与煤电厂商均衡产量之间的关系，研究两者之间的替代性；构建绿色能源电力厂商产量决策的影响因素，研究补贴对其的影响；明确固定上网电价规制模式可以优化的方向。

Ciarreta 等（2017a）对电力需求函数为线性函数：

$$P_z = c - dQ \qquad\qquad (3-1)$$

其中，P_z 表示电力市场电力价格；Q 表示整个电力市场的电力需求

量，包括绿色能源电力和化石燃料电力总的发电量。发电端市场为充分竞争市场，进入和退出市场无成本，也就是发电生产商的利润为零，即其总收入等于总成本：

$$P_Z Q = P_F Q \qquad (3-2)$$

等式左边为总收入，右边为总成本。由式（3-1）和式（3-2）得到：

$$P_F = P_z = c - dQ \qquad (3-3)$$

假设在电力市场中有 M 个煤电生产商，其生产成本函数为：

$$C_h(q_h) = v_h q_h + j_h \qquad (3-4)$$

其中，q_h 表示每个煤电生产商的电力产量，j_h 表示煤电固定成本，v_h 表示煤电可变成本。同时，假设电力市场中还有 N 个绿色能源电力生产商，其生产成本函数为：

$$C_g(q_g) = v_g q_g + j_g \qquad (3-5)$$

其中，q_g 表示每个绿色能源电力生产商的电力产量，j_g 表示绿色能源电力固定成本，v_g 表示绿色能源电力可变成本，$j_g > j_h > 0$，$0 < v_g < v_h$。

在没有绿色能源固定上网电价规制时，不论煤电厂商还是绿色能源电力厂商均以利润最大化为生产目标。即：

$$\underset{q_h}{Max}\pi_h = p_z(Q)q_h - C_h \qquad (3-6)$$

$$\underset{q_g}{Max}\pi_g = p_z(Q)q_g - C_g \qquad (3-7)$$

同样类型的电力生产商生产同样量的电力。由式（3-6）、式（3-7）求解一阶条件，可得到均衡解为：

$$q_h = \frac{c - C_h + N(C_g - C_h)}{d(M+N+1)} \qquad (3-8)$$

$$q_g = \frac{c - C_g - M(C_g - C_h)}{d(M+N+1)} \qquad (3-9)$$

$$Q = \frac{M(c - C_h) + N(c - C_g)}{d(M+N+1)} \qquad (3-10)$$

$$p_z = \frac{c + MC_h + NC_g}{d(M+N+1)} \qquad (3-11)$$

均衡条件为：

$$C_g < C_h + \frac{c - C_h}{M+1} \Rightarrow \frac{M}{M+1} < \frac{c - C_g}{c - C_h} \qquad (3-12)$$

以上均衡条件也是绿色能源电力厂商生产的前提条件。如果绿色能源电力厂商的边际生产成本过高并且超过上述生产的前提条件值，则绿色能源电力厂商将不再生产，也即：

$$q_g = 0 \qquad (3-13)$$

$$q_h = \frac{c - C_h}{d(M+1)} \qquad (3-14)$$

$$Q = \frac{M(c - C_h)}{d(M+1)} \qquad (3-15)$$

$$P_z = \frac{c + MC_h}{M+1} \qquad (3-16)$$

如果绿色能源电力厂商满足式（3-12）进行生产，则电力市场中的电力价格相对会很低，绿色能源电力厂商也没有获得任何政府的额外补贴，可以直接进行市场化竞价交易，不需要政府补贴。但在各国发展包括新能源在内的绿色能源电力初期，尤其风电、太阳能光伏发电因其发电年利用小时数远低于煤电等常规电力机组，并具有间歇性、不可预测性等问题，在生产成本大规模降低前，很难与煤电机组进行竞争。因此，具有高成本的绿色能源电力在发展初期，如果没有政府给予的价格规制，很难与煤电等传统电力进行竞争，不利于其发展并形成规模效应。在绿色能源电力发展的初期需要政府补贴政策予以支持，弥补生产成本过高带来的市场竞争力弱的问题。

绿色能源电力实行固定上网电价规制时，绿色能源电力厂商和煤电厂商按如下利润最大化函数进行电力生产：

$$\underset{q_h}{\mathrm{Max}}\pi_h = p_z(Q)q_h - C_h \qquad (3-17)$$

$$\underset{q_g}{Max}\pi_g = \left[p_z(Q) + \varpi \right] q_g - C_g \qquad (3-18)$$

其中，ϖ 表示政府给予绿色能源电力的度电补贴，如果设定绿色能源电力消纳的配额比例，则需要满足下列条件：

$$\sum_{i=1}^{N} q_{g_i} \geq \delta Q \qquad (3-19)$$

其中，δ 表示政府发展绿色能源设定的配额比例。同时，如果 $C_g < C_h + \dfrac{c-C_h}{M+1}$ 则不需要满足 $\sum\limits_{i=1}^{N} q_{g_i} \geq \delta Q$，除非 $\delta \leq \dfrac{N(M+1)(c-C_g)-NM(c-C_h)}{M(c-C_h)+N(c-C_g)}$。但在上述情况下，由于设定的强制绿色能源电力消纳配额比例 δ 过小，将导致政府推行的绿色能源固定上网电价规制失效。

均衡条件下并满足式（3-19），在绿色能源电力产量不小于强制消纳配额量时，政府对绿色能源电力上网电价的补贴为：

$$\varpi = \frac{M(N+\delta)(c-C_h)}{N(M+1-\delta)} - (c-C_g) \qquad (3-20)$$

ϖ 为正值的条件为：

$$\frac{M}{M+1} > \frac{c-C_g}{c-C_h} \qquad (3-21)$$

最优条件下的煤电厂商、绿色能源电力厂商电力产量分别为：

$$q_h = \frac{(1-\delta)(c-C_h)}{d(M+1-\delta)} \qquad (3-22)$$

$$q_g = \frac{M\delta(c-C_h)}{dN(M+1-\delta)} \qquad (3-23)$$

$$Q = \frac{(c-C_h)}{d(M+1-\delta)} \qquad (3-24)$$

由式（3-22）和式（3-23）可以得到：

$$q_g = \frac{M\delta}{N(1-\delta)q_h} \qquad (3-25)$$

结合式（3-22）、式（3-23）和式（3-25）可以得到命题3.1：当政府不断提高绿色能源配额比例，即 δ 逐渐增大时，则：

$$q_g \nearrow \text{且 } q_h \searrow \tag{3-26}$$

当政府固定绿色能源配额比例，即 δ 为定值时，则：

$$q_g = \frac{M\delta}{N(1-\delta)q_h} = \frac{a}{q_h} \tag{3-27}$$

命题 3.1 表示，在绿色能源固定上网电价规制下，q_g 与 q_h 呈现替代关系。当政府设定某一绿色能源发展目标，即绿色能源配额比例固定（δ 为定值）时，q_g 与 q_h 之间表现为相互替代。绿色能源会对煤电产生替代效应，煤电同样也对绿色能源产生替代效应，两者替代关系的强弱决定绿色能源能否实现对煤电的有效替代；q_g 为不同类型绿色能源的总和，故不同绿色能源与煤电之间的关系需进一步验证，但整体上绿色能源与煤电呈现互为替代的关系。当政府不断提高绿色能源发展目标，即 δ 逐渐增大时，q_g 与 q_h 之间的替代关系会朝着有利于绿色能源电力的方向发展。

由式（3-22）和式（3-23）可以推出：

$$q_g = \frac{\delta(\varpi - C_h + c)}{d(N+\delta)} \tag{3-28}$$

结合式（3-28）可得到命题 3.2：当政府不对绿色能源电力设置消纳配额比例，即 $\delta=1$ 时，则：

$$q_g = \frac{\varpi - C_h + c}{d(N+1)} \tag{3-29}$$

命题 3.2 表示，在绿色能源固定上网电价规制下，当政府不对绿色能源电力设置消纳配额比例时，绿色能源电力厂商的最优产能决策与 ϖ 和 C_h 有关。煤电为成熟型发电类型，C_h 变化相对稳定，绿色能源电力厂商的产能决策主要取决于补贴且与补贴存在正相关；在固定上网电价规制下，政府对绿色能源全额保障性收购，会使绿色能源产量不受电力市场供求约束，与电力市场化出现不相适应，易造成大量弃风、弃光。

结合式（3-25）、式（3-19）可以得到命题 3.3：当政府对绿色能源电力设置消纳配额比例，即 $\delta \neq 1$ 时，则：

$$q_g = \frac{M\delta(c-C_h)}{dN(M+1-\delta)} = \frac{M\delta}{N}Q \tag{3-30}$$

命题 3.3 表示，在绿色能源固定上网电价规制下，如果政府对绿色能源电力设置消纳配额比例，绿色能源电力厂商的最优产量决策则取决于电力市场需求量、配额比例、电力生产企业的数量，且与电力市场需求量、配额比例正相关。即政府对绿色能源电力设置消纳配额比例时，有利于优化固定上网电价规制与电力市场化之间的适应性，使绿色能源电力产能受供求关系的约束，从而减少弃风、弃光。

四、绿色能源固定上网电价规制模式的讨论

绿色能源固定上网电价规制模式实质上是对绿色能源电力价格进行补贴的政策，分类并按绿色能源电力平均成本确定规制价格。通过对比分析固定上网电价规制实施前后，电力市场中绿色能源电力厂商与火电厂商的古诺竞争博弈，均衡条件中包含了绿色能源电力厂商生产的前提条件，如果绿色能源电力厂商的边际生产成本过高并且超过生产的前提条件值，则绿色能源厂商将不再生产，这也是绿色能源发展初期成本高，需要政府给予价格补贴的原因。

在绿色能源固定上网电价规制下，绿色能源电力与煤电呈现替代关系。虽然当政府不断提高绿色能源发展目标时，绿色能源电力与煤电之间的替代关系会朝着有利于绿色能源电力的方向发展。但当政府设定某一绿色能源发展目标，即绿色能源配额比例固定时，绿色能源电力与煤电之间为相互替代的关系。替代关系不是绿色能源电力对煤电的单方面替代，煤电也会对绿色能源电力产生替代作用。中国长期对风电、光伏发电实行固定上网电价规制模式，但煤电发电量仍不断增长，在全国发电总量中的占比仍居高不下的现实在一定程度上也验证了上述作用机理，表明中国绿色能源固定上网电价规制模式难以实现绿色能源对煤电的有效替代，甚至煤电会对绿色能源电力形成更强的替代作用，抑制绿色能源电力的发展。

对绿色能源电力实行固定上网电价规制后，在政府不对绿色能源电力设置消纳配额比例时，最优条件下绿色能源电力厂商的产能决策主要由补贴决定，不受电力市场需求量影响且与补贴正相关。稳定的投资预期和政府强制性合约保障，进一步降低了绿色能源电力投资建设的风险。由此会强有力地激励绿色能源电力厂商增加对绿色能源电力的投资，短期内导致绿色能源电力装机规模的快速扩张，因不受电力市场需求约束，会造成特定时期或局部地区产能过剩，出现弃风、弃水与弃光，同时也会使绿色能源电力厂商因缺失成本约束，导致补贴规模不断扩大，增加政府财政负担。

如果政府对绿色能源电力设置消纳配额比例，绿色能源电力厂商的产量决策由电力市场需求量、配额比例、电力生产企业的数量决定，且与电力市场需求量、配额比例正相关。对绿色能源电力实行固定上网电价规制，当绿色能源电力进入快速发展期，装机规模快速扩张并伴随弃风、弃水及弃光，通过对绿色能源电力设置配额比例，让电力市场需求成为决定绿色能源电力产能的影响因素，可以优化固定上网电价规制模式与电力市场化的适应性。

第二节　绿色证书制度的内在机理

首先明晰绿色能源绿色证书制度模式的内涵和理论基础，其次通过构建绿色能源电力厂商与煤电厂商在电力市场、可交易的绿色证书市场以及市场之间的古诺博弈模型，进一步分析绿色能源绿色证书制度模式的作用机理，从而揭示绿色证书制度模式对实现绿色能源可持续发展的支撑。

一、绿色证书制度的内涵

配额制（Renewable Portfolio Standard）本质上是不可交易的绿色证书。绿色能源配额制是政府强制性设定一定时期内需要完成的绿色能源发展目标，并明确配额主体具体的绿色能源完成指标以及配额未完成的处罚措施等。可交易绿色证书制度（Tradable Green Certificates）本质上是可交易的许可证，电力为特殊的同质商品，消费者使用电力难以区分电力来源，无法区分使用电力为绿色能源电力还是非绿色能源电力。在单一电力市场情况下，电力属于同质难以区分来源的商品。当构建了可交易的绿色证书机制，绿证市场实现了绿色能源电力证明、确认以及交易的功能。

绿色能源可交易的绿色证书制度成功与否的一个重要因素是如何诱导产生对绿色证书的需求，因此可交易的绿色证书制度与配额制之间的配合成为关键，通过政府强制性设定绿色能源配额制，并构建市场化交易的绿色证书市场，将数量规制与市场价格机制有机结合，形成绿色能源绿色证书制度（Ciarreta等，2017b），是政府规制与市场化相结合的电价制度模式。通过政府规制创造对绿证的需求，配套建立绿色证书的市场化交易机制，可以实现绿色能源正外部性的内部化。

二、绿色证书制度的理论基础

（一）绿色证书价格的决定

绿色能源固定上网电价规制中规制者难以准确获悉绿色能源厂商成本、收益方面的真实信息，很难制定出适宜的电价补贴标准，同时也难以及时针对绿色能源技术进步导致成本下降相应调整补贴标准，容易偏离绿色发展目标并与电力市场化不相适应。在绿色能源绿色证书制度中，规制者通过设定绿色能源发展目标，对规制责任主体形成强制性约束，引导并激励责任主体对绿色证书的需求，配套的可交易的绿证市场提供了绿色证书供给与需求的激励价格机制，由配额制决定的规制强度在可交易的绿证市场中利用价格机制自发调整绿色证书的价格，通过绿色证书价格机制影响市场主体决策，实现绿色能源发展目标的同时不需要政府干预，解决了固定上网电价规制中规制者信息不对称的难题，与电力市场化更相适应。

在绿色能源绿色证书制度下，绿色能源电价由电力市场电价和绿证市场绿色证书价格共同构成。如图3-4所示。

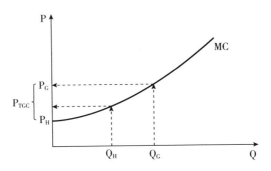

图 3-4　TGC 市场绿证价格决定

P_H 为煤电电价，代表了电力市场电价，P_G 为绿色能源电价，没有实行绿色证书制度，其电价仅为电力市场电价即 P_H，对应产量为 Q_H，无法实现绿色能源发展目标 Q_G。实行绿色证书制度，规制者设定强制配额为 Q_G，强制配额责任主体为了完成配额指标，可以选择在绿色证书市场向绿色能源生产商购买经过认证的绿色证书，绿色能源生产商就获得了除电力市场电价收益的额外补偿，额外补偿以在绿证市场出售绿色证书收益体现，P_H 与 P_G 的电价差为 P_{TGC}，为绿色证书市场中绿证的价格。

（二）绿色能源电力价格的决定

在电力市场中，电力生产商由于占有的绿色能源资源条件不一，生产技术、管理水平也不尽相同，生产成本会存在差异。开发成本高或没有绿色能源的煤电厂商为 H、开发成本低的厂商为 L，边际成本曲线分别为 MC_H 和 MC_L，P_R 为绿色能源电价。如图 3-5 所示。

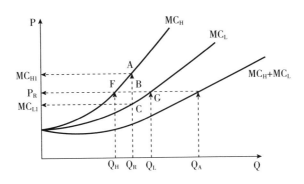

图 3-5　绿色能源电力价格决定

当配额制与可交易的绿色证书市场不配套时，即规制者仅实施强制性绿色能源配额，要求电力市场中的强制配额责任主体均需完成 Q_R 的绿色能源生产配额指标，开发成本高的厂商 H 和开发成本低的厂商 L 均需要完成绿色能源强制配额指标，其对应的边际生产成本为 $MC_{H1} > MC_{L1}$。

当配额制与可交易的绿色证书市场配套时，即实行绿色能源绿色证书制度，完成规制者的强制配额指标，除了通过自己开发绿色能源进行电力生产外，还可以通过可交易的绿色证书市场向配额指标富余的生产商购买绿色证书完成强制配额指标。这样，在配额制基础上通过构建可交易的绿色证书市场，实现了绿色能源开发成本高的厂商或煤电厂商 H 和开发成本低的厂商 L 之间的绿证市场化交易。

生产商 H 对绿色能源强制配额的需求为 $Q_H Q_R BF$，生产商 L 可以出售的富余配额为 $Q_L Q_R BG$。当可交易的绿色证书市场处于非均衡状态：

$Q_L Q_R BG > Q_H Q_R BF$。当配额指标供给大于需求时，绿证价格会在可交易的绿色证书市场价格机制的作用下自动下降，使 $Q_H Q_R BF$ 增大，$Q_L Q_R BG$ 变小，直到绿色能源电价达到均衡价格 P_R。

$Q_L Q_R BG < Q_H Q_R BF$。当配额指标供给小于需求时，绿证价格会自动上升，使得 $Q_H Q_R BF$ 变小，$Q_L Q_R BG$ 增大，直到绿色能源电价达到均衡价格 P_R。

三、绿色能源绿色证书制度的博弈分析

明晰了绿色能源绿色证书制度的经济学原理之后，为进一步分析绿色能源绿色证书制度模式的作用机理，以明确绿色能源绿色证书制度模式能加速实现绿色能源对煤电的替代，并且与电力市场化更相适应。本节将构建绿色能源电力厂商与煤电厂商在电力市场、可交易的绿色证书市场以及市场之间的古诺博弈模型。具体内容包括三方面：从政府规制与绿色证书需求、绿色证书供给两方面对可交易的绿色证书市场进行博弈均衡分析，研究绿色证书制度模式如何快速、精准地实现制度目标；从电力生产商决策、电力需求方决策两方面对电力市场进行博弈均衡分析，研究绿色证书

制度模式如何在对绿色能源电力产量存在正向激励作用的同时，对煤电产量具有显著抑制作用，从而加速绿色能源对煤电的有效替代；通过对电力市场与可交易的绿色证书市场之间的博弈均衡分析，研究绿色证书制度模式如何获取绿色能源成本信息，并根据绿色能源成本变化自动调整规制价格，解决固定上网电价规制模式中与电力市场化不相适应的问题。

（一）模型假设

假设 1：市场包括电力现货市场与电力双边市场以及可交易的绿色证书市场即可交易的绿色证书市场；电源为绿色能源和煤电，为便于分析，不考虑不同电源技术差异以及不同绿色能源电力环境影响差异。

假设 2：在可交易的绿色证书市场存在严格监管，不存在垄断，市场主体为价格接受者；绿证交易期限为 1 年，不能储蓄。

假设 3：绿色能源电力生产商除通过可交易绿色证书获取收益外，不再获得政府其他补贴。

假设 4：电力生产商包括绿色能源电力生产商、煤电生产商和同时拥有绿色能源电厂和煤电厂的电力生产商。绿证需求方为政府对绿色能源电力生产或消纳实行强制配额的规制对象包括电网企业、配售电企业、用户以及电力生产商。

假设 5：模型包括两阶段：第一阶段，电力生产商选择电力生产（绿色能源电力产量、煤电产量），电力生产商的决策确定供给函数，绿证需求方决策确定需求函数。电力市场每 t 段时间交易出清。第二阶段，绿证需求方根据政府强制配额指标购买所需绿证，绿色能源生产商在可交易的绿色证书市场认证并出售绿证。可交易的绿色证书市场出清周期为 T，以年为单位，T>t。

（二）可交易的绿色证书市场博弈均衡分析

1. 政府规制与绿色证书需求

政府通过施行配额制，规定绿色能源电力的配额对象，强制配额对象需要按规制配额要求完成绿色能源发电量或购买量。如果无法完成，可以在可交易绿证市场进行购买绿色能源电力电量对应的绿色证书完成配额任务。同时，政府规定未完成配额的罚款标准，罚款随偏离配额指标的增大而相应增加。政府规制的罚款函数为：

$$F(q_g)=\begin{cases} \beta(\delta q_z-q_g)^2 & \text{当 } 1\leqslant\delta q_z-q_g \\ \beta(\delta q_z-q_g) & \text{当 } 0\leqslant\delta q_z-q_g\leqslant 1 \\ 0 & \text{当 } q_g\geqslant\delta q_z \end{cases} \quad (3-31)$$

其中，$\beta>0$ 表示政府规制强度，β 越大表示政府规制强度越大；δ 表示政府规定的绿色能源电力强制配额，且 $0<\delta<1$。q_z 表示电力市场交易电量，q_g 表示强制配额需求方交易的绿色证书对应的电量。绿证需求方利润最大化问题为：

$$\begin{aligned} \underset{q_g}{\text{Max}}\pi_g &= \sum_{t=1}^{T} q_{z_t}(p_s-p_{z_t})-q_gp_g-F(q_g) \\ &= q_z(p_s-p_z)-q_gp_g-F(q_g) \end{aligned} \quad (3-32)$$

约束条件：

$$0\leqslant q_g\leqslant\delta q_z \quad (3-33)$$

其中，q_{z_t} 表示 t 时刻电力市场成交电量，$q_z=\sum_{t=1}^{T}q_{z_t}$，为整个 T 期间电力市场总的成交电量；$p_{z_t}$ 表示 t 时刻电力市场价格，$p_z=\dfrac{\sum_{t=1}^{T}q_{z_t}p_{z_t}}{q_z}$，为整个 T 期间电力市场平均成交电价；$p_s$ 表示绿证需求方在电力市场出售电力的价格；p_g 表示单位绿色证书的价格。

根据模型假设，绿证市场充分竞争，市场主体为价格接受者，式（3-32）对 q_g 求解一阶条件可以得到绿证市场最优交易量：

$$q_g=\begin{cases} \delta q_z-\dfrac{p_g}{2\beta} & \text{当 } p_g<2\beta\delta q_z \\ 0 & \text{当 } p_g\geqslant 2\beta\delta q_z \end{cases} \quad (3-34)$$

2. 绿色证书供给

绿色能源电力生产商生产绿色能源电力并在绿证市场进行认证，认证机构颁发绿证，绿证与绿色能源电力电量相对应，1 兆瓦时 =1 可交易的绿色证书。根据模型假设条件，绿色能源电力除进行绿证交易获得收益外，没有其他补贴来源，理性的绿色能源电力生产商会全部进入绿证市场进行交易，因此绿证供给等于绿色能源电量，即 $D = q_s$。当存在其他补贴时，补贴标准、强制配额指标均会影响绿色证书的供给。

3. 可交易的绿色证书均衡解

当 $D = q_s = \delta q_z - \dfrac{p_g}{2\beta}$ 时，可交易的绿色证书处于均衡状态，可以得到命题 3.4：绿证均衡价格为：

$$p_g^* = 2\beta(\delta q_z - q_s) \tag{3-35}$$

命题 3.4 表示，绿证均衡价格随政府规制强度的增大而上涨。更高比例的强制配额、更高的罚款均会使得绿色证书价格上涨。同时，当绿色能源电力生产与政府规制目标不发生偏离时，即 $\delta q_z - q_s = 0$，绿色证书价格为零。上述原理是可交易的绿色证书发挥市场激励机制的核心，只要绿色能源电力产量低于政府规制目标，可交易的绿色证书就向绿色能源电力生产商提供一个获利的正向激励。同时，政府规制目标一旦实现，正向激励就会停止。这也是绿色证书制度模式优于固定上网电价规制模式的关键之一。

将可交易的绿色证书置于电力市场均衡情况下，电力市场实现均衡时，电力供求相等。$q_z = q_s + q_h$，其中，q_h 表示煤电生产量。则可交易的绿色证书中绿证均衡价格为：

$$p_g^* = 2\beta(\delta q_z - q_s) = \begin{cases} 2\beta\{\delta(q_s + q_h) - q_s\} & \text{当 } q_s^* \leq \delta q_z \\ 0 & \text{当 } q_s^* > \delta q_z \end{cases} \tag{3-36}$$

绿色能源电力、煤电产量在模型的第一阶段就确定了，因此在第二阶段即可交易的绿色证书交易阶段，绿色证书均衡交易量为 $q_g^* = q_s$。

(三) 电力市场博弈均衡分析

1. 电力生产商决策

电力市场包括电力现货市场与电力双边市场，电力市场每隔 t 时间出清一次。绿色能源电力、煤电单位装机投资成本分别为 k_g、k_h，均为常数；绿色能源电力、煤电可变成本分别为 v_g、v_h。同时绿色能源电力建造成本高于煤电建造成本，但不需要燃料成本，其运营成本低于煤电。因此，$k_g>k_h$，$v_g<v_h$。由《中国统计年鉴》《中国电力统计年鉴》计算得到2008~2018年中国煤电年平均利用小时数为4563小时；绿色能源电力水电、风电和光伏发电年平均利用小时数分别为3303小时、1669小时和795小时。同时考虑需要补贴的绿色能源电力主要为风电和光伏发电，为便于研究且不失一般性，绿色能源年利用小时数按1300小时计。煤电与绿色能源电力单位装机发电量比例为3.5∶1.0。综上所述，构建绿色能源电力与煤电成本函数分别为：

$$C_{h_t}(q_{h_t})=v_{h_t}q_{h_t}+k_{h_t}\frac{q_{h_t}^2}{4500} \tag{3-37}$$

$$C_{g_t}(q_{g_t})=v_{g_t}q_{g_t}+k_{g_t}\frac{q_{g_t}^2}{1300} \tag{3-38}$$

其中，$k_g>k_h>0$，$0<v_g<v_h$，成本函数凸性代表了电力的容量约束特性。假设电力市场中发电厂商平均拥有 m 座煤电厂和 n 座绿色能源电厂。在 t 时间内，其利润最大化问题为：

$$Max\pi_{D_t}(q_{h_t},\ q_{g_t})=p_{z_t}\left(\sum_{i=1}^{m}q_{hi_t}+\sum_{j=1}^{n}q_{gj_t}\right)-\sum_{i=1}^{m}\left(v_{h_t}q_{hi_t}+k_{h_t}\frac{q_{hi_t}^2}{4500}\right)-$$
$$\sum_{j=1}^{n}\left[(v_{g_t}-p_g)q_{g_t}+k_{g_t}\frac{q_{g_t}^2}{1300}\right] \tag{3-39}$$

对式（3-39）求一阶条件得：

$$p_{z_t}-v_{h_t}-k_{h_t}\frac{q_{hi_t}}{4500}=0 \tag{3-40}$$

$$p_{z_t}-v_{g_t}-k_{g_t}\frac{q_{gi_t}}{1300}+p_g=0 \tag{3-41}$$

由式（3-40）、式（3-41）得到电力生产商煤电与绿色能源电力最优产量为：

$$q_{h_t}=\sum_{i=1}^{m}q_{hi_t}=\frac{4500m(p_{z_t}-v_{h_t})}{k_{h_t}} \tag{3-42}$$

$$q_{g_t} = \sum_{j=1}^{n} q_{gj_t} = \frac{1300n(p_{z_t} - v_{g_t} + p_g)}{k_{g_t}} \qquad (3-43)$$

同时，由式（3-40）、式（3-41）得到：

$$p_{z_t} = v_{h_t} + k_{h_t} \frac{q_{hi_t}}{4500} = v_{g_t} + k_{g_t} \frac{q_{gi_t}}{1300} - p_g \qquad (3-44)$$

由式（3-44）可知，相对于煤电，绿证价格为绿色能源电力提供了一个正向激励，p_g 价格越高，绿色能源电力的均衡产量 q_g 也越高。

为使模型更接近电力市场实际，考虑电力市场有 W 家电力生产商，因此，总的电力供给量为：

$$Q_{h_t} = \sum_{i=1}^{w} \frac{4500m(p_{z_t} - v_{h_t})}{k_{h_t}} = \frac{4500Wm(p_{z_t} - v_{h_t})}{k_{h_t}} \qquad (3-45)$$

$$Q_{g_t} = \sum_{i=1}^{w} \frac{1300n(p_{z_t} - v_{g_t} + p_g)}{k_{g_t}} = \frac{1300Wn(p_{z_t} - v_{g_t} + p_g)}{k_{g_t}} \qquad (3-46)$$

由式（3-45）、式（3-46）得到时间 T 周期，电力市场总的电力供给为

$$Q_h = \sum_{t=1}^{T} Q_{h_t}, \quad Q_g = \sum_{t=1}^{T} Q_{g_t} \text{。}$$

2. 电力需求方决策

为便于分析，电力市场需求函数：

$$Q_{D_t} = a_t - b_t p_{z_t} \qquad (3-47)$$

其中，$a_t > 0$，$b_t > 0$，$t = 1，2，\cdots，T$。假设时间为 T 周期，电力市场总需求为：$Q_D = \sum_{t=1}^{T} Q_{D_t}$。

3. 电力市场均衡解

当 $Q_D = Q_h + Q_g$，电力市场实现均衡。将式（3-45）、式（3-46）代入可以得到每一段时间 t 电力市场均衡价格为：

$$p_{z_t}^*(p_g) = \frac{k_{h_t} k_{g_t} a_t + 4500Wmk_{g_t} v_{h_t} + 1300Wmk_{h_t} v_{g_t} - 1300Wmk_{h_t} p_g}{b_t k_{h_t} k_{g_t} + 4500Wmk_{g_t} + 1300Wmk_{h_t}} \qquad (3-48)$$

由式（3-48）可知，随着可交易的绿色证书市场中绿证价格的上涨，电力市场均衡价格相应会降低。同时可以求出电力市场中煤电与绿色能源

电力对应的均衡产量：

$$Q_{h_t}(p^*_{z_t}) = \frac{4500Wm(p^*_{z_t} - v_{h_t})}{k_{h_t}} \tag{3-49}$$

$$Q_{g_t}(p^*_{z_t}) = \frac{1300Wn(p^*_{z_t} - v_{g_t} + p_g)}{k_{g_t}} \tag{3-50}$$

将式（3-48）式分别代入式（3-49）、式（3-50）可以得到命题3.5：

$$Q^*_{h_t}(p_g) = \frac{4500Wm\{k_{h_t}k_{g_t}(a_t - b_t v_{h_t}) + 1300Wm k_{h_t}(v_{g_t} - v_{h_t} - p_g)\}}{k_{h_t}(b_t k_{h_t} k_{g_t} + 4500Wm k_{g_t} + 1300Wm k_{h_t})} \tag{3-51}$$

$$Q^*_{g_t}(p_g) = \frac{1300Wn(p^*_{z_t} - v_{g_t} + p_g)}{k_{g_t}}$$

$$= \frac{1300Wn\{k_{h_t}k_{g_t}(a_t - b_t v_{g_t} + p_g) + 4500Wm k_{g_t}(v_{h_t} - v_{g_t} + p_g) + 1300Wm k_{h_t}p_g\}}{k_{g_t}(b_t k_{h_t} k_{g_t} + 4500Wm k_{g_t} + 1300Wm k_{h_t})}$$

$$\tag{3-52}$$

$$Q^*_{z_t}(p_g) = Q^*_{h_t}(p_g) + Q^*_{g_t}(p_g)$$

$$= \frac{1300Wm k_{h_t}p_g(k_{g_t} + 1300Wm k_{h_t}) + CHN(k_{g_t}, k_{h_t}, v_{h_t}, v_{g_t}, Wm)}{k_{g_t}k_{h_t}(b_t k_{h_t} k_{g_t} + 4500Wm k_{g_t} + 1300Wm k_{h_t})}$$

$$\tag{3-53}$$

其中，CHN 为不含 p_g 合并项，表示常数项及电力厂商的成本项，包括可变成本及建造成本等。

命题3.5表示，在强制绿色证书交易模型中，电力市场中电力的产量也会受到绿色能源电力的边际成本的影响，相对于固定上网电价规制模式中电力市场中电力的产量由煤电的边际成本决定是不同的，也就是说，绿色证书交易模型模拟的电力市场更有利于体现绿色能源电力的生产成本，也更有利于推进电力市场的竞争机制的建立，能很好地与电力市场化进程相匹配。同时，相对于没有规制下电力市场能增加电力产量。另外，我国目前实行的绿色能源电价规制模式即固定上网电价规制模式面临补贴过度，补贴资金缺口越来越大，国家财政已难以承受。强制绿色证书制度能将资金负担从国家财政、从向绝大多数用户收取转变为污染者付费，更有效解决绿色能源电力发展中的外部性问题。

综上所述，从命题3.5中式（3-51）、式（3-52）、式（3-53）电力市场均衡解可以得到以下结论：第一，可交易的绿色证书中绿证价格对电力市场中绿色能源电力产量有正向激励作用；第二，绿色证书价格对电力市场中煤电产量有显著抑制作用；第三，更高的绿色证书价格使电力总的边际成本曲线右移，意味着更低的电力价格和更高的电力产量。

（四）电力市场与可交易的绿色证书市场博弈均衡分析

将式（3-53）即电力均衡产量代入式（3-34）中，可以得到绿色证书需求关于绿证价格的函数。

$$q_g = \delta q_z - \frac{p_g}{2\beta} = \delta \frac{1300Wmk_{h_t}p_g(k_{g_t}+1300Wmk_{h_t})+CHN}{k_{g_t}k_{h_t}(b_tk_{h_t}k_{g_t}+4500Wmk_{g_t}+1300Wmk_{h_t})} - \frac{p_g}{2\beta} \quad (3-54)$$

由式（3-54）和式（3-52）可以得到命题3.6：

$$p_g^* = \frac{2\beta\{CHN(k_{g_t}, k_{h_t}, v_{h_t}, v_{g_t}, Wm) - k_{h_t}CMN(k_{g_t}, k_{h_t}, v_{h_t}, v_{g_t}, Wm)\}}{2600\beta Wm[k_{g_t}^2 k_{h_t} + 4500Wm k_{g_t}^2 + 1300Wmk_{g_t}k_{h_t} - k_{g_t}k_{h_t} - 1300Wm k_{h_t}^2 + k_{g_t}k_{h_t}(b_tk_{h_t}k_{g_t} + 4500Wmk_{g_t} + 1300Wmk_{h_t})]}$$

$$(3-55)$$

式（3-55）为绿色证书均衡价格关于绿色能源电力、煤电参数的函数，命题3.6表示，绿色证书的均衡价格可以表示为包含绿色能源电力生产成本参数的函数。意味着任何效率提升导致的成本变化会立刻反应在绿色证书的价格上，绿色能源电力成本降低的同时会在可交易的绿色证书市场中反应为绿色证书价格的相应下降。从而绿色能源电力成本的下降会自动对绿证价格产生向下的激励，解决了固定上网电价规制模式中与电力市场化不相适应的问题，表明绿色证书制度模式与电力市场化之间具有较好的适应性。

四、绿色能源绿色证书制度的讨论

绿色能源绿色证书制度模式是政府对绿色能源电力强制配额约束下，

创造市场并引发交易解决绿色能源电力外部性的一种新兴方法。前文通过构建绿色能源电力生产商与火电生产商的古诺竞争博弈模型，分别对可交易的绿色证书市场均衡、电力市场均衡、可交易的绿色证书市场与电力市场同时均衡进行分析与均衡求解。

可交易的绿色证书市场均衡结果显示，绿色证书均衡价格随政府规制强度的增大而上涨，更高比例的强制配额、更高的罚款均会使得绿色证书价格上涨。当绿色能源电力生产与政府规制目标不发生偏离时，绿色证书价格为零。上述原理是可交易绿色证书发挥市场激励作用的关键，只要绿色能源电力产量低于政府规制目标，可交易的绿色证书就向绿色能源电力生产商提供一个获利正向激励。政府规制目标一旦实现，正向激励就会停止，这也是绿色证书制度模式优于固定上网电价规制模式的地方。意味着绿色能源绿色证书制度模式与电力市场化之间具有较好的适应性，规制效率也更高。

电力市场均衡分析结果显示，可交易的绿色证书中绿证价格对电力市场中绿色能源电力产量有正向激励作用，绿色证书价格对电力市场中煤电产量有明显的抑制作用。更高的绿色证书价格使电力总的边际成本曲线右移，意味着更低的电力价格和更高的电力产量。表明绿色能源绿色证书制度更有利于实现绿色能源对煤电的有效替代，显著降低煤电在电源结构中的占比，更有利于绿色发展目标的实现。

电力市场与可交易的绿色证书市场共同均衡分析结果显示，绿色证书的均衡价格可以表示为包含绿色电力生产成本参数的函数。任何效率提升导致的成本变化会立刻反应在绿色证书的价格上，绿色电力成本降低的同时会在可交易的绿色证书市场中反应为绿色证书价格的相应下降，绿色能源电力成本的下降会对绿证价格产生一个向下的激励。表明政府进行规制时，即使无法判断、获取绿色能源电力效率提升、成本降低的信息，与电力市场形成互动、可交易的绿色证书市场也能提供正确的价格信号，并且自动降低对绿色能源电力的补贴，这就是绿色证书制度的作用机理，也是优于固定上网电价规制的地方。在固定上网电价规制模式下，即使政府能定期改变补贴金额，但政府无法有效观察并获取到绿色能源电力准确的成本变化信息，因此政府很难设定合适的补贴标准。即使政府能有效获取绿色能源电力成本信息，也很难做到与市场变化同步调整补贴。

第三节　可竞争电力市场电价模式的内在机理

首先明晰绿色能源可竞争电力市场电价模式的内涵和理论基础，其次通过售电商之间博特兰德博弈分析、售电商之间古诺博弈分析和电力生产商与售电商之间罗宾斯坦博弈分析，进一步分析绿色能源可竞争电力市场电价制度模式的作用机理。从而揭示建立可竞争的电力市场是绿色能源可竞争电力市场电价模式的关键，是能源绿色可持续发展的基础。

一、可竞争电力市场电价模式内涵

绿色能源电力的可持续发展依赖市场机制，也是与中国电力市场化进程相适应的必然选择。当绿色能源进入成熟期，技术水平、造价水平均可与传统电力展开市场竞争，其电价市场化更需要构建有效竞争的电力市场。吴力波和孙可奇（2015）通过实证研究发现，垄断程度越高，绿色能源发电量与市场份额越低，垄断力量会阻碍绿色能源发展。长远来看，打破市场垄断是促进绿色能源电力发展的关键。

在绿色能源电力具备价格市场化竞争阶段，需要实行可竞争电力市场电价模式，规制重点转为构建绿色能源可竞争电力市场，需要剥离电力市场中具有沉淀成本的环节，消除传统垄断力量对绿色能源电价市场化的不良影响，抑制或消除绿色能源电力资源性优势或垄断带来的市场力问题。

二、绿色能源可竞争电力市场电价模式的理论基础

绿色能源发展具有阶段异质性，在进入成熟期后，开发成本会快速下

降，市场竞争力会显著提升，在具备与传统煤电市场化竞争阶段，不再需要政府给予电价补贴，绿色证书制度模式需要退出，对政府规制提出新的需求，需要向绿色能源可竞争电力市场电价规制模式转型。绿色能源可竞争电力市场电价规制模式核心为构建有利于绿色能源长期发展的可竞争电力市场，其理论基础为 Baumol、Bailey、Panzar 和 Willig 等学者提出的可竞争市场理论，通过对理论基础进行分析，进一步明晰绿色能源可竞争电力市场电价制度模式促进绿色能源长期发展的前提与规制重点。

（一）可竞争市场理论模型

完全可竞争市场的最终均衡是可维持的市场结构，在潜在进入者进入威胁下，市场中不存在超额利润，价格等于平均成本；不存在无效率生产，生产成本最小化，社会福利最大化。在分析框架中，成本函数成为决定一个产业市场结构、企业行为和经济绩效的核心因素。在分析一个产业时，首先需要考察该产业的技术特征和需求特征。行业的结构、行为和绩效由技术和需求同时内生决定。如图 3-6 所示。

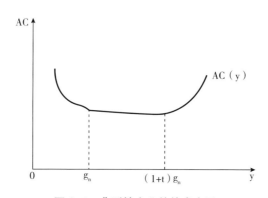

图 3-6　典型性企业的技术水平

典型性企业的最小最优效率规模为 g_n，最大最优规模为 $(1+t) g_n$。由此，可以推导出产业平均成本曲线中水平的部分，如图 3-7 所示。

如果用 v 表示满足 $vk \leqslant 1$ 的任何整数，h 表示满足 $hk \geqslant 1$ 的最小整数，当产业的产量 y 落在区间 $[vg_n, v(1+k) g_n]$ 和 $[hg_n, +\infty]$ 内，产业平均成本曲线是水平。产业需求曲线与平均成本曲线相交于此区间，即

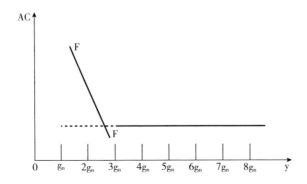

图 3-7　产业平均成本情况

$\left(\dfrac{y}{g_n}\right)\Big/\left[\dfrac{y}{g_n}\right]\leqslant 1+k$ 时，其中 $\left[\dfrac{y}{g_n}\right]$ 表示不大于 $\left(\dfrac{y}{g_n}\right)$ 的最大整数，该产业市场结构可维持，生产在平均成本最小处进行，价格等于边际成本与平均成本，社会福利最大化。

如果一个产业的技术与需求特征决定了该产业最优市场结构是单一企业垄断，则产业需求曲线与单个企业成本曲线相交于 T 点。由于存在规模经济，如果按照边际成本定价，则企业的生产成本不能得到补偿。在完全可竞争条件下，可行的市场定价为 $p^0 = AC(g^0) \geqslant MC(g^0)$，如图 3-8 所示。

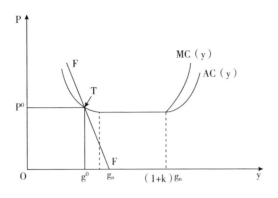

图 3-8　垄断的市场结构

综合上述，大多数产业的技术特征和市场需求条件决定了原子型的市场结构是不可行的，但这并不会阻碍价格机制这只"看不见的手"发挥有效配置资源的作用。在市场进入和退出完全没有壁垒的情况下，潜在进入者与实际进入者竞争时，一样能有效约束市场中厂商的行为。在多企业市场结构中，可维持价格必须等于边际成本和平均成本。所以，垄断市场结构下垄断厂商也不能获得超额利润。可竞争市场理论中市场结构为内生变量，市场结构、企业行为、行业绩效均是由行业的技术特征、市场供求情况等内生变量同时决定。

可竞争市场的三个基本假设条件为：自由进入与退出以及存在价格调整的时间差。消除进出市场壁垒是关键一环，放开市场准入仅是必要不充分条件，放开市场准入限制，并不代表可以自由进出市场。将具有沉淀成本的环节从市场中剥离，是消除市场进、出壁垒的核心。

（二）电力市场中的沉淀成本问题

可竞争市场理论认为，沉淀成本是造成市场进入与退出壁垒的关键因素，Baumol 等（1983）认为，进入者可以没有成本地退出市场，表明市场中没有沉淀成本。汤吉军和郭砚莉（2012）指出，沉淀成本是指投资后，不能通过转让和销售得到完全补偿的那些成本。林卫斌（2017）认为，壁垒是新入者要承担沉淀成本而在位者不需要，沉淀成本使进入者无法零成本退出。本节从可竞争市场理论关于沉淀成本的解释出发，尝试对沉淀成本在电力市场中的外延进行探索性研究。

1. 不完全开放市场准入条件下

电力由发、输、配、售四个环节组成，在发电端由各类电源构成，包括水电、煤电、风电、光伏发电等。当不完全开放市场准入时，市场区域有限，发电环节中拥有自然垄断资源条件的电源，典型的如江河上专属性的水电、风资源区域内的风电等，一旦占据稀缺的资源，其沉淀成本特性就显现出来，资源优势带来的价格优势形成阻碍有限区域内潜在进入者的进入，形成不可竞争市场。存在一种特殊情况，当在有限市场区域内，配置远远大于本区域内市场需求的发电资源，即供求失衡，供给远远大于需求，能抵消部分发电市场的沉淀成本因素。

输配环节因资产专属性，一旦拥有区域输配网络权，潜在进入者就无法进入，天然形成强大的沉淀成本。在售电环节，如果将输配与售电环节分离，售电市场最符合可竞争市场的基本假设，最容易构建可竞争市场。当输配与售电环节不分离，一方面，有限市场强化了大的售电厂商市场力；另一方面，输配权伴随的调度权附带的信息优势，配网接入附带的隐性技术壁垒，使得电网背景售电公司在与发电厂商价格博弈中具有议价优势，相对第三方售电公司具有明显的议价能力和用户资源，阻碍了售电市场的可竞争性。

2. 完全开放市场准入条件下

当完全开放市场准入条件时，发电市场与输配环节分离下，拥有自然垄断资源的发电企业，如水电、风电等，其在有限市场区域内形成的价格优势，会随着电力市场区域的扩大，拥有更先进的技术水平、成本更低或拥有资源条件更好的潜在进入者就会进入市场，有效消除发电环节的沉淀成本。

在售电市场方面，虽然因为完全开放市场准入条件，拥有更大区域的电力交易市场，售电市场份额扩大，会吸引更多的潜在进入者进入。但输配环节与市场化售电业务不分离，即允许拥有输配、调度权的电网企业继续从事市场化售电业务，输配环节拥有的隐性沉淀成本就会显现，包括信息优势、隐性技术壁垒问题。新增电力用户上网仍需通过电网接入，专业术语为用户工程的业扩报装业务。电网企业对新用户上网拥有严格、复杂的各类技术规范要求，形成强大的技术性壁垒，电网背景售电公司相对其他售电公司就拥有了隐性壁垒。此外，电网售电公司同时承担非市场化用户用电的销售，如居民、农业生产用电等，同时电网拥有大量非市场化电量。即电网内部拥有统一的电量调配中心，统筹市场化电量与非市场化电量，拥有强大的调整偏差的能力。根据中国现行电力市场化交易规则，售电公司需承担用户用电偏差考核的部分费用，用户选择售电公司时也偏向具有偏差调节能力的售电公司。综合以上分析，开放市场准入，而电网不退出市场化售电业务，就会将输配环节的沉淀成本带入售电市场，影响售电市场构建可竞争市场。

三、绿色能源可竞争电力市场电价规制的博弈分析

对绿色能源可竞争电力市场电价规制模式的经济学理论分析可知，具有自然垄断特性的绿色能源电力一旦具备市场竞争力并进入电力市场开展竞争，规制的重点一方面在于在发电端构建可竞争市场，规制绿色能源生产商使用市场力获取垄断利润；另一方面构建可竞争的售电市场也是绿色能源电价市场化的必要环节。为深入分析绿色能源可竞争电力市场电价规制模式的作用机理，本节结合中国电力市场，拟构建电力市场双边交易两阶段博弈模型，研究双边交易对绿色能源电力市场化价格形成的影响，分析电网企业继续从事售电业务对绿色能源电力价格市场化的影响，明确绿色能源可竞争电力市场电价规制模式发挥作用需要解决的核心问题，也即规制的重点。

蒲勇健和余沙（2020）利用 Stackelberg 博弈模型分析了电力市场主体博弈行为，分析了独立售电公司与具有发电、配电背景的售电公司之间的博弈。其考虑了具有发配背景售电公司具有的先天价格优势，但未考虑输配未分、电网未退出售电业务，网络沉淀成本带来的不可竞争因素。因此，本节在已有文献研究基础上改进模型，将网络型资产、调度权、结算权等导致沉淀成本的因素引入模型，研究双边交易对绿色能源电力市场化价格形成的影响，分析已具有成本优势并占据绿色能源电力垄断资源的绿色能源电力厂商对绿色能源电力价格市场化的影响，以及电网企业继续从事售电业务对绿色能源电力价格市场化的影响。

（一）模型变量

在绿色能源可竞争电力市场电价规制博弈分析中涉及变量较多，为清晰直观起见，用表 3-1 展现各变量的具体含义。

表 3-1　绿色能源可竞争电力市场电价规制博弈模型变量

变量	定义
p	批发电价

变量	定义
p_s	第三方售电公司零售电价
p_t	电网背景售电公司零售电价
q_s	第三方售电公司零售电量
q_t	电网背景售电公司零售电量
c_s	第三方售电公司运营成本
c_t	电网背景售电公司运营成本
c_j	用户获取增值服务的交易成本
c	反供给函数截距
π_s	第三方售电公司收益
π_t	电网背景售电公司收益
R_s	第三方售电公司提供增值服务利润
w_s	用户选择第三方售电公司消费者剩余
w_t	用户选择电网背景售电公司消费者剩余
K	购售电业务偏差考核费用
α	购售电业务偏差考核费用第三方售电公司承担比例

（二）模型假设

假设1：在电力市场中，发电侧绿色能源电力具备与煤电市场竞争条件；售电侧完全放开，存在两类售电公司，第三方售电公司和电网背景售电公司。电力需求函数为 $p=c-dq$。

假设2：电力交易平台为独立的电力交易中心，负责购售电双方交易确认及偏差考核等，具有交易管理权；电力调度权、电费结算权仍由电网企业实际控制，调度权包含输电线路检修计划、电量安全校核等；电费结算权包括购售电双方交易电量电费结算等；售电公司具有购售电代理服务权，与电力生产商、用户签订购售电代理服务合同，收取代理服务费。第三方售电公司利润函数为 $\pi_s=p(q_s)q_s-pq_s-c_s-\alpha k+R_s$，电网背景售电公司利润函数为 $\pi_t=p(q_t)q_t-pq_t-c_t$。

假设3：模型为两阶段博弈，第一阶段为包括绿色能源电力生产商在内的电力产商与售电公司进行电力双边讨价还价协商；第二阶段为第三方售电公司与电网背景售电公司在零售市场分别进行价、量博弈。

假设4：电网背景售电公司具有网络输配权带来的用户黏性优势，相对第三方售电公司拥有用户资源优势，同时承担居民、农业生产、公共事业等保障性电力供应，电量优势明显，在市场化电量交易中，偏差调节能力优于第三方售电公司；第三方售电公司相对电网背景售电公司具有管理成本、人工成本优势，$c_t > c_d$。

假设5：电力零售市场中，用户完全理性，依据最小购电成本，获最大收益选择售电公司，$w_s = \int_0^{q_s} p(q_s) dq - p(q_s) q_s - (1-\alpha) k + c_j$，$w_t = \int_0^{q_t} p(q_t) dq - p(q_t) q_t$。

（三）售电商之间 Bertrand 博弈分析

中国新一轮电力市场化改革在发电侧竞价上网，售电侧放开市场准入，依托独立的交易中心，构建电力市场双边交易机制。发电厂商与售电公司进行价格博弈，形成电力批发价格；售电公司之间进行量、价博弈，形成电力零售价格。我国电力市场双边交易机制如图3-9所示。

在电力市场机制中，各类市场主体以电力流、交易流与信息流等形成上网侧市场化的电价竞价机制。所有的交易电量均需要通过交易中心确认、电网调度安全校核后由电网企业统一输送，输配电价执行国家发展改革委核准的输配电价。

在博特兰德模型中，企业以价格进行博弈，价格优势者获得全部市场份额，价格相同平分市场份额。在此基础上，以消费者剩余作为零售市场中用户选择售电公司的基准。可以得到：

$$\begin{cases} \pi_t = p(q_t) q_t - p q_t - c_t \\ \pi_s = 0 \end{cases}, \qquad w_s > w_t$$
$$\begin{cases} \pi_s = p(q_s) q_s - p q_s - c_s - \alpha k + R_s \\ \pi_t = 0 \end{cases}, \qquad w_s < w_t \qquad (3-56)$$
$$\begin{cases} \pi_s = \frac{1}{2} \left[p(q_s) q_s - p q_s - c_s - \alpha k + R_s \right] \\ \pi_t = \frac{1}{2} \left[p(q_t) q_t - p q_t - c_t \right] \end{cases}, \quad w_s = w_t$$

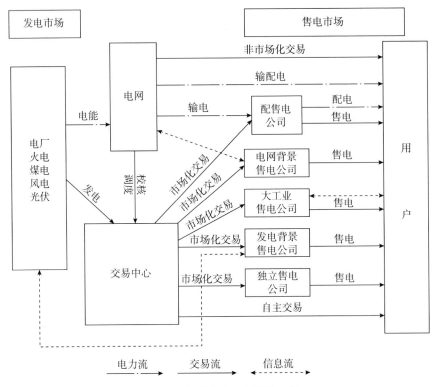

图 3-9 中国电力市场双边交易

同时，可以得到：

$$
\begin{cases}
p_t > c - \sqrt{(c-p_s)^2 + 2d\left[c_j - (1-\alpha)k\right]}, & w_s > w_t \\
p_t < c - \sqrt{(c-p_s)^2 + 2d\left[c_j - (1-\alpha)k\right]}, & w_s < w_t \\
p_t = c - \sqrt{(c-p_s)^2 + 2d\left[c_j - (1-\alpha)k\right]}, & w_s = w_t
\end{cases}
\tag{3-57}
$$

令 $c - \sqrt{(c-p_s)^2 + 2d\left[c_j - (1-\alpha)k\right]} = \beta$，由式（3-57）变为：

$$
\begin{cases}
p_t > \beta, & w_s > w_t \\
p_t < \beta, & w_s < w_t \\
p_t = \beta, & w_s = w_t
\end{cases}
\tag{3-58}
$$

1. 电网背景售电公司最优反应函数

在售电市场中的零售市场，第三方售电公司与电网背景售电公司进行博特兰德博弈，当用户选择第三方售电公司作为购电业务代理的消费者剩余大于电网背景售电公司时，第三方售电公司获得全部市场份额，反之电网背景售电公司获得全部零售市场份额。用户购电无差异时，两类售电公司各获得一半市场份额。因此，电网背景售电公司的最优反应函数为：

$$\pi_t = \begin{cases} \dfrac{\left(\dfrac{c}{2}-p_t\right)^2}{d}+\dfrac{c^2}{4d}-c_t, & p_t < \beta \\[4mm] \dfrac{1}{2}\left[\dfrac{\left(\dfrac{c}{2}-p_t\right)^2}{d}+\dfrac{c^2}{4d}-c_t\right], & p_t = \beta \\[4mm] 0, & p_t > \beta \end{cases} \tag{3-59}$$

2. 第三方售电公司最优反应函数

当用户选择电网背景售电公司作为购电业务代理的消费者剩余大于第三方售电公司时，电网背景售电公司获得全部市场份额，反之第三方售电公司获得全部零售市场份额。用户购电无差异时，两类售电公司各获得一半市场份额。因此，第三方售电公司的最优反应函数为：

$$\pi_s = \begin{cases} p(q_s)q_s-pq_s-c_s-\alpha k+R_s, & p_t > \beta \\[3mm] \dfrac{1}{2}\left[p(q_s)q_s-pq_s-c_s-\alpha k+R_s\right], & p_t = \beta \\[3mm] 0, & p_t < \beta \end{cases} \tag{3-60}$$

由 $p_s = c-dq_s$ 得到 $q_s = \dfrac{c}{d}-\dfrac{p_s}{d}$ 代入式（3-60）可以得到：

$$\pi_s = \begin{cases} \dfrac{\left(\dfrac{c+p}{2}-p_t\right)^2}{d}+\dfrac{(c+p)^2}{4d}-\dfrac{cp}{d}-c_s-\alpha k+R_s, & p_t > \beta \\[5mm] \dfrac{1}{2}\left[\dfrac{\left(\dfrac{c+p}{2}-p_t\right)^2}{d}+\dfrac{(c+p)^2}{4d}-\dfrac{cp}{d}-c_s-\alpha k+R_s\right], & p_t = \beta \\[5mm] 0, & p_s > \beta \end{cases} \tag{3-61}$$

3. 博特兰德博弈均衡解

博特兰德模型根据现实假定，其唯一均衡解为博弈各方利润为零的纯策略纳什均衡（蒲勇健和余沙，2020）。电网背景售电公司与第三方售电公司各获得一半市场份额，同时利润均为零时才能达到博弈均衡。因此，均衡条件为：

$$\pi_s = \begin{cases} \dfrac{1}{2}\left[\dfrac{\left(\dfrac{c}{2}-p_t\right)^2}{d} + \dfrac{c^2}{4d} - c_t\right] = 0 \\[4mm] \dfrac{1}{2}\left[\dfrac{\left(\dfrac{c+p}{2}-p_t\right)^2}{d} + \dfrac{(c+p)^2}{4d} - \dfrac{cp}{d} - c_s - \alpha k + R_s\right] = 0 \\[4mm] p_t = p_s = p^* \end{cases} \qquad (3\text{-}62)$$

由式（3-62）可以得到均衡价格 $p^*=c$ 或 $p^*=0$，价格博弈的最终结果会出现两极结果即最高价格或零。这不符合现实的均衡情况，有可能使得有配套增值服务优势的第三方售电公司，出现无休止的没有预期均衡水平的价格调整博弈，进一步导致其产生额外的交易成本。同时，目前我国许多第三方售电公司的主要盈利模式为购售电价差，但是套利空间有限，价格博弈使得第三方售电公司为了留住用户越来越倾向于零价差。因此众多竞争者数量不断加剧情况下，越来越多的第三方售电公司选择退出售电市场或者只是挂牌暂定经营，价格博弈对第三方售电公司具有明显的挤出效应。

（四）售电商之间古诺博弈分析

第三方售电公司与电网背景售电公司如果在售电零售市场进行电量竞争，则按古诺博弈追求各自利润最大化。

1. 电网背景售电公司最优售电量

电网背景售电公司利润最大化问题为：

$$\operatorname*{Max}_{q_t} \pi_t = \begin{cases} [c - d(q_t + q_s)]q_t - \lambda p q_t - c_t, & q_t > 0 \\ -c_t, & q_t = 0 \end{cases} \qquad (3\text{-}63)$$

电网背景售电公司可以借助电网企业拥有的调度权获悉更多包括绿色能源电力生产商在内的发电厂商的发电量、阻塞等信息，在电力批发市场讨价还价博弈中相对第三方售电公司具有明显的议价能力，因此能获得更低的批发价格，令 $0<\lambda<1$，表示电网背景售电公司议价能力带来的电力批发价格的折扣，相关内容将在本节随后部分予以研究讨论。

式（3-63）对 q_t 求解一阶条件可以得到电网背景售电公司最优交易量：

$$q_t=\begin{cases}\dfrac{1}{2}\left(\dfrac{c}{d}-q_s-\dfrac{\lambda p}{d}\right), & q_s<\dfrac{c}{d}\\[3mm] 0, & q_s>\dfrac{c}{d}\end{cases}\qquad(3-64)$$

2. 第三方售电公司最优售电量

第三方售电公司利润最大化问题为：

$$\underset{q_s}{\mathrm{Max}}\pi_s=\begin{cases}\left[c-d(q_t+q_s)\right]q_s-pq_s-c_s-\alpha k+R_s, & q_t>0\\[2mm] -c_t, & q_t=0\end{cases}\qquad(3-65)$$

其中，π_s 为 k，R_s，q_s 的线性函数，式（3-65）对 q_s 求解一阶条件可以得到第三方售电公司最优交易量：

$$q_s=\begin{cases}\dfrac{1}{2}\left(\dfrac{c}{d}-q_t-\dfrac{p}{d}\right)-\alpha\dfrac{\partial k(q_s)}{\partial q_s}+\dfrac{\partial R_s(q_s)}{\partial q_s}, & q_s<\dfrac{c}{d}\\[3mm] 0, & q_s>\dfrac{c}{d}\end{cases}\qquad(3-66)$$

令 $\dfrac{\partial k(q_s)}{\partial q_s}=K$，$\dfrac{\partial R_s(q_s)}{\partial q_s}=Z$，由式（3-66）可以得到：

$$q_s=\begin{cases}\dfrac{1}{2}\left(\dfrac{c}{d}-q_t-\dfrac{p}{d}\right)-\alpha K+Z, & q_s<\dfrac{c}{d}\\[3mm] 0, & q_s>\dfrac{c}{d}\end{cases}\qquad(3-67)$$

3. 博弈均衡解

联立电网背景售电公司与第三方售电公司最优产量函数，可以得到

Cournot 均衡时，售电批发价格的均衡解。由式（3-64）和式（3-67）可以得到：

$$p = \frac{2d(Z-\partial K)}{1-\lambda} \qquad\qquad (3-68)$$

其中，λ 反映了电网背景售电公司在与包括绿色能源电力生产商在内的电力企业进行售电批发价格博弈的议价能力，$0<\lambda<1$，电网背景售电公司议价能力越强，获得的价格折扣越大，λ 越小，电力批发价格越低。同时，$Z-\partial K$ 代表了第三方售电公司电力增值服务水平与电力偏差调节能力，即其综合实力越强，越有利于抑制电网背景售电公司利用垄断因素获得与绿色能源电力生产商价格博弈的额外租金。

（五）电力生产商与售电商之间罗宾斯坦博弈分析

包括绿色能源电力生产商在内的电力生产商与售电商即售电公司进行电力批发价格博弈时，具有先动优势，在罗宾斯坦博弈中为先报价方，售电公司为还价方。虽然双方讨价还价谈判可以无限期进行，但存在谈判成本，引入贴现因子 χ（$0<\chi<1$），电力生产商、售电公司的贴现因子分别为 χ_F、χ_Y，表示双方讨价还价的议价能力或谈判耐心程度，χ 越大，价格议价能力越强。P_F^E 和 P_Y^E 分别为电力生产商和售电公司的预期价格，为双方私人信息，仅知道对方预期价格的概率分布，P_F^E 在 ［a，b］ 上服从均匀分布，$0 \leqslant a \leqslant 1$，$0 \leqslant b \leqslant 1$，且 $a \leqslant b$，P_Y^E 在 ［c，d］ 上服从均匀分布，$0 \leqslant c \leqslant 1$，$0 \leqslant d \leqslant 1$，且 $c \leqslant d$，博弈双方会根据对方的出价信息对概率分布进行不断修正。

1. 罗宾斯坦博弈过程

电力生产商在第一阶段先报价 P_{F1}^E，为了尽可能获利，理性的电力生产商会报价高于各自的预期价格，即 $P_{F1}^E \geqslant P_F^E$。售电公司可以接受或拒绝，理性的售电公司只有电力生产商出价不高于其预期价格，双方才有成交的可能性，当 $P_{F1}^E \leqslant P_Y^E$，售电公司才会接受。售电公司接受对方报价，博弈结束，购售电双方以 P_{F1}^E 签订协议，双方收益为[（$P_{F1}^E - P_F^E$），（$P_Y^E -$

$P_{F^1}^E)$]，如果售电公司拒绝电力生产商的报价 $P_{F^1}^E$，则博弈进入第二阶段。

第二阶段售电公司进行还价，其还价为 $P_{Y^1}^E$，并且 $P_F^E \leqslant P_{Y^1}^E \leqslant P_Y^E$，电力生产商可以选择接受或不接受。如果接受还价，博弈结束，购售电双方达成价格协议，但相对第一阶段，由于谈判存在成本，因此双方收益为 $[\chi_F(P_{Y^1}^E - P_F^E), \chi_Y(P_F^E - P_{F^1}^E)]$；如果电力生产商拒绝，博弈进入下一阶段。

第三阶段电力生产商再次报价，报价为 $P_{F^2}^E$，并且 $P_F^E \leqslant P_{F^1}^E \leqslant P_{F^2}^E \leqslant P_Y^E$，同样售电公司有两种选择，接受或不接受。如果接受还价，博弈结束，购售电双方达成价格协议，双方收益为 $[\chi_F^2(P_{F^2}^E - P_F^E), \chi_Y^2(P_F^E - P_{F^2}^E)]$；如果不接受，将进入下一轮讨价还价。以此类推，电力生产商在奇数阶段报价，售电公司在偶数阶段还价。

2. 罗宾斯坦博弈均衡分析

为简化求解过程并不失一般化，假设电力生产商与售电公司之间讨价还价博弈为三期，运用逆向归纳法进行求解。

当讨价还价博弈进行到第三阶段，对于理性的售电公司，这是获得电量的最后机会，若拒绝双方均不能获得收益，只要电力生产商报价 $P_{F^2}^E$ 满足 $\chi_Y^2(P_Y^E - P_{F^2}^E) \geqslant 0$，售电公司就会接受报价。电力生产商了解到售电公司这一阶段的决策信息，知道 $\chi_Y^2(P_Y^E - P_{F^2}^E) \geqslant 0$ 为其谈判底线，随着讨价还价的不断进行，双方获悉对方信息量也越来越多，不断修正估计的对方预期价格信息，假设第三阶段电力生产商已经将估计的售电公司预期价格从 $[c, d]$ 调整为 $[P_{Y^1}^E, d]$，则其在第三阶段的期望效用函数为：

$$\text{Max}[\chi_F^2(P_{F^2}^E - P_F^E) \times \gamma_{3Y} + 0 \times \gamma_{3N}] \tag{3-69}$$

其中，γ_{3Y} 和 γ_{3N} 分别为售电公司在讨价还价第三阶段接受和拒绝 $P_{F^2}^{E*}$ 的概率。

$$\gamma_{3Y} = p[\chi_Y^2(P_Y - P_{F^2}^{E*}) \geqslant 0] = p(P_Y \geqslant P_{F^2}^E) = \frac{d - P_{F^2}^{E*}}{d - P_{Y^1}^E} \tag{3-70}$$

$$\gamma_{3N} = 1 - \gamma_{3Y} = \frac{P_{F^2}^{E*} - P_{Y^1}^E}{d - P_{Y^1}^E} \tag{3-71}$$

将式（3-70）、式（3-71）代入式（3-69）可以得到：

$$\text{Max}\left[\chi_F^2\left(P_{F2}^E-P_F^E\right)\times\frac{d-P_{F2}^{E*}}{d-P_{Y1}^E}\right]\qquad(3-72)$$

由式（3-72）可以得到电力生产商效用最大化的最优出价 P_{F2}^{E*}：

$$P_{F2}^{E*}=\frac{d+P_F^E}{2}\qquad(3-73)$$

这时电力生产商的讨价还价收益为 $\chi_F^2\left(\dfrac{d-P_F^E}{2}\right)$。接下来再反向分析售电公司在第二阶段的博弈决策。根据电力生产商第一阶段的报价 P_{F1}^E，售电公司对博弈信息进行调整修正，对电力生产商预期价格的估计区间缩小至 $[a, P_{F1}^E]$。同时根据博弈假设，售电公司也预测到电力生产商在第三阶段的博弈策略。为了让电力生产商接受 P_{Y1}^E，必须保证电力生产商现期收益不少于第三阶段收益的折现，即 $\chi_F\left(P_{Y1}^E-P_F^E\right)\geqslant\chi_F^2\left(\dfrac{d-P_F^E}{2}\right)$。因此，售电公司第二阶段的期望效用函数为：

$$\text{Max}\left[\chi_Y\left(P_Y^E-P_{Y1}^E\right)\times\gamma_{2Y}+\chi_Y^2\left(P_Y^E-P_{F2}^{E*}\right)\times\gamma_{3Y}\right]\qquad(3-74)$$

其中，γ_{2Y} 表示电力生产商在第二阶段接受 P_{Y1}^E 的概率。

$$\gamma_{2Y}=p\left(P_F^E\geqslant\frac{2P_{Y1}^E-\chi_F\times d}{2-\chi_F}\right)=\frac{P_{F1}^E(2-\chi_F)-\chi_F\times d-2P_{Y1}^E}{(\chi_F-1)(P_{F1}^E-a)}\qquad(3-75)$$

将式（3-75）和式（3-70）代入式（3-74）可以得到：

$$\text{Max}\left[\chi_Y\left(P_Y^E-P_{Y1}^{E*}\right)\times\left[\frac{\chi_F\times P_{F1}^E(2-\chi_F)\times d-2P_{Y1}^{E*}}{(2-\chi_F)(P_{F1}^E-a)}\right]+\chi_Y^2\left(P_Y^E-P_{F2}^E\right)\times\right.$$

$$\left.\frac{d-P_{F2}^{E*}}{d-P_{Y1}^{E*}}\right]\qquad(3-76)$$

由式（3-76）可以得到：

$$P_{Y1}^{E*}=\sqrt{\frac{\left(P_Y^E-P_{F2}^{E*}\right)\left(P_{F2}^{E*}-a\right)\left(2-\chi_F\right)\left(P_{F1}^E-a\right)\left(d-P_{F2}^{E*}\right)}{2a(\chi_F-1)-2P_Y^E-(2-\chi_F)\left(P_{F1}^E-a\right)}}+a\qquad(3-77)$$

同时，第二阶段售电公司的最大讨价还价收益为：

$$\chi_Y \left(\sqrt{\frac{(P_Y^E - P_{F2}^{E*})(P_{F2}^{E*} - a)(2 - \chi_F)(P_{F1}^E - a)(d - P_{F2}^{E*})}{2a(\chi_F - 1) - 2P_Y^E - (2 - \chi_F)(P_{F1}^E - a)}} + a - P_Y^E \right) \qquad (3-78)$$

最后分析电力生产商第一阶段的报价 P_{F1}^E，如要售电公司接受 P_{F1}^E，报价必须满足：

$$(P_Y^E - P_{F1}^E) \geqslant \chi_Y \left(\sqrt{\frac{(P_Y^E - P_{F2}^{E*})(P_{F2}^{E*} - a)(2 - \chi_F)(P_{F1}^E - a)(d - P_{F2}^{E*})}{2a(\chi_F - 1) - 2P_Y^E - (2 - \chi_F)(P_{F1}^E - a)}} + a - P_Y^E \right)$$

$$(3-79)$$

因此，电力生产商第一阶段的期望效用函数为：

$$\text{Max}\left[(P_{F1}^E - P_F^E) \times \gamma_Y + \chi_F (P_{Y1}^{E*} - P_F^E) \times \gamma_{NY} + \chi_F^2 (P_{Y2}^{E*} - P_F^E) \times \gamma_{3Y} \right] \qquad (3-80)$$

其中，γ_Y 为售电公司第一阶段接受 P_{Y1}^{E*} 的概率为：

$$\gamma_Y = p(P_{Y1}^{E*} \leqslant P_Y^E) = \frac{b - P_{Y1}^{E*}}{b - a} \qquad (3-81)$$

γ_{NY} 为售电公司第一阶段拒绝 P_{F1}^{E*}，电力生产商第二阶段接受 P_{Y1}^E 的概率：

$$\gamma_{NY} = \frac{P_{F1}^E - a}{b - a} \times \left[\frac{P_{F1}^E (2 - \chi_F) - \chi_F \times d - 2P_{Y1}^E}{(\chi_F - 2)(P_{Y1}^E - a)} \right] \qquad (3-82)$$

γ_{NNY} 为售电公司第一阶段拒绝 P_{F1}^{E*}，电力生产商第二阶段拒绝 P_{Y1}^{E*}，售电公司在第三阶段接受 P_{F2}^{E*} 的概率：

$$\gamma_{NNY} = \frac{P_{F1}^{E*} - a}{b - a} \times \frac{\chi_F \times d - 2P_{Y1}^E - a(\chi_F - 2)}{(\chi_F - 2)(P_{F1}^E - a)} \times \frac{d - P_{F2}^{E*}}{d - P_{Y1}^{E*}} \qquad (3-83)$$

将式（3-81）、式（3-82）、式（3-83）代入式（3-80）可以得到满足最优化问题的 P_{F1}^{E*}：

$$P_{F1}^{E*} = \frac{2b + 2P_F^E - \chi_Y(d - c) + \chi_F(2P_Y^E + a - P_F^E)}{4} \qquad (3-84)$$

综合上述电力生产商与售电公司讨价还价博弈，可得到命题 3.7：

$$\frac{\partial P_{Y1}^{E*}}{\partial \chi_Y} = \frac{c - d}{4} < 0, \quad \frac{\partial P_{Y1}^{E*}}{\partial \chi_F} = \frac{2P_Y^E + a - P_F^E}{4} > 0。$$

命题 3.7 表示，售电批发价格与售电公司讨价还价能力负相关，与电力生产商讨价还价能力正相关。将式（3-84）进一步调整，可得到命题 3.8：

$$P_{F^1}^{E*} = \frac{2(b-a) + 2(P_F^E + a) - \chi_Y(d-c) + \chi_F(2P_Y^E + a - P_F^E)}{4}$$

命题 3.8 表示，在售电批发市场，电力生产商先报价的不完全信息讨价还价博弈中，电力生产商对售电公司的博弈决策信息了解越有限，售电公司对电力生产商的博弈决策信息了解越准确，售电批发均衡价格越低。

对此的解释是，其中 d~c 为电力生产商对售电公司预期价格的估计区间，d，c 的差值既决定了购售电双方的谈判次数，也影响了双方的谈判结果。d~c 越小，表明电力生产商对售电公司的私人信息了解越多，对电力生产商的谈判越有利，最后的电力批发价格 $P_{F^1}^{E*}$ 越高。同样，b~a 为售电公司对电力生产商预期价格的估计区间，b~a 越小，表明售电公司对电力生产商的私人信息了解越多，对售电公司的价格谈判也越有利，最后的电力批发价格 $P_{F^1}^{E*}$ 越低。

四、绿色能源可竞争电力市场电价模式的讨论

绿色能源可竞争电力市场电价模式的重点为建立有利于绿色能源发展的可竞争电力市场，结合中国电力市场，构建了电力市场双边交易两阶段博弈模型，分析了已具有成本优势并占据绿色能源电力垄断资源的绿色能源电力厂商对电价的影响以及电网企业继续从事售电业务对绿色能源电力价格市场化的影响。

售电商之间博特兰德博弈结果显示，电网背景售电公司对第三方售电公司有挤出效应。售电商之间古诺博弈结果显示，电网背景售电公司议价能力越强，获得的价格折扣越大，电力批发价格越低。第三方售电公司电力增值服务水平与电力偏差调节能力提升，综合实力越强，越有利于抑制电网背景售电公司利用垄断因素获得与绿色电力生产商价格博弈的额外租金。

电力生产商与售电商之间罗宾斯坦博弈结果显示，售电批发价格与售电公司讨价还价能力负相关，与电力生产商讨价还价能力正相关。电力市场各环节均容易受到自然垄断等因素的影响，发电侧容易因电力生产商过于集中，绿色能源电力资源集中于特定区域等易导致电力生产商使用由此带来的市场力，增强与售电公司的议价能力；在售电侧，中国新一轮电力市场化改革虽然放开售电市场，允许各类企业从事售电业务，但具有网络资源、调度信息资源及结算权的电网企业未退出售电业务，电网背景售电公司相对第三方售电公司具有明显的用户资源、信息资源优势，在与电力生产商议价时具有明显优势，同样可以利用这些资源优势增强其议价能力。

电力生产商与售电商之间罗宾斯坦博弈结果显示，在售电批发市场，电力生产商先报价的不完全信息讨价还价博弈中，电力生产商对售电公司的博弈决策信息了解越有限，售电公司对电力生产商的博弈决策信息了解越准确，售电批发均衡价格越低；反之亦然。在电力生产商与售电公司讨价还价过程中，获得对方更多私人信息有助于建立谈判优势，获取更高收益。中国新一轮电力市场化改革在发电侧构建竞价上网，放开售电侧市场，允许各类型企业从事购售电业务，但电网企业仍可继续从事售电业务。由于电网企业拥有调度权，在我国现有电力调度模式下，电网企业可以快捷、准确地获悉电力调度范围内包括绿色能源电力在内的统调机组的发电信息，包括降雨、风光等涉及预计发电量、市场供求信息等，同时电网企业负责安排电力网络计划检修、电力交易安全校核等，使电网背景售电公司具有强大的信息权，对电力生产商的私人信息的掌握远超对方对其信息的掌握，具有信息不对称优势。另外，也使电网背景售电公司在电力批发市场具有比第三方售电公司强大得多的谈判能力，即获取更低批发电价的力量。不对称的议价能力可能会损害其他市场主体的利益，影响绿色能源电力价格市场化定价，不利于电力市场化改革的推进。

第四章　中国绿色能源电价政策发展演进

绿色能源既包含了处于成熟阶段的传统清洁能源水电，也包括正在快速发展的风电、光伏、生物质能等新兴能源。通过对中国水电价格政策、风电价格规制制度、光伏发电电价规制演进及生物质电价规制政策变迁的制度进行系统梳理与总结，深入展现中国绿色能源电价政策动态演进的历程与发展。

第一节　水电价格政策演进

中国水能资源丰富，蕴藏量达 6.8 亿千瓦，居世界第一，中国国情非常适合投资建设清洁的水电，以满足改革开放以来高速增长的经济、社会需要。中国水电价格政策在遵循电力价格改革路径方向的同时，也因其行业特殊性，其价格改革与煤电等传统非可再生能源电力价格规制演化路径不尽相同。包括水电、风电、太阳能光伏在内的绿色能源电力不同发展阶段具有明显的异质性特征，初期投资大、技术要求高，同时具有无须燃料成本的天然优势，随着规模扩大，技术越发成熟，其经济性优势会逐步显现。中国水电发展初期，面临与风电、光伏发电发展初期同样的开发成本高、技术难度大等困局，通过采取隐性补贴政策包括还本付息电价、经营期电价政策等，有效促进了水电项目投资。随着水电规模快速增长，其电价不断上升，发挥市场机制提升其绩效成为随后改革的方向。中国水电价格规制政策演进历程如表4-1所示。

表4-1 中国水电电价规制演进

规制政策	调整年份	政策文件	主要内容	主要目的
还本付息电价	1985	《关于鼓励集资办电和实行多种电价的暂行规定》（国发〔1985〕72号）	打破电力、电价由国家包办，鼓励各方集资办电；非财政拨款，负债投资电厂以还本付息加核定收益确定上网电价	鼓励投资建设周期长、资金量大的水电项目
经营期电价	2001	《国家计委关于规范电价管理有关问题的通知》（计价格〔2001〕701号）	按领先企业平均成本定价	抑制电力成本上升，降低电价
标杆上网电价	2004	《国家发展改革委关于疏导南方电网电价矛盾有关问题的通知》（发改价格〔2004〕1037号）、《国家发展改革委关于疏导华中电网电价矛盾有关问题的通知》（发改价格〔2004〕1038号）、《国家发展改革委关于疏导西北电网电价矛盾有关问题的通知》（发改价格〔2004〕1125号）	对四川等10省份新投水电执行各省区统一上网电价	进一步降低水电项目建设成本，降低水电上网电价
经营期电价	2009	《国家发展改革委关于调整华中电网电价的通知》（发改价格〔2009〕2925号）、《国家发展改革委关于调整南方电网电价的通知》（发改价格〔2009〕2926号）、《国家发展改革委关于调整西北电网电价的通知》（发改价格〔2009〕2921号）	对四川等10省份新投水电执行经营期电价	水电项目经济性差异较大，统一标杆上网电价造成水电出现行业性亏损。新建水电项目执行经营期电价促进水电投资

规制政策	调整年份	政策文件	主要内容	主要目的
省内标杆上网电价、跨省协商电价	2014	《关于完善水电上网电价形成机制的通知》（发改价格〔2014〕61号）	省内实行标杆上网电价；跨省跨区域电价由供需双方协商确定	为水电竞价上网、市场化定价准备
竞争上网	2015	《关于进一步深化电力体制改革的若干意见（中发〔2015〕9号）文》	省内市场化电量竞价上网、非市场化电量核定电价	建立以市场机制确定的电价机制，提升电力工业绩效，优化电力资源配置

2004年以前，为鼓励各方力量投资电源项目尤其是建设周期长、初期投入资金人力巨大、技术难度大的水电项目，中国推行了以还本付息、经营期电价实施的隐性补贴水电上网电价政策，即根据水电项目的资源条件、投入成本等实现"一厂一价"政策，确保了水电项目投资方投资收益。投资方获得水电项目开发权就意味着有稳定收益，水电进入各大电力集团"跑马圈地"阶段。水电装机快速增长的同时，无成本约束的价格规制模式使水电建造成本不断攀升，成本攀升直接导致水电上网电价不断提高。为抑制水电价格的不断上涨，我国在云南、四川等10省份实行了水电标杆电价，水电项目资源条件、开发成本、技术难度存在较大差异，执行统一标杆上网电价后，导致水电行业大面积亏损，抑制了水电项目投资开发。2009年，我国新建水电项目暂停执行水电标杆电价政策，返回"一厂一价"定价模式，再次刺激了水电项目的大量推进，2009～2013年，我国水电装机共投产10784万千瓦，年投产装机超过2000万千瓦。

2014年，我国对新投产水电执行省区内、跨省区双重电价政策，省区内执行所在省区标杆上网电价，跨省区电价由供需双方协商确定。2015年，进一步确定了按落地省区煤电标杆上网电价、国家核定的输配电价及线损倒推计算外送电力的定价机制。在2015年电力市场化改革前，部分省份如北京水电标杆上网电价为0.313~0.364元/千瓦时，河北为0.420元/千瓦时，山东为0.370元/千瓦时，黑龙江为0.375元/千瓦时，安徽为 0.384 元/千瓦时，福建为 0.311 元/千瓦时，湖北为 0.286~0.410 元/千瓦时，湖南为 0.300~0.410 元/千瓦时，四川为 0.263~0.390 元/千瓦时，广东为 0.438 元/千瓦时，山西为 0.270 元/千瓦时，江西为 0.310~0.360 元/千瓦时，广西为 0.320 元/千瓦时，海南为 0.360 元/千瓦时。其他省区参照本省燃煤机组标杆上网电价。

自 2015 年电力市场化改革以来，各省份水电逐渐形成省区内市场化电量竞价上网，非市场化电量政府定价。跨省跨区域的省区间框架协议内电量按省间协商，框架协议外电量可开展省区市场化交易。我国水电开发、建造及运营技术成熟，建造运营成本已具备与煤电等传统非可再生能源电力展开竞争条件，在可再生能源电价补贴执行时，水电已不在执行范围内。

第二节　风电价格政策及发展

一、中国风电电价规制演进

中国发展风电基本遵循发展水电的电价规制演进路径，最初采取建造成本直接与价格挂钩，之后在招标竞价与固定上网电价规制模式之间平衡。如表 4-2 所示。

表 4-2　中国风电电价规制演进

规制政策	调整年份	政策文件	主要内容	主要目的
政府定价与指导定价	2006	《可再生能源发电价格和费用分摊管理试行办法》（发改价格〔2006〕7 号）	风电上网电价通过政府定价或招标方式确定指导价	鼓励投资单位造价高、技术尚未成熟的风电项目，优化我国电源结构，服务能源绿色转型

规制政策	调整年份	政策文件	主要内容	主要目的
标杆上网电价	2009	《国家发展改革委关于完善风力发电上网电价政策的通知》（发改价格〔2009〕1906号）	全国分I~Ⅳ类，电价分别为0.51元、0.54元、0.58元、0.61元	使投资者锁定投资收益，促进风电发展
	2014	《国家发展改革委关于海上风电上网电价政策的通知》（发改价格〔2014〕1216号）	2017年前投运近海风电项目电价为0.85元，潮间带风电电价为0.75元	
	2014	《国家发展改革委关于适当调整陆上风电标杆上网电价的通知》（发改价格〔2014〕3008号）	第I~Ⅲ类新建风电每千瓦时降低2分	降低风电标杆上网电价，减少补贴金额，激励风电产业技术进步，降低建造成本
	2015	《国家发展改革委关于完善陆上风电光伏发电上网标杆电价政策的通知》（发改价格〔2015〕3044号）	I~Ⅲ类新建风电降低2分，Ⅳ类降低1分	
	2016	《国家发展改革委关于调整光伏发电陆上风电标杆上网电价的通知》（发改价格〔2016〕2729号）	2018年新建风电，I~Ⅳ类电价比2016~2017年分别降低7分、5分、5分、3分	
竞争性（招标方式）定价	2018	《国家能源局关于2018年度风电建设管理有关要求的通知》（国能发新能〔2018〕47号）	2019年起，新建风电以竞争方式确定项目业主，电价按20年经营期测算固定上网电价	进一步降低风电标杆上网电价，减少补贴金额，激励风电降低建造成本并为风电市场化竞价做好准备

续表

规制政策	调整年份	政策文件	主要内容	主要目的
指导定价	2019	《国家发展改革委关于完善风电上网电价政策的通知》（发改价格〔2019〕882号）	陆上风电改为指导定价，新建陆上风电电价以竞争方式确定，不高于资源区指导价，2019年I~Ⅳ类满足补贴条件，新建陆上风电为 0.34 元、0.39 元、0.43 元、0.52 元；2020年为0.29 元、0.34 元、0.38 元、0.47 元。指导价低于当地煤电标杆电价，以煤电标杆电价作为指导价	进一步降低风电标杆上网电价，减少补贴金额，激励风电降低建造成本并为风电市场化竞价做好准备

风电执行固定上网电价规制后，投资方的收益就被提前锁定，极大地刺激了风电项目的投资，2009~2014年，中国风电装机规模从1760万千瓦增加至9657万千瓦，新增装机7897万千瓦，年均装机增长1316.17万千瓦。一方面，随着风电大规模的投产发电，风电投资造价快速下降；另一方面，财政对风电的补贴资金快速增长。从2014年开始，中国对新增风电逐步推行降低固定电价规制的补贴强度。中国陆上风电各类资源区历年固定上网电价如图4-1所示。

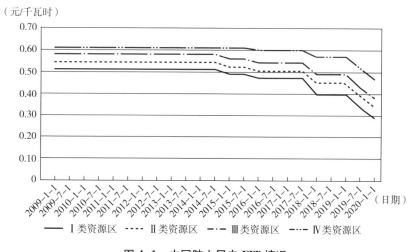

图 4-1 中国陆上风电 FIT 情况

注：为了图表标题的简化，全书涉及的固定上网电价规制模式统一简称为FIT。

根据国家发改委最新政策文件，自 2021 年 1 月 1 日开始，新核准的陆上风电项目全面实现平价上网（执行所在省份煤电标杆上网电价），海上风电固定上网改为指导价，新核准海上风电项目全部通过竞争方式确定上网电价。

二、绿色能源发电度电成本核算及预测模型

通过构建绿色能源发电度电成本核算及预测模型，可对"十四五"期间中国风电、光伏发电的度电成本进行测算并预测与煤电完全市场化竞争的时间节点。在绿色能源发电成本核算、项目投资评价方面，国内通常采用收益法进行成本核算，通过计算项目资本金内部收益率（IRR）等指标进行评价。上述方法基于绿色能源电价固定已知，适用于固定上网电价规制模式下的测算。而在电力市场化条件下，电力市场化国家通常采用平准化发电成本模型核算绿色能源发电的度电成本。因此，在市场化条件下绿色能源发电成本宜采用平准化发电成本模型。绿色能源发电系统成本是绿色能源发电度电成本核算的基础，在总投资中超过 70%，其拟合和预测方法的选择对绿色能源发电度电成本的测算显得尤为重要，通常基于学习曲线，可以描绘绿色能源发电度电成本的过去，预测未来成本的趋势（马翠萍和史丹，2014），本书选择学习曲线作为绿色能源发电成本预测模型的基础。

（一）绿色能源平准化发电成本核算模型

平准化发电成本（Levelized Cost of Electricity，LCOE）是绿色能源单位发电量的综合成本，是运营期所有成本与全部发电量的比值（陈荣荣，2015）。需要指出的是，在计算 LCOE 时，需要将绿色能源发电项目经营期内各期投入、各类成本费用包括贷款利息、运营维护费用、人工成本等按折现率折算为现值，同样绿色能源发电项目经营期内各期发电量也需折现为净现值。马翠萍和史丹（2014）提出的绿色能源发电成本核算模型为：

$$LCOE = \frac{\sum_{t=0}^{T} C_t / (1+r)^t}{\sum_{t=0}^{T} E_t / (1+r)^t} \tag{4-1}$$

其中，T 表示绿色能源发电经营期限，LCOE 表示绿色能源单位发电量成本，r 表示贴现率，E 表示年发电量，C_t 表示各期投资成本。本书将在上述模型基础上进一步优化，在计算经营期成本、发电量时，从 $t=0$ 开始，即包括了项目初始投资，这部分不需要折现，通过综合折旧率摊销于每期进行折现，因此由式（4-1）可以进一步优化为：

$$LCOE = \frac{\left[\sum_{t=1}^{T} C_t / (1+r)^t\right]}{\sum_{t=1}^{T} E_t / (1+r)^t} \tag{4-2}$$

其中，C_0 表示可再生能源项目初始投资成本，将各期成本费用进一步分解，可以得到：

$$LCOE = \frac{\left\{\sum_{t=1}^{T} \left[(Y_t + I_t)C_0 + T_t + F_t + G_t + Z_t + D_t\right] / (1+r)^t\right\}}{\sum_{t=1}^{T} H_t \times M_t \times P_t \times (1-\alpha)^t / (1+r)^t} \tag{4-3}$$

其中，Y_t 表示各期生产经营的运维费率，I_t 表示各期各类保险综合费率，T_t 表示各期税费成本，F_t 表示各期财务费用，G_t 表示各期生产经营的管理费用；Z_t 表示各期折旧费用；D_t 表示各期的土地出让摊销成本；H_t 表示利用小时数，M_t 表示装机容量，P_t 表示发电效率，α 表示每年发电衰减率，r 表示折现率。

（二）绿色能源发电成本学习曲线预测模型

学习曲线通过构建过去与未来之间的函数关系，实现有效预测未来成本变化方向，对绿色能源发电成本预测通常以建立度电发电成本与总产量之间的函数关系实现，可以表示为：

$$C_{cum} = C_1 \times Cum^b \tag{4-4}$$

其中，C_{cum} 表示度电成本，是总产量的函数；C_1 表示总产量为 1 时的成本；Cum 表示总产量；b 表示经验指数。当总产量扩大 1 倍时，度电成本为：

$$\frac{C_{cum2}-C_{cum1}}{C_{cum1}}=\frac{C_1\times Cum_2^b-C_1\times Cum_1^b}{C_1\times Cum_1^b}=2^b-1 \qquad (4-5)$$

$$LR=2^b-1 \qquad (4-6)$$

式（4-6）中，LR 表示学习率，是总产量扩大 1 倍时，度电成本降低的速度。

三、风电电价市场化趋势预测

根据绿色能源发电成本核算模型和绿色能源发电成本预测模型，以 2020 年为基期对中国"十四五"期间风电平准化发电成本进行测算并与煤电电价进行对比分析，预测风电完全具备与煤电市场化竞争的时间节点。

（一）核心参数的确定

风电发电年利用小时数：中国地域辽阔，区域差异明显，各省份风能资源条件不一，在核定补贴标准、保障性收购利用小时数时，将全国按照风能资源情况分为四类区域标准。按照国家发展改革委可再生能源电力发展监测相关规定：一类资源区[①]，最低保障性收购利用小时数为 1900~2000 小时；二类资源区[②]，最低保障性收购利用小时数为 1800~2000 小时；三类资源区[③]，最低保障性收购利用小时数为 1800~1900 小时；四类资源区为一类、二类、三类资源区以外的区域，按 1600 小时计。

土地成本费用：风电发电项目由于风机组件需要占用土地，因此涉及土地占用成本，一般装机规模 1 兆瓦电站需占用土地规模 10 亩，土地使

---

① 内蒙古自治区除赤峰市、通辽市、兴安盟、呼伦贝尔市以外其他地区，新疆维吾尔自治区乌鲁木齐市、伊犁哈萨克自治州、昌吉回族自治州、克拉玛依市、石河子市。

② 河北省张家口市、承德市，内蒙古自治区赤峰市、通辽市、兴安盟、呼伦贝尔市，甘肃省张掖市、嘉峪关市、酒泉市，云南省。

③ 吉林省白城市、松原市，黑龙江省鸡西市、双鸭山市、七台河市、绥化市、伊春市、大兴安岭地区，甘肃除张掖市、嘉峪关市、酒泉市以外其他地区，新疆维吾尔自治区除乌鲁木齐市、伊犁哈萨克自治州、昌吉回族自治州、克拉玛依市、石河子市以外其他地区，宁夏回族自治区。

用费按 6 万元 1 亩计算①。风电系统成本的确定：国内外已有文献显示，中国风机经过十多年的快速发展，在"十四五"期间的系统成本难以向光伏系统成本一样快速下降，已进入相对成熟的发展时期，综合来看，风电组件成本的学习率在 7%~12%。本书分乐观和谨慎两种情景进行测算，在乐观情景下，风电组件成本的学习率按 7%，谨慎情景下，光伏组件成本的学习率按 10%。财务费用、折现率、折旧费与上节中光伏发电参数一致。其他相关参数的确定按最新法规和行业规范予以确定。

（二）风电平准化成本测算

依据绿色能源发电平准化成本核算模型以及核心参数的取值，进行计算可以得到"十四五"期间风电度电平准化成本，如表 4-3 所示。

表 4-3 "十四五"期间风电平准化发电成本测算

单位：元/千瓦时

年份		2020	2021		2022		2023		2024		2025	
情景		基准	乐观	谨慎	乐观	谨慎	乐观	谨慎	乐观	谨慎	乐观	谨慎
资源区	一	0.325	0.311	0.315	0.299	0.306	0.288	0.298	0.278	0.290	0.269	0.283
	二	0.359	0.344	0.348	0.330	0.339	0.318	0.329	0.307	0.321	0.297	0.313
	三	0.390	0.373	0.378	0.359	0.368	0.345	0.358	0.333	0.348	0.323	0.340
	四	0.455	0.436	0.441	0.418	0.429	0.403	0.417	0.389	0.407	0.376	0.397

资料来源：笔者计算整理。

经测算，2020 年，一类、二类、三类和四类地区风电度电平准化成本分别为 0.325 元、0.359 元、0.390 元和 0.455 元，与 2020 年中国四类地区最新的风电指导上网电价基本相当，表明模型及参数设置合理。

测算结果显示，在乐观情景下，2021 年，一类、二类、三类和四类地区风电度电平准化成本分别下降至 0.311 元、0.344 元、0.373 元和 0.436 元，并逐年呈现下降趋势，竞争力不断提高。以各资源区风电度电

---

① 土地使用费依据《全国工业用地出让最低价标准》。

平准化成本低于所对应省份煤电标杆上网电价的省份数量比例作为判断其与煤电市场化竞争的依据。对比情况如图4-2所示。

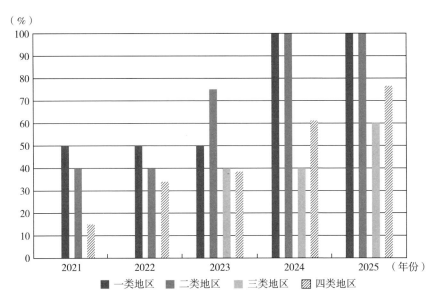

图4-2　"十四五"期间风电平准化成本与煤电电价

资料来源：笔者计算整理。

　　由图4-2可知，2021年和2022年，只有二类地区风电度电平准化成本持平于对应省份煤电标杆上网电价，因此风电仍难以在价格上与煤电进行市场化竞争。2023年，一类、二类地区风电度电平准化成本低于对应省份煤电标杆上网电价的比例突破50%，正逐渐形成竞争优势，三类、四类地区风电仍难以和煤电市场化竞争；2024年，一类、二类地区风电度电平准化成本将全部低于对应省份煤电标杆上网电价，形成对煤电的竞争优势，四类地区度电平准化成本低于对应省份煤电标杆上网电价比例也超过60%，三类地区为40%左右；预计2025年全国范围内，风电成本优势已十分明显，将对煤电形成有利的价格优势，全面市场化条件成熟。

　　在谨慎情景下，2021年和2022年，一类、二类、三类、四类地区风电度电平准化成本低于对应省份煤电标杆上网电价比例分别为0.00%、

50.00%、40.00%、7.69%~23.08%，均难以在价格上与煤电进行市场化竞争。2023年，一类、二类地区风电度电平准化成本低于对应省份煤电标杆上网电价的比例过半，逐渐形成竞争优势，三类、四类地区风电仍难以和煤电市场化竞争；根据预测模型计算可得，2024年，一类、二类、三类、四类地区分别为50.00%、75.00%、40.00%、34.62%；2025年，分别为100.00%、100.00%、40.00%、57.69%，表明风电在全国范围内基本形成对煤电的相对价格优势。

综合乐观与谨慎情景下中国风电度电平准化发电成本测算情况，在"十四五"初期，不同于光伏发电，二类地区风电成本已初步具备与火电市场竞争条件，但其他区域仍难以和所在地区煤电市场化竞争；在"十四五"中后期，二类地区风电成本优势进一步凸显，同时一类地区风电也形成对煤电成本优势；在"十四五"末期，风电项目将在全国范围内形成对煤电竞争的价格优势。总体来看，中国风电与光伏发电均能在"十四五"末期在全国范围内实现与煤电的市场化竞争，但风电成本区域差异化明显强于光伏发电，具有典型的优先区域优势再过渡到整体优势的变化历程，表明目前中国风电、光伏发电整体上仍不具备直接向绿色能源可竞争市场电价规制模式转型的条件，需先向配额制—绿色证书交易制度电价规制模式转型，最终实现向可竞争电价规制模式转型。因此，在对中国绿色能源可竞争电价规制模式实证检验时，选取以水电为主的省份样本更能符合可竞争电力市场电价规制模式对绿色能源发展阶段的要求。

第三节　光伏电价政策及发展

一、中国光伏发电电价规制演进

中国发展光伏发电同样遵循发展水电、风电的价格规制演进路径，光伏发电装机扩张速度明显快于水电、风电，同时退补速度也快于水电、风电。中国光伏发电电价规制演进如表4-4所示。

表4-4　中国光伏发电电价规制演进

规制政策	调整年份	政策文件	主要内容	主要目的
标杆上网电价	2011	《国家发展改革委关于完善太阳能光伏发电上网电价政策的通知》（发改价格〔2011〕1594号）	正式明确光伏发电上网电价，全国实行统一电价	鼓励投资单位造价高、技术尚未成熟的光伏项目，加快我国电力绿色转型
	2013	《国家发展改革委关于发挥价格杠杆作用促进光伏产业健康发展的通知》（发改价格〔2013〕1638号）	分Ⅰ~Ⅲ类，电价每千瓦时分别为0.90元、0.95元、1.00元	降低光伏标杆上网电价，减少补贴金额，激励光伏降低建造成本
	2015	《国家发展改革委关于完善陆上风电光伏发电上网标杆电价政策的通知》（发改价格〔2015〕3044号）	全国Ⅰ~Ⅲ类光伏电价每千瓦时分别降低10分、7分、2分	
	2016	《国家发展改革委关于调整光伏发电陆上风电标杆上网电价的通知》（发改价格〔2016〕2729号）	全国Ⅰ~Ⅲ类光伏电价每千瓦时分别降低15分、13分、13分	
	2017	《国家发展改革委关于2018年光伏发电项目价格政策的通知》（发改价格规〔2017〕2196号）	光伏电价分别降低10分、5分；2019年起不再按备案时间执行上网电价	
	2018	《国家发展改革委 财政部 国家能源局关于2018年光伏发电有关事项的通知》（发改能源〔2018〕823号）	光伏上网电价每千瓦时降低5分	

续表

规制政策	调整年份	政策文件	主要内容	主要目的
指导定价	2019	《国家发展改革委关于完善光伏发电上网电价机制有关问题的通知》（发改价格〔2019〕761号）	2019年7月1日起，三类集中式光伏电价改为指导价，每千瓦时Ⅰ～Ⅲ类分别为0.4元、0.45元、0.55元。集中式光伏电价以市场竞争方式确定，不得超过所在资源区指导价	降低光伏标杆上网电价，减少补贴金额，为光伏市场化竞价做好准备

2013年中国开始对新建光伏发电实行降补贴政策，2013～2019年除2014年外，每年均下调新建光伏发电标杆上网电价。2012～2019年，标杆上网电价从1元/千瓦时降低到Ⅰ类地区的0.4元/千瓦时、Ⅱ类地区的0.45元/千瓦时、Ⅲ类地区的0.55元/千瓦时，分别下降了60%、55%和45%，竞价上网趋势远快于风电。如图4-3所示。

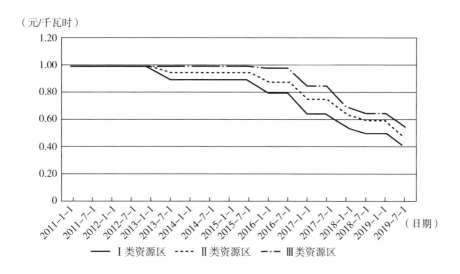

图4-3　中国集中式光伏发电固定上网电价规制情况

可以看出，绿色可再生能源电力中的水电由于技术成熟，建造、运营成本已经可以同煤电等非绿色能源电力开展价格竞争，在中国电力市场化进程中具备参与市场竞争的条件，其市场化路径对风电、太阳能光伏发电具有重要参考价值。风电正处于快速发展期，其建造、运营成本介于水电与太阳能光伏发电间，未来面临加速退补并开展市场竞争的趋势，光伏发电面临同样的问题，形势更为严峻。

其他绿色能源电力如潮汐能发电等，一方面，不论其装机规模还是发电量均在中国电力市场中占比过小；另一方面，其价格规制政策也是按风电、光伏发电同样的演进路径。本书已对绿色能源电力研究范围进行了界定，包括水电、风电、光伏发电与生物质能发电，故本书不再对其他绿色能源逐一进行分析。

二、配额制与绿色证书制度发展情况

2009 年中国颁布了《可再生能源法》，对可再生能源全额保障性收购，相当于全比例的配额制政策。2010 年为加快包括风电、太阳能光伏产业的发展，解决建造成本相对煤电等传统能源过高，间歇性带来消纳难等制约产业发展的问题，我国再次强调绿色可再生能源电力优先上网。长期以来，固定上网电价规制模式为我国绿色能源电价规制的主要模式而绿色证书交易制度发展缓慢。随着 2015 年电力市场化改革的推进，绿色能源电价规制模式迫切需要向更契合市场化的方式转变。作为配额制配套的绿色证书交易市场化机制，其作用的发挥有赖于配额制先行。2016 年我国拟在发电端建立以煤电为强制配额主体的非水绿色可再生能源配额制，为后续绿色证书制度的建立奠定基础，但由于改革阻力过大，随后被迫暂停推行。我国配额制与绿色证书制度规制政策情况如表 4-5 所示。

表 4-5　中国配额制与绿色证书交易政策情况

年份	政策文件	主要内容	主要目的
2009	《中华人民共和国可再生能源法》	从国家法律、制度上明确可再生能源发电需全额保障性收购	保障可再生能源电力消纳

续表

年份	政策文件	主要内容	主要目的
2010	《国务院关于加快培育和发展战略性新兴产业的决定》（国发〔2010〕32 号）	再次强调支持可再生能源电力发展，包括解决上网、消纳等问题	支持绿色电力发展，降低可再生能源电力投资电力消纳风险
2017	《试行可再生能源绿证核发及自愿认购交易制度的通知》（发改能源〔2017〕132 号）	鼓励各级政府机关、企事业单位、社会机构和个人在全国绿色电力证书核发和认购平台上自愿认购绿色电力证书，作为消费绿色电力的证明	引导绿色消费，促进清洁能源消纳，完善风电、光伏发电的补贴机制
2019	《关于建立健全可再生能源电力消纳保障机制的通知》（发改能源〔2019〕807 号）	按省级行政区域确定可再生能源电力消纳责任权重，并于2020 年 1 月 1 日全面进行监测评价和正式考核	正式以强制配额方式确保绿色电力消纳
2020	《关于促进非水可再生能源发电健康发展的若干意见》（财建〔2020〕4 号）	2021 年全面推行配额制下的绿色电力证书交易；完善市场配置资源和补贴退坡机制	实现绿色电力价格规制的市场化转型

资料来源：根据国家发展改革委等文件整理。

　　表 4-5 详细梳理了中国配额制与绿色证书制度最新发展情况。其中，2017 年开始试行绿证核发及自愿认购交易制度。2019 年中国启动以省级行政区域为单位的绿色可再生能源电力消纳强制配额制度，明确配额完成主体为电网、配售电公司以及用户，2016 年将拟向煤电实行的强制配额即发电侧配额改为由用户即销售侧配额。2018 年各省份对已下达指标自行核查，2019 年进行试考核，2020 年正式考核。

三、配额制与绿色证书制度实施效果

（一）配额制实施情况

　　目前，中国实行的绿色能源配额制是与绿色证书制度相分离的强制配额，并且配额责任主体未能确定为发电端的煤电厂商，而以省级行政区域为单位，将配额责任主体确定为销售侧的电力供应主体和大用户，包括电网公司、配售电公司以及用户。从实施效果来看，现有的配额制与绿色证书交易制度分离，难以发挥绿色能源配额制—绿色证书电价制度模式对市场化目标实现的支持。各省份绿色能源电力总量消纳占其全社会用电量比例如图4-4所示。

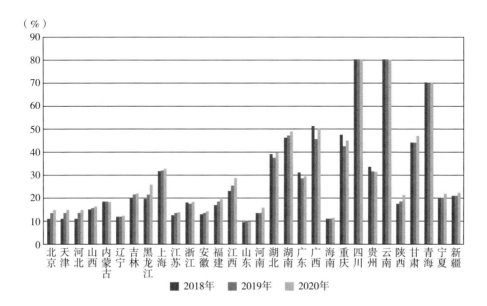

图4-4　中国各省份绿色能源电力总量消纳责任权重

资料来源：根据国家发展改革委等文件整理。

由图4-4可知，各省份绿色能源电力总量消纳占全社会用电量总体趋于稳定，2019年部分省份绿色能源电力总量消纳占全社会用电量比例出现了下降，近三年整体上对煤电的替代效应并不明显。

（二）绿色证书制度实施情况

2017年中国启动自愿绿证试点，试点范围包括陆上风电、集中式光伏发电，交易双方自愿认购。由于中国水电建设运行成本相对较低，不再实行补贴政策，推出的绿证只适用于绿色能源中的风电、光伏发电，意在引导绿色消费，促进清洁能源消纳，完善风电、光伏发电的补贴机制，也就是非强制的绿色证书机制。美国、荷兰等国在实行配额制配套的绿色证书交易制度的同时，也实行自愿认购的绿色证书制度作为补充。但非强制绿色证书制度实施效果主要依赖于全社会绿色环保意识与绿色环保无形资产价值等，如没有强制配额要求的谷歌等高技术企业通过自愿认购价格较高的绿色证书彰显其绿色环保的企业形象。没有配额制下的绿色证书制度，仅实行自愿认购绿色证书制度很难达到政策效果。我国近三年运行的绿色证书自愿认购机制差强人意，累计总成交量仅占核发量的 0.14%，相当于核发 718 个绿色证书仅成交 1 个。共计 28 个省份陆上风电、集中式光伏发电参与了绿色证书的核发和挂牌交易，累计成交量低于 1000 个绿色证书的省份占比为 75.00%，其中有 21.42% 的省份绿色证书累计成交量为零。绿色证书累计成交量主要集中于河北省，占比为 74.11%。共计 2198 名认购者累计认购了 37811 个绿色证书，对应绿色能源电力电量0.38 亿千瓦时。我国同期非水绿色能源电力发电量超过 16305 亿千瓦时，交易绿色电力证书对应电量占比仅为十万分之 2.33，从量和效果均可以忽略，绿证自愿认购交易机制仅具有象征意义，无实质作用。如表 4-6所示。

表 4-6 2017 年 7 月至 2020 年 6 月中国绿证核发与自愿认购情况

成交/核发	成交∶核发	零成交省份比例	成交量低于 1000 省份比例	河北省成交量占比
0.14%	1∶718	21.42%	75.00%	74.11%

资料来源：根据可再生能源信息管理中心数据计算整理。

自愿认购的绿色证书机制，在中国现阶段绿色能源电力自主消费意愿并不强烈，必然导致核发数量远远超过最终成交数量，成交量十分有限。因此，中国的绿色证书交易市场目前还处于起步阶段，购买绿色证书的动力不足是存在的主要问题（Tu 等，2020）。同时，市场出清完全取决于绿色能源支付意愿，由于不同电源成本不同且不需考虑个人偏好，成交绿色证书集中于低价的省份，如河北省占成交量的 74.11%。自愿认购机制在欧美普遍开展但成效不一。国情、体制差异是自愿绿色证书成效差异的重要原因（Herbes 等，2020），脱离国情机械照搬他国机制不但不能优化中国绿色能源电价规制，而且将不利于绿色能源的健康可持续发展和市场化的内在要求。

目前中国推出的绿色证书为自愿认证，与绿色能源电力配额之间的衔接机制仍在探讨和建设中，我国绿证机制尚不能很好地发挥其促进绿色能源电力投资和消纳的作用，尚未形成与之配套的强制配额机制。中国电力绿色证书政策最终目的是通过建立市场机制提升绿色能源的补贴效率，同时有效解决国家财政对绿色能源电力补贴资金缺口过大的问题，但绿色证书交易机制发挥作用的前提是建立刚性的配额标准，尤其适用于绿色环保意识尚需加强的阶段。

四、光伏电价市场化趋势预测

按照绿色能源发电成本核算模型和绿色能源发电成本预测模型，以2020 年为基期对中国"十四五"期间光伏平准化发电成本进行测算并与煤电电价进行对比分析，预测光伏发电完全具备条件与煤电市场化竞争的时间节点。

（一）核心参数的确定

光伏发电年利用小时数：中国地域辽阔，区域差异明显，太阳能资源不一，在核定补贴标准、保障性收购利用小时数时，按照国家发展改革委可再生能源电力发展监测相关规定，一类资源区[①]，最低保障性收购利用小时数为 1500 小时；二类资源区[②]，最低保障性收购利用小时数为1300~1450 小时，本书统一按 1300 小时计；三类资源区为一类、二类资源区以外的区域，光伏发电年最低保障性收购利用小时数按 1100 小时计。

财务费用按电力项目通常要求的资本金比例为 20%，其余通过银行

---

① 甘肃、青海、宁夏、新疆、内蒙古等省份中太阳能资源优越的地区。
② 青海、甘肃、新疆除一类资源区以外地区，内蒙古部分区域，东三省以及河北、陕西、山西部分地区。

贷款方式筹资，利率为4.9%①。还款方式等额本息，年限20年。折旧费应用直线折旧法，参考行业综合折旧水平，综合折旧率选取5%，残值率为5%。土地成本费用：光伏发电项目由于光伏组件需要占用土地，因此涉及土地占用成本，一般装机规模1兆瓦电站需占用土地规模50亩，土地使用费按6万元一亩计算②。光伏组件成本费用：综合参考2020年主要光伏组件生产企业报价，每瓦综合系统成本按5.5元计算。折现率按6.5%③计算。光伏发电系统成本的确定：国内外已有文献显示，光伏组件成本学习率因研究的时段、研究对象国不同，学习率也不尽相同，如德国2009~2014年，光伏组件成本下降了75%。但综合来看，光伏组件成本学习率在15%~24%（马翠萍和史丹，2014）。根据绿色能源发电成本预测模型计算，2015~2020年，中国光伏发电平均学习率为17%。本书分乐观和谨慎两种情景进行测算，在乐观情景下，光伏组件成本学习率按20%；在谨慎情景下，光伏组件成本学习率按15%。其他相关参数的确定按最新法规和行业规范予以确定。综合上述，测算的主要财务条件如表4-7所示。

表4-7　光伏发电平准化发电成本测算的财务条件

财务指标	初始条件	财务指标	初始条件
资本金比例	20%	运行维护费用	初始投资0.12%
贷款期限	20年	管理费用	0.05%
运营期	20年	增值税率	13%
折旧年限	20年	所得税率	25%
固定资产残值率	5%	装机规模	1兆瓦以上
折现率	5%	利用小时数	分区确定

---

① 按2020年中国银行5年以上贷款年利率。
② 土地使用费依据《全国工业用地出让最低价标准》。
③ 按《建设项目经济评价方法与参数》（第三版）中的电力行业资本金内部收益率和项目投资基准内部收益率规定，结合能源行业惯例确定折现率。

（二）光伏发电平准化成本测算

依据绿色能源发电平准化成本核算模型以及核心参数的取值，进行计算可以得到"十四五"期间光伏发电度电平准化成本，如表4-8所示。

表4-8 "十四五"期间光伏发电平准化发电成本测算

单位：元/千瓦时

年份	2020	2021		2022		2023		2024		2025	
情景	基准	乐观	谨慎	乐观	谨慎	乐观	谨慎	乐观	谨慎	乐观	谨慎
资源区 一类	0.357	0.332	0.338	0.311	0.322	0.295	0.308	0.282	0.296	0.272	0.287
资源区 二类	0.412	0.383	0.390	0.359	0.371	0.341	0.355	0.326	0.342	0.314	0.331
资源区 三类	0.487	0.452	0.461	0.425	0.439	0.403	0.420	0.385	0.404	0.371	0.391

资料来源：笔者计算整理。

经测算，2020年，一类、二类和三类地区光伏发电度电平准化成本分别为0.357元、0.412元和0.487元，与2020年中国三类地区最新光伏发电指导上网电价基本相当（分别为0.35元、0.40元和0.49元），表明模型及参数设置较为合理。测算结果显示，在乐观情景下，2021年，一类、二类和三类地区光伏发电度电平准化成本分别下降至0.332元、0.383元和0.452元，并逐年呈现下降趋势，竞争力不断提高。为对比分析"十四五"期间，光伏发电与煤电市场化竞争的可能性，采取各资源区光伏发电度电平准化成本与2020年对应省份煤电标杆上网电价进行对比，一方面，煤电为十分成熟的发电型式，成本稳定；另一方面，随着环境成本的逐渐体现，其电价呈上涨趋势。因此，参照标准可行。以各资源区光伏发电度电平准化成本低于所对应省份煤电标杆上网电价的省份数量比例作为判断其与煤电市场化竞争的依据。对比情况如图4-5所示。

由图4-5可知，2021年，一类、二类、三类地区光伏发电度电平准化成本低于对应省份煤电标杆上网电价比例分别为20.00%、28.57%和10.53%，仍难以在价格上与煤电进行市场化竞争。2022年，二类地区光伏发电度电平准化成本低于对应省份煤电标杆上网电价的比例首先突破

50%，正逐渐形成竞争优势，一类、二类地区光伏发电仍难以和煤电市场化竞争；2023 年，上述比例二类地区将超过 70%，一类地区也快速增加到 60%，三类地区为 42.11%，光伏发电在一类、二类地区已初步形成与煤电市场化竞争的价格优势；2024 年，三类地区光伏发电的竞争力快速提升，度电平准化成本低于对应省区煤电标杆上网电价比例提升为63.16%，二类地区进一步提升为 78.57%，光伏发电在全国范围已具备与煤电市场化竞争的条件；预计 2025 年全国范围内，光伏发电成本优势已十分明显，将对煤电形成有利的价格优势，全面市场化条件成熟。

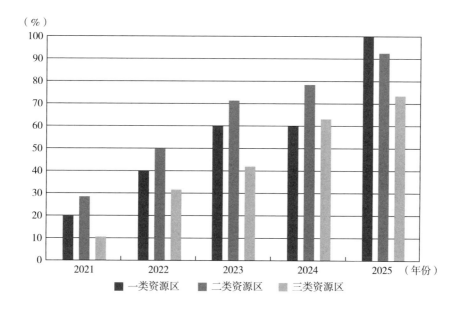

图 4-5 "十四五"期间光伏发电平准化成本与煤电电价

资料来源：笔者计算整理。

在谨慎情景下，2021 年和 2022 年，一类、二类、三类地区光伏发电度电平准化成本低于对应省份煤电标杆上网电价比例分别为 20.00%、21.43%~42.86%、10.53%~15.79%，均难以在价格上与煤电进行市场化竞争。2023 年，二类地区光伏发电度电平准化成本低于对应省份煤电标杆上网电价的比例首先过半，达 57.14%，逐渐形成竞争优势，一类、二类地区光伏发电仍难以和煤电市场化竞争；根据预测模型计算可得，2024年一类、二类、三类地区分别为 60.00%、71.43%、42.11%；2025 年分别为 60%、78.57%、63.16%，表明光伏发电在全国范围内已形成相对煤电的价格优势，市场化条件趋于成熟。

综合乐观与谨慎情景下中国光伏发电度电平准化发电成本测算情况，在"十四五"期初不论一类、二类还是三类地区光伏发电项目均难以实现与煤电市场化竞争，但各类地区光伏发电度电平准化发电成本快速下降，其中二类地区光伏发电项目将首先具备与煤电市场化竞争的价格优势，在"十四五"末期，光伏发电项目将在全国范围内形成对煤电竞争的价格优势，全面市场化时机成熟。

第四节　生物质电价政策演进

生物质能是重要的可再生能源，具有资源来源广泛、利用方式多样、能源产品多元、综合效益显著等特点。生物质能是以生物质作为载体，以化学能形式将太阳能储存在生物质中的能量。生物质能直接或间接来源于植物的光合作用，在利用过程中产生的二氧化碳可以在植物生长过程中通过光合作用吸收，在一定程度上实现二氧化碳的零排放。此外，生物质能又是一种含硫量较低的可再生绿色能源，经过转化可以规模化产生固态、液态和气态燃料，可以成为化石能源的替代和补充，是解决能源和环境危机的重要途径之一。地球每年产生的生物质能总量相当于能源消耗总量的 10~20 倍，但利用率还不到 3%。我国生物质能资源十分丰富，总量约 45.3 亿吨，主要包括农林业废弃物、禽畜粪便、城市生活垃圾等。其中，农作物秸秆总量约 8 亿吨，畜禽养殖粪污近 30 亿吨，林业剩余物约 3.4 亿吨，生活垃圾约 3 亿吨，其他有机废弃物约 0.5 亿吨。在地域分布上，生物质资源主要集中在中东南部地区，按照单位面积生物质能折合标准煤量分析，农林生物质在河南、山东等省份资源密度高。生活垃圾则主要集中在上海、北京、广东等人口密度高的省份。2021 年，中国生物质能商业化开发利用规模约为 5740 万吨，约占生物质能的 9.3%。其中，生物质发电利用折合标准煤约为 4173 万吨，占已开发量的 73%；生物天然气利用折合标准煤约为 26 万吨，占已开发量的 0.5%；生物质固液体燃料利用折合标准煤约为 1540 万吨，占已开发量的 27%。

生物质发电是生物质能开发利用的重要途径，对于处理城乡有机废弃物、改善城乡人居环境、助力乡村振兴、推进农村能源革命等方面具有重要意义。生物质发电是指通过将各种农林生物质资源、工业废弃物和城市固体废物等生物质资源直接燃烧或转化为可燃气体后进行燃烧，利用产生的热量进行发电，包括直接燃烧发电、混合燃烧发电、垃圾发电、沼气发电和气化发电。直接燃烧发电是在生物质锅炉中直接燃烧各种生物质燃料产生蒸汽，带动蒸汽轮机和发电机进行发电，是当前大部分生物质电厂普遍采用的发电技术形式。混合燃烧发电是将各种生物质燃料和煤炭等化石燃料混合燃烧进行发电。垃圾发电是利用垃圾直接焚烧或将其制成可燃气体燃烧释放的热量进行发电。沼气发电是利用工农业和城镇生活中的有机废弃物，经厌氧发酵处理后产生的沼气进行发电。气化发电是生物质在气化炉中转化为气体燃料，经净化后进入燃气机组燃烧发电。

一、中国生物质发电产业发展现状

中国生物质发电产业规模增长速度较快，生物质发电项目主要集中在华东地区，尤其是江苏和山东两省。生物质发电技术在国外发达国家已经比较成熟，但国内关键技术设备仍需国外进口，同等规模的生物质发电单位投资成本相当于燃煤发电的两倍左右，造成其单位投资成本相对较高。我国在生物质发电方面的相关政策已较为全面，但部分政策的配套实施细则尚未出台，在一定程度上影响了政策对产业发展的支持和推动作用。

生物质发电是最成熟的生物质能利用技术，我国的生物质发电以直燃发电技术为主。2015~2020 年总装机容量持续增长，2020 年总装机容量达 2952 万千瓦，但新增装机容量较 2019 年略有下降。最近几年的生物质发电装机容量中，垃圾焚烧发电约占 61%、农林生物质发电约占 37%、沼气发电约占 2%。直燃式发电（垃圾焚烧发电、农林生物质发电）占生物质能发电总装机容量的 98% 左右。随着生物质能转换技术的不断发展，直燃式生物质发电技术已有巨大进步，有害污染物排放明显减少。但从根本上来说，生物质热值低、焚烧产生的有害物质也无法彻底消除，直接燃烧的碳排量并没有减少，因此在"双碳"战略背景下，直燃式技术并不是生物质能发展的最优路径，经过生物质发酵转化的沼气燃烧发电技术将是更好的生物质能源化的选择。沼气发电是随着沼气综合利用技术的不断发展而出现的一项沼气利用技术，其主要原理是利用工农业或城镇生活中的大量有机废弃物经厌氧发酵处理产生的沼气燃烧驱动沼气燃气发电机组发电。发酵后的沼液、沼渣可作为生物基肥料进一步资源化利用。由于生物质发酵技术在国内外已经逐渐成熟，发酵过程连续、环保、可控，产生的主要成分是甲烷，同时沼气发电以及余热利用技术稳定可靠，相比直燃式发电其碳排量大幅度降低。因此，生物质发酵生产沼气发电是未来生物质资源化转换的主要方式（见图 4-6）。

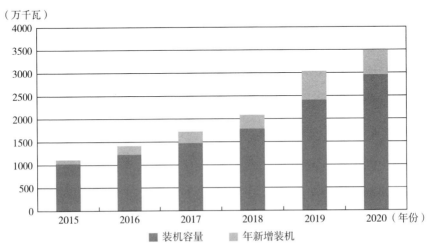

图 4-6　2015~2020 年生物质发电累计装机容量

（一）生物质发电行业的发展历程

生物质发电行业自 20 世纪 70 年代开始起步，通过自配热电厂的热电联供模式在甘蔗制糖、造纸等行业得到广泛应用和发展。1986 年通过成套引进国外设备，建成我国第一座垃圾焚烧发电厂——深圳清水河垃圾焚烧发电厂。2006 年，我国出台了《可再生能源法》，激发了各地发展生物质发电等绿色新能源产业的积极性。同年，第 1 个国家级生物质直燃发电示范项目——山东单县生物质发电工程正式投产。2011 年底，世界生物质发电规模最大的广东粤电湛江生物质发电厂建成投运，截至 2012 年底，我国生物质发电累计并网容量达 582 兆瓦，呈现产业化发展趋势。2013 年以后，为推动利用方式多元化发展，《关于促进生物质能供热发展的指导意见》《国家能源局关于开展"百个城镇"生物质热电联产县域清洁供热示范项目建设的通知》等政策先后出台，行业发展政策环境逐步完善。

截至 2020 年底，全国生物质发电累计并网装机达 2952 万千瓦，截至 2021 年底，全国生物质发电累计并网装机达 3798 万千瓦，同比增长 27%。其中，农林生物质发电 1559 万千瓦，同比增长约 17%；垃圾焚烧发电 2129 万千瓦，同比增长约 39%；沼气发电 111 万千瓦，同比增长约 23%。生物质发电累计并网装机约占全部电源总装机的 1.6%，同比提升 0.3 个百分点。中国生物质发电累计并网装机已连续四年保持全球第一。2016~2021 年生物质发电累计并网装机变化趋势如图 4-7 所示。

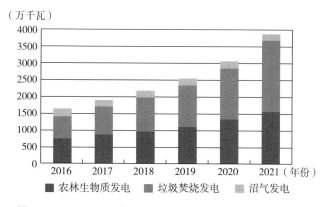

图 4-7 2016~2021 年生物质发电累计并网装机变化趋势

受城镇化发展、人民生活水平提高及政策因素推动，2021年全国生物质发电新增并网装机创历史新高，达808万千瓦，同比增长约49%。其中，农林生物质发电215万千瓦，垃圾焚烧发电580万千瓦，沼气发电13万千瓦。分类型来看，增长速度最快的是垃圾焚烧发电，同比增长约86%；农林生物质发电和沼气发电新增并网装机较去年基本持平。2021年全国生物质发电年发电量达1637亿千瓦时，同比增长约24%，占总发电量比重达2%，同比提高0.3个百分点。其中，农林生物质发电年发电量达516亿千瓦时，同比增长约1.3%；垃圾焚烧发电年发电量达1084亿千瓦时，同比增长约39%；沼气发电年发电量达37亿千瓦时，较2020年同期基本持平。生物质发电量在全国总发电量中的占比情况如图4-8所示。

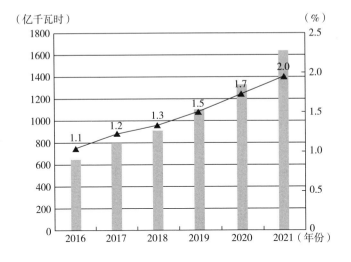

图4-8　2016~2021年生物质发电量在全国总发电量中的占比

（二）生物质发电产业的构成与区域分布

为了实现《可再生能源中长期发展规划》中提出的到2020年生物质发电装机总量将达到3000万千瓦的目标，全国生物质发电规划进行了分区部署，要求在粮食主产区建设以秸秆为燃料的生物质发电厂；在大中型农产品加工企业、部分林区和灌木集中分布区、木材加工厂，建设以稻壳、灌木林和木材加工剩余物为原料的生物质发电厂；在宜林荒山、荒地、沙地开展能源林建设，为农林生物质发电提供燃料。在规模化畜禽养殖场、工业有机废水处理和城市污水处理厂建设沼气工程，合理配套安装沼气发电设施。在经济较发达、土地资源稀缺地区建设垃圾焚烧发电厂。

农林生物质资源是生物质发电产业最具代表性资源。理论上中国主要农业生物质资源的可收集量为 87034.5 万吨，实际可收集量为 75355.5 万吨，玉米、稻谷和小麦是最主要的农业生物质资源作物，分别占资源可收集总量的 37.7%、25.8% 和 14.5%。棉花、油菜籽、豆类、甘蔗、薯类和花生 6 类农作物剩余物仅占资源可收集总量的 21.9%。黑龙江、河南、山东、吉林、河北、新疆、安徽、四川、江苏和湖南 10 个省份的农业生物质资源可收集量占实际可收集总量的 62.6%。中国主要农业生物质资源的最大发电潜力为 70465.4 兆瓦，净剩余农业生物质资源的发电潜力为 12592.2 兆瓦。玉米、稻谷和小麦 3 种大宗农作物剩余物的发电潜力较大，分别占净剩余资源总发电潜力的 39.2%、23.8% 和 15.2%，棉花、油菜籽、豆类、甘蔗、薯类和花生 6 类农作物剩余物的发电潜力占净剩余资源总发电潜力的 21.8%。9 类农作物剩余物 40% 以上的发电潜力都集中在资源占有量较多的 5 个省份。

（三）生物质发电产业的发展规模

2005 年以前，以生物质原料规模化发电并入电网的生物质发电企业及项目几乎为空白。自 2006 年《可再生能源法》正式纳入国家法律体系以来，相关政策文件陆续出台，尤其是优惠上网电价补贴、可再生能源基金补贴政策的出台等，有力地推动了生物质发电产业的不断发展。

如图 4-9 所示，2006~2017 年，无论是生物质发电并网装机容量还是核准装机容量，都明显增长了 638.1% 和 679.2%。具体而言，生物质发电并网装机容量在 2006~2012 年，涨幅虽然明显但增长波动较大。在产业发展初期因政策尚不稳定，许多地方政府对产业怎样发展犹豫不决，绿色可再生能源并网壁垒的存在成为并网增速波动的主要原因。2012 年后产业发展趋于稳定，并网装机容量每年基本保持 22% 左右的增长率。相比生物质发电并网装机容量，核准装机容量在 12 年间同样持续扩大，但增长率整体也呈现出较大的波动。虽然在 2011~2013 年增长速度较快，但在之后则出现明显增速下降趋势，间接反映了产业发展逐步趋于理性，不再盲目跟风持续扩大投资。截至 2017 年，中国生物质发电产业发电并网装机容量达 1476.2 万千瓦，其中以农林生物质发电为原料的并网装机容量达 700.9 万千瓦，以生活垃圾为原料的发电并网装机容量达 725.3 万千瓦，以沼气为原料的发电并网装机容量达 50 万千瓦，相比 2016 年同期增长 22.6%。整体来看，生物质发电产业自产生以来，受产业发展的激励政策影响，产业规模一直呈现增长趋势。

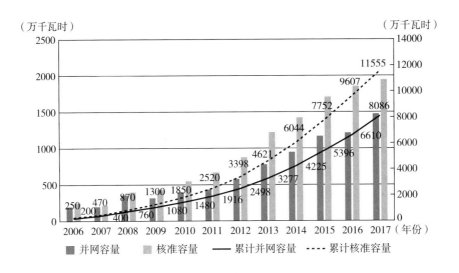

图 4-9　2006~2017 年生物质发电并网容量与核准容量

　　图 4-10 呈现了中国 2006~2017 年生物质发电产业在 12 年间的年发电量情况。趋势线显示出其持续稳定的增长状态。除 2013 年外，其余年份生物质发电量在全国总发电的比重皆呈现上升趋势，从 2006 年的 0.25% 上升到 2017 年的 1.2%。在产业发展初期的五年内，由于产业基数较小，多种利好政策的出台大大激励了产业的迅猛发展，生物质能年发电

量均保持 40% 以上的增长率，2010 年后增幅有所回落，但三年后的 2014 年又出现了稳定高速的 20% 以上的增长率。这与 2015 年后《可再生能源发展专项资金管理暂行办法》等相关政策的出台不无联系。2017 年生物质年发电量 794.5 亿千瓦时，其中农林生物质发电量 397.3 亿千瓦时；生活垃圾焚烧发电量 375.2 亿千瓦时；沼气年发电量 22 亿千瓦时，总计约占整个绿色可再生能源发电量的 4.67%，占全国年总发电量的 1.2%。至此，中国生物质发电产业已初具规模，农林生物质发电与垃圾焚烧发电规模都位居世界第一。

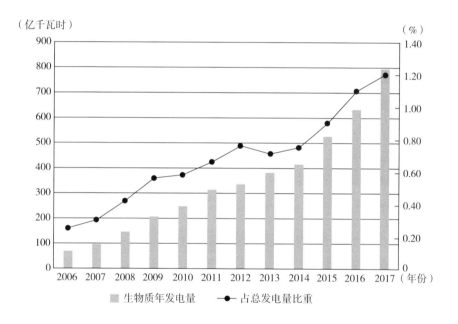

图 4-10　2006~2017 年生物质发电量

（四）生物质发电产业的相关政策

2005 年 2 月 28 日，第十届全国人大常务委员会正式通过了《可再生能源法》，为我国绿色可再生能源产业的快速健康发展提供了有力的法律保证和坚实的发展根基，我国绿色能源产业的发展正式纳入法制化轨道。为解决生物质发电规模较小上网困难等问题，《可再生能源法》提出国家鼓励和支持各类绿色能源并网发电，电网企业必须全额收购绿色能源发电项目的上网电量，为生物质发电等绿色能源发电项目的电力销售提供了有力的政策支持。

国务院有关部门根据《可再生能源法》的相关规定，陆续制定颁布了一系列与生物质发电相关的配套政策措施。《可再生能源发电有关管理规定》对绿色可再生能源发电的项目管理、发电上网和行政管理等问题进行了详细规定。《电网企业全额收购可再生能源电量监管办法》对电网企业全额收购绿色可再生能源电量和优先上网政策进行了进一步细化。《可再生能源发电价格和费用分摊管理试行办法》对绿色可再生能源上网电价和费用分摊问题进行了详细规定。《可再生能源电价附加收入调配暂行办法》，使绿色可再生能源发电企业的电价补贴问题得到进一步落实。《国家发展改革委办公厅关于加强和规范生物质发电项目管理有关要求的通知》明确国家或省级规划是生物质发电项目建设的依据。《财政部　税务总局关于资源综合利用增值税政策的公告》等政策中，国家在金融财税方面对生物质能发电制定了多项支持政策。

1. 生物质发电补贴政策

本书根据生物质发电政策相关文本梳理总结了补贴政策，如表4-9所示。

表4-9　生物质发电补贴政策

年份	政策名称	补贴政策内容
2005	《中华人民共和国可再生能源法》	国家财政设立可再生能源发展基金，资金来源包括国家财政年度安排的专项资金和依法征收的可再生能源电价附加收入等
2007	《电网企业全额收购可再生能源电量监管办法》	电网企业应当严格按照国家核定的可再生能源发电上网电价、补贴标准和购售电合同，及时足额结算电费和补贴
2010	《国家发展改革委关于完善农林生物质发电价格政策的通知》	农林生物质发电上网电价在当地脱硫燃煤机组标杆上网电价以内的部分，当地省级电网企业负担；高出部分，通过全国征收的可再生能源电价附加分摊解决

续表

年份	政策名称	补贴政策内容
2012	《国家发展改革委关于完善垃圾焚烧发电价格政策的通知》	垃圾焚烧发电上网电价高出当地脱硫燃煤机组标杆上网电价的部分实行两级分摊。其中，当地省级电网负担每千瓦时 0.1 元，电网企业由此增加的购电成本通过销售电价予以疏导；其余部分纳入全国征收的可再生能源电价附加解决
2013	《关于加强农作物秸秆综合利用和禁烧工作的通知》	充分利用现有秸秆综合利用的财政、税收、价格优惠激励政策，提高秸秆能源化利用等综合利用的支持规模
2015	《中共中央国务院关于加快推进生态文明建设的意见》	加大财政资金投入、统筹有关资金，对资源节约和循环利用、新能源和可再生能源开发利用、环境基础设施建设、生态修复与建设、先进适用技术研发示范等给予支持
2015	《中华人民共和国大气污染防治法（修订草案二次审议稿）》	加大对秸秆还田、收集一体化农业机械的财政补贴力度。采用财政补贴等措施支持农村集体经济组织、农民专业合作经济组织、企业等开展秸秆收集、贮存、运输和综合利用服务
2015	《关于进一步加快推进农作物秸秆综合利用和禁烧工作的通知》	完善落实有利于秸秆利用的经济政策。统筹各方面资金加大对秸秆综合利用项目给予支持
2016	《农业部办公厅　财政部办公厅关于开展农作物秸秆综合利用试点　促进耕地质量提升工作的通知》	中央财政根据试点省秸秆综合利用情况予以适当补助，补助资金由试点省根据试点任务自主安排，用于支持秸秆综合利用的重点领域和关键环节
2016	《关于推进农业废弃物资源化利用试点的方案》	积极完善配套政策，鼓励各地探索秸秆发电企业上网价格的支持政策
2016	《"十三五"国家战略性新兴产业发展规划》	完善生物质能等国家标准和清洁能源定价机制。建立补贴政策动态调整机制和配套管理体系
2017	《关于促进可再生能源供热的意见》	优化生物质支持政策；鼓励和支持生物质发电企业改造为热电联产，政府对改造企业给予一定投资支持，对生物质热电联产企业的发电量补贴资金优先保障及时到位
2017	《循环发展引领行动》	理顺价格税费政策；完善鼓励垃圾和沼气发电的价格政策；优化财政金融政策；创新财政资金支持方式

2. 生物质发电行业管理

生物质发电项目建设要满足国家或省级规划，《国家发展改革委办公厅关于加强和规范生物质发电项目管理有关要求的通知》（发改办能源〔2014〕3003 号）明确，国家或省级规划是生物质发电项目建设的依据。2020~2021 年为减轻中央财政资金压力，在符合国家或省级规划的基础上，国家相关部门明确按照以收定支的原则，确定当年生物质发电新增中央补贴项目。其中，2020 年按照"以收定补、新老划段、有序建设、平稳发展"的思路，在确定中央新增补贴资金额度的基础上，申报项目按其全部机组并网时间先后次序排序，并网时间早者优先纳入。2021 年按照"以收定补、央地分担、分类管理、平稳发展"的思路，将生物质发电补贴项目分为竞争性配置和非竞争性配置项目两类，在确定分类项目对应中央新增补贴资金额度的基础上，对 2020 年 1 月 20 日以后竞争性配置项目按照补贴退坡幅度排序依次纳入，非竞争性配置项目（针对当年全部机组建成并网，但未纳入 2020 年补贴规模的项目，以及 2020 年底前开工且 2021 年底前全部机组建成并网的项目），与 2020 年政策要求相同，仍然按照全部机组并网时间先后次序排序，并网时间早者优先纳入。

3. 生物质发电金融财税

生物质发电作为资源综合利用的重要途径，国家在金融财税方面制定了多项支持政策。第一，税收减免。生物质发电在增值税、所得税方面享受政策支持。其中，在增值税方面，根据财政部、国家税务总局联合印发《关于完善资源综合利用增值税政策的公告》，沼气享受增值税即征即退 100%；在所得税方面，根据国家税务总局印发的《支持脱贫攻坚税收优惠政策指引》，农林生物质发电实行减按 90% 计入企业所得税收入总额；沼气综合开发利用享受企业所得税"三免三减半"。第二，中央预算内投资。2021 年 7 月，《国家发展改革委关于印发〈污染治理和节能减碳中央预算内投资专项管理办法〉的通知》（发改环资规〔2021〕655 号）提出，继续统筹安排污染治理和节能减碳中央预算内投资支持资金，坚持"一钱多用"，积极支持国家重大战略实施过程中符合条件的项目。其中，重点支持内容包括城镇生活垃圾分类和处理基础设施、秸秆综合利用及收储运体系建设项目等。

二、生物质电价规制政策变迁

（一）中国生物质发电电价形成机制

随着《可再生能源法》于 2006 年 1 月正式施行，生物质发电产业获得了有力的政策支持与法律保护，依据该法第十三条规定，"国家鼓励和支持可再生能源并网发电"。随后，以单县生物质发电厂为代表的一批生物质电厂如雨后春笋般出现。在此后十余年时间里，生物质发电产业快速发展，截至 2016 年，中国生物质发电量已达 647 亿千瓦时，折合标煤1891 万吨。由于绿色可再生能源发电成本较高，其产业的发展离不开国家政策的大力扶持。在各种扶持政策之中，最为关键的就是生物质发电相关电价政策，合理的电价是生物质发电能够发展壮大的关键因素。纵观我国生物质发电电价历程，生物质发电电价机制经历了三个发展阶段。

第一阶段：2006～2008 年。生物质发电技术产生较晚，此阶段其发电成本较高，难以同煤电等传统发电类型进行直接竞争，因此政府对生物质发电行业的电价补贴显得尤为重要。中国第一次对生物质发电进行电价补贴始于 2006 年 1 月，国家发展改革委颁布文件《可再生能源发电价格和费用分摊管理试行办法》（以下简称《办法》），标志着国家开始对生物质发电上网电价进行政策扶持。《办法》提出生物质发电上网电价采用政府定价方式，生物质发电上网电价实行固定电价机制，由有关部门制定各省份标杆电价，标杆电价等于各省份脱硫燃煤机组标杆上网电价加 0.25元/千瓦时的固定补贴。生物质发电补贴的享受期限为 15 年，超过该年限后补贴，取消补贴资金来源于在全国范围内征收的绿色可再生能源电力附加，电力附加从广大电力用户出征收后再通过电网公司向生物质发电项目拨付。根据《办法》规定，生物质电厂可以从电网公司处获得 0.25 元/千瓦时的电价补贴并且持续 15 年时间，属于典型的溢价电价制，能够大幅提高发电项目经济效益，对于产业发展产生稳定且持久的激励效果。

第二阶段：2008 年至 2010 年 7 月。由于生物质发电技术成本较高盈利困难，国内大部分发电项目处于微盈利甚至亏损状态，国家发展改革委 6 次陆续颁布相关文件，对于生物质直燃发电项目给予临时补贴支持。对处于亏损状态的生物质电厂给予标准为 0.1 元/千瓦时的临时电价补贴。由于当时国内生物质电厂多处于亏损状态，绝大多数电厂都获得了临时补贴，因此，实际上生物质直燃发电项目补贴达 0.35 元/千瓦时。与第一阶段相同，生物质发电电价机制依旧属于溢价电价机制，补贴金额的提高增强了生物质发电投资者的信心，吸引更多的投资者投入生物质发电产业，生物质发电在国家支持下继续发展壮大。

第三阶段：2010 年 7 月至今。2010 年 7 月，国家发展改革委发布了《国家发展改革委关于完善农林生物质发电价格政策的通知》（以下简称《通知》）指出，废除煤电标杆电价加固定补贴形成上网电价的定价机制。《通知》指出，未采用招标制的发电项目，按照 0.75 元/千瓦时的全国统一标准确定上网电价，上网电价中高于当地煤电标杆电价部分由电网公司通过征收电力附加方式进行支付。采用招标制的发电项目按中标价格确立上网电价，但价格水平不得高于 0.75 元/千瓦时。从后续实行效果来看，由于国内采用招标形式确定投资人的情况较少，事实上生物质发电电价实行 0.75 元/千瓦时的固定电价制。新办法体现了全国统一公平的思想，通过设置统一价格促使高发电成本电厂采取措施降低成本提高自身竞争力。总体来看，无论是第一阶段、第二阶段的溢价电价制度，还是第三阶段的固定电价机制，都属于上网电价机制的范畴，可以保证在较长时间段内电厂按照相对固定的价格出售电力。此外，《可再生能源法》明确规定电网公司需全额收购符合标准的绿色可再生能源电量。这些有利政策提升了生物质发电企业的经济效益与市场竞争力，有力地促进了产业的健康快速发展。但因我国生物质能发电仍处于起步阶段，所以带有强烈的计划色彩的上网电价机制成为我国生物质发电乃至绿色可再生能源的必然选择。随着生物质发电产业的不断发展壮大，国家需要不断探索适合中国国情的生物质发电的电价形成机制。

（二）我国生物质能发电定价现状

目前，中国生物质发电产业实行固定电价政策。2010 年 7 月之前，上网电价由国务院价格主管部门制定区域性标杆电价。各省份的电价标准为 2005 年脱硫燃煤机组标杆上网电价加固定价格补贴，补贴标准为 0.25 元/千瓦时。2008 年 3 月 8 日，《国家发改委、国家电监会关于 2007 年 1~9 月可再生能源电价附加补贴和配额交易方案的通知》指出，对纳入补贴范围内的秸秆直燃发电亏损项目按上网电量给予临时电价补贴，补贴标准为 0.1 元/千瓦时。2010 年 7 月，《国家发展改革委关于完善农林生物质发电价格政策的通知》出台了，全国统一的农林生物质发电标杆上网电价标准，规定了对于新建的农林生物质发电项目统一执行标杆上网电价 0.75 元/千瓦时。

虽然固定电价政策在一定程度上能够改善目前中国生物质发电厂商普遍亏损或微利的现状并促进生物质发电产业发展，但依然无法有效克服中国绿色可再生能源发电产业发展普遍面临的发电、上网和市场消纳三大障碍。而三大障碍的消除单纯依靠目前的固定电价这一价格支持政策难以实现。因此，为促进中国绿色可再生能源发电产业发展，必须进行重大的机制改革和制度创新。为消除中国绿色可再生能源发电产业发展普遍面临的三大障碍，"十二五"期间中国推出绿色能源配额制以推进绿色能源配额交易制度的建设。

生物质发电规划配额不是简单的额度分配，是合理布局全国生物质发电建设中对各省份所能承担的建设规模的一种合理性评定。该规划目标配额的完成不能行政强制，需要纲领性的规划引导，由市场推动实现。促进生物质发电的发展，需要国家能源部门与农业部门加强合作，制定与农业发展模式高度契合的生物质能源政策，积极促进农业增值，农业发展规划及政策措施努力配合生物质资源的开发利用。着力引导生物质利用科研投入的增加，突破核心技术，提高发电工艺的效率，实现生物质资源高效化利用。继续推进生物质热电联产系统，发展绿色循环经济产业链。

（三）生物质能发电电价补贴

2005 年，《可再生能源法》通过绿色能源基金的设立，首次以法律形式正式提出以财政支持作为资金来源形式之一的专项资金服务于绿色能源价附加等领域。生物质发电执行分类型电价政策，其中，沼气发电执行"基准价+固定补贴"电价政策，农林生物质发电和垃圾焚烧发电执行全国统一的标杆电价政策。鼓励通过招标确定项目投资人，中标电价不得高于国家制定的电价标准。生物质发电项目上网电价高出当地燃煤发电基准价的部分，通过中央财政补贴资金以及省级财政经费予以补偿。2005 年之后的几年，虽有较多政策出台，但补贴政策却一直较少。直到 2015 年，由于雾霾及秸秆燃烧等社会难题的推动，政府出台多项关于针对大气污染防治、秸秆综合利用的补贴支持。2016 年及 2017 年在"十三五"规划指导和循环经济方向引领下，陆续颁布了针对生物质发电财政补贴的政策指导意见。总体来看，近几年关于生物质发电补贴政策数量明显多于以往，体现了财政政策对生物质发电的倾斜和支持，如图 4-11 所示。

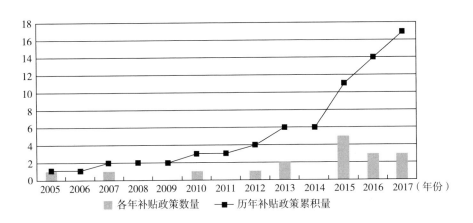

图 4-11　2005~2017 年生物质发电补贴政策数量变化

作为生物质发电补贴重要内容的上网电价补贴，国家在其产业发展初期就有明确规定。2006 年国家发展改革委颁布了《可再生能源发电有关管理规定》《可再生能源发电价格和费用分摊管理试行办法》《可再生能源电价附加收入调配暂行办法》等规定，生物质发电实施价格费用分摊机制。由国务院价格主管部门分地区制定标杆电价，电价标准由各省份2005年脱硫燃煤机组标杆上网电价加补贴电价组成。补贴标准为0.25元/千瓦时，发电项目自投产之日起，15年内享受补贴定价，运行满15年后，取消补贴电价。自2010年起，每年新批准和核准建设的发电项目的补贴电价比上一年新批准和核准建设项目的补贴电价递减2%，以推动技术的不断进步。2010年之后，生物质发电定价补贴机制初步建立，《国家发展改革委关于完善农林生物质发电价格政策的通知》指出，对农林生物质发电项目实行标杆上网电价政策，统一执行标杆上网电价0.75元/千瓦时（含税），农林生物质发电上网电价在当地脱硫燃煤机组标杆上网电价以内的部分，由当地省级电网企业负担，高出部分通过全国征收的可再生能源电价附加分摊解决。之后又出台了《可再生能源电价附加补助资金管理暂行办法》等规定，但没有对生物质发电电价补贴做出额度调整。

　　生物质发电补贴政策主要集中在产业的中间环节，研发技术环节和消费环节涉及极少。图4-12显示了2005~2017年针对不同产业链环节的生物质发电补贴政策的数量变化。数据显示：从2005年开始，生产并网环节的补贴政策较为持续且分布均匀，上网电价补贴一直是产业发展的重中之重，也是政府进行补贴的最主要方式。2017年出台相关政策鼓励支持生物质发电向热电联产方向改造，优先保障生物质热电联产企业发电补贴资金及时到位。原料资源环节的补贴政策在生物质发电产业发展早年间并未得到较多关注，随着产业示范项目的开展、技术的进步、上网电价的稳定，参与主体逐渐认识到生物质发电成本主要集中在原料环节，加之秸秆等农林剩余物露天焚烧带来的环境污染，在2013年后，政府不断出台针对生物质发电原料收集、储存、运输以及资源综合利用的财政补贴支持政策，力图在缓解生物质发电原料收集困难的同时，改善环境大气污染并促进乡村振兴战略的实现。

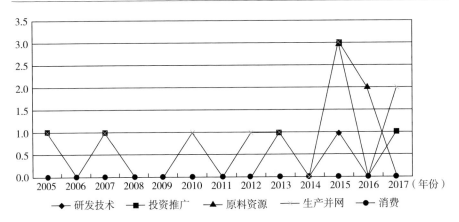

图 4-12 2005~2017 年生物质发电各产业环节补贴政策分布

投资推广中主要涉及的补贴政策为绿色能源发展基金，它集中体现了政府补贴的指导方向。在 2005 年以法律形式设立可再生能源基金保障生物质发电等可再生能源资金来源之后，2015 年颁布特定文件《可再生能源发展专项资金管理暂行办法》，对专项资金的预算、管理、配套文件和指令下达等都做了详细规定，对基金设置进一步完善。2017 年提出优化循环经济可再生能源财政金融政策、生物质发电政府补贴产业支持模式，该模式为今后财政补贴提供新的实现方式。对于生物质研发技术，仅在 2015 年指出加大财政资金投入以支持先进适用技术的研发，在其余年份并未有特殊补贴政策。生物质发电终端消费环节则暂时未有任何补贴政策涉及。

（四）生物质电价发展前景展望

中国应该通过合理布局、资金调配、完善政策促进生物质发电的持续发展。国家在制定生物质发电的支持政策时，需要考虑各区域的资源富集程度差异、发电技术差异、开发阈值等，完善财税支持体系。国家调整对生物质发电建设及运营的财税补贴措施，可采用额度内财税支持政策。根据规划目标，对各省份配额内的生物质发电新增装机施行梯度财税补贴及奖励制度，对完成规划的目标装机，减额财税进行补贴；对超出目标的新增装机，施行全额补贴及奖励。生物质新增装机的电价补贴制度，可按效率施行梯度上网电价，单位装机低效率内的发电量按国家既定标准进行补贴，单位装机高效率范围内的发电量按高于标准的价格补贴。

　　"十四五"时期是我国推进"碳达峰、碳中和"、深入实施乡村振兴战略、加大城乡环境治理以及构建现代能源体系的关键期，生物质发电产业将迎来新的发展机遇。具体表现在：一方面，生物质发电总体保持平稳增长。城乡有机废弃物的增长和刚性处理需求将推动生物质发电产业持续增长，但不同类型发电项目增长分化特征也更趋明显。其中，生活垃圾焚烧发电仍将快速增长，继续充当生物质发电行业主要增长引擎，农林生物质发电、沼气发电将保持小幅增长。另一方面，生物质发电将持续降本增效。2021年起，全国风电、光伏发电项目已基本实现平价上网，随着生物质发电行业的稳步发展以及国家相关政策机制的有效推动，将助力生物质发电行业继续降本增效，促进行业健康高质量发展。

第五章　绿色能源电价制度市场化变迁的效果检验

本章基于中国绿色能源电价市场化现况与固定上网电价规制制度不可持续的实践，分别对固定上网电价制度的市场适应性进行实证检验，对绿色证书制度的市场适应性进行仿真模拟，对可竞争电力市场电价模式的典型案例进行计量验证，检验中国绿色能源在不同电价规制制度下的市场化效果。

第一节　中国绿色能源电价市场化现况

一、绿色能源电价市场化水平

2013 年，中国经济发展从高速进入到中高速阶段，电力需求已低于以前年度，电力供需趋于平衡。在此背景下，2015 年中国开始电力市场化改革，核心为在输配以外环节构建可竞争性市场，形成竞争性价格机制，实现电力资源的更有效优化配置。

我国电力市场化快速推进，市场化交易电量占全社会用电量的比率逐年增加，绿色能源电力也逐渐融入电改进程，各试点省份根据区域可再生能源电力资源条件、绿色能源电力类型及发展程度等,逐步引导绿色能源电力进入市场进行市场化交易。包括对风电、光伏发电设定基准利用小时数,基准内电量保障性收购,超出部分进入市场进行市场化交易;水电占比高省份电力供求季节性明显,在枯期电力供应偏紧,风电、光伏发电进入市场进行市场化交易,汛期则保障性收购。同时,加大跨省份市场化交易,将绿色能源电力富集的西部及"三北"地区清洁电力送往电价高的东部地区。我国绿色能源电力市场化水平如图5-1所示。

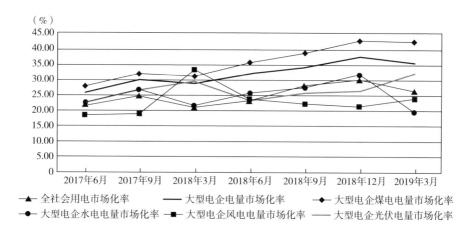

图5-1 中国电力市场化率

资料来源:根据中国电力企业联合会发布的数据整理。

由图5-1可知,我国市场化交易电量呈现上升趋势,2018年底占全社会用电量比重超过30%。中电联大型电企数据显示,大型电企上网电量占全社会上网电量比重近70%,煤电上网电量市场化率排除季节因素外,整体呈现快速上升。水电受季节性影响明显,年度内各季度市场化水平波动较大,但整体呈上升趋势。风电、光伏也受季节因素影响,在2018年第一季度市场化率出现明显的高点,与第一季度其他电力供应偏紧、风光相对充裕的国情相符,2018年第二季度至第四季度呈下降趋势,2019年第一季度再次呈明显上升趋势。随着电力市场化的推进,绿色能源电价市场化趋势明显。

从市场化交易价格来看，绿色能源电力中的水电价格已明显低于煤电，市场化竞争优势明显，但风电、光伏市场化交易电价仍高于煤电。我国大型电企各类电源 2018 年第一季度至 2019 年第一季度，市场化上网电价如图 5-2 所示。

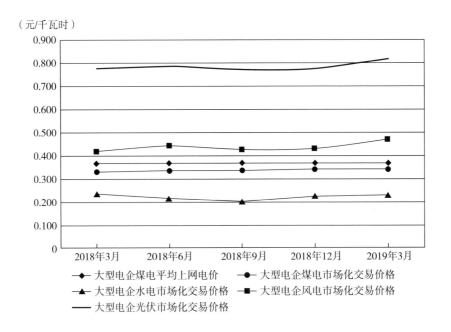

图 5-2 中国绿色能源市场化电价

资料来源：根据中国电力企业联合会发布的数据整理。

由图 5-2 可知，煤电市场化交易价格均低于电力市场上网电价基准即煤电平均上网电价，水电市场化交易价格远低于煤电及其他绿色能源市场化电价，价格优势明显。风电市场化电价高于煤电电价，但两者价格差异已相对较小；光伏市场化电价远高于其他各类电源市场化电价，短期内仍难以实现真正意义的市场化竞争。

中国电力市场化改革实行以省份为主体开展试点，2015 年至今，各省份电力市场化程度、绿色能源电力市场化水平参差不齐。中国电力企业联合会数据显示，截至 2019 年第一季度，水电大型发电集团参与市场化交易有 5 个省份，云南、四川水电上网电量市场化率较高，其中云南水电市场化率超过 80%；风电大型发电集团参与市场化交易有 10 个省份，市场化率前二的省份为云南、新疆；光伏大型发电集团参与市场化交易有 8 个省份，市场化率前三的省份为云南、青海、新疆。云南水电、风电及光伏发电市场化水平均为全国各省份最高。

综上所述，中国绿色能源不同电源类型在资源条件、发展程度及成本造价方面均存在差异，市场化程度不一。我国绿色能源主要分布于西部及"三北"地区，电力市场化改革目前以省份为主体，各省份各类绿色能源电价市场化进程存在较大差异，云南绿色能源电价市场化程度最高。

绿色能源电力市场化交易是大势所趋，是中国电力市场化改革的内在要求，也是实现绿色发展的可持续基础。整体看来，我国绿色能源中的存量水电已具备市场化竞争的内外部条件，同时水电开发技术已十分成熟，开发成本相对稳定，水电资源开发利用率已较高，可供开发的资源有限，因此，很长一段时间水电度电成本将维持稳定。存量风电、光伏发电尚不具备完全与煤电市场化竞争的条件，但风电、光伏发电处于快速发展阶段，造价成本加速下降，增量风电、光伏发电的市场竞争力将快速显现。

二、固定上网电价规制不可持续的实践事实

2006 年，中国设立了绿色可再生能源发展基金，资金通过在全国范围对第二产业、第三产业用户以及居民用户征收电价附加筹集，作为绿色可再生能源电力实行固定上网电价规制时，超过各省份煤电标杆上网电价部分的电价补贴，资金专项用于支持绿色能源项目或相关扶持项目。2009 年第二产业、第三产业用户征收标准从 2006 年的 0.1 分/千瓦时提高到 0.4 分/千瓦时，2012 年提高到 0.8 分/千瓦时，2013 年再次提高到 1.5 分/千瓦时，2016 年提高到 1.9 分/千瓦时，截至目前征收标准已大幅提升。如表 5-1 所示。

表5-1　中国绿色能源发展基金征收情况　单位：分/千瓦时

名称	调整年份	征收标准	征收范围	征收用途
可再生能源 发展基金	2006	0.1	全国范围第二产业、第三 产业用户；居民用户维持 度电 0.1 分不变	风力、太阳能等可再生 能源电价补贴
	2009	0.4		
	2012	0.8		
	2013	1.5		
	2016	1.9		

　　中国向终端用户征收绿色可再生能源发展基金，作为绿色能源固定上网电价规制模式的补贴资金来源，将发展绿色能源的资金补贴转嫁由消费者承担，补贴规模随着绿色能源规模的扩大持续上升，只能上调征收标准满足补贴需求，其中第二产业、第三产业用户承担了大部分费用。2017年至今，中国没有再上调绿色可再生能源发展基金的征收标准，重要原因在于对消费者上调征收标准的空间已十分有限，一方面，中国电价水平已接近欧美国家，居民用电价格低于美国，但工业用电价格大幅高于美国（杨娟和刘树杰，2019），中国销售电价体系长期存在交叉补贴，进一步推高了工商业用电价格；另一方面，随着中国经济进入新常态，第二产业、第三产业利润空间下滑，为提升产业竞争力，未来一段时期降低消费者电价，尤其第二产业、第三产业用户电价已成为趋势。2018 年《政府工作报告》提出一般工商业电价平均降低 10%目标，各省份通过多次下调销售电价完成了上述目标。2019 年《政府工作报告》再次提出以改革推动降低涉企收费，要深化电力市场化改革，清理电价附加收费，降低制造业用电成本，一般工商业平均电价再降低 10%。2017 年前中国一般工商业与大工业电价水平相对较高，与欧洲国家相近高于美国，通过 2018年与 2019 年电价调整，我国一般工商业电价与美国商业电价水平相近，工业电价水平仍高于美国（胡一伟，2019）。通过提高终端用户电价附加方式解决绿色能源固定电价规制模式的补贴缺口困局已不现实，根据国家能源局发布数据，到 2017 年底绿色能源发电补贴累计缺口达 1127 亿元。中国现有的固定上网电价规制模式已无法支持绿色能源的快速发展，巨大

的资金缺口已经成为绿色能源未来发展的主要障碍（Tu 等，2020）。固定上网电价规制模式由于缺乏对绿色能源电力生产商的成本约束，将导致补贴规模快速增长，增加政府财政负担或消费者负担。同时，永远补贴一个产业是不合理的，当绿色能源具备与化石能源竞争的条件时，应逐步取消其补贴（Wei 等，2019）。综上所述，中国目前为支持绿色能源发展所实行的固定电价规制模式已难以维续、不可持续。

固定上网电价规制模式实质是因绿色能源电力发展初期成本过高缺乏竞争力而对其进行价格补贴的政策。在固定上网电价规制下，一方面，绿色能源电力与煤电呈现互为替代的关系，政府设定某一可再生能源发展目标，难以形成绿色能源电力对煤电的单向替代，煤电亦存在对绿色能源的反向替代，这与中国长期对风电、光伏发电实行固定上网电价规制，但煤电发电量仍不断增长，在全国发电总量中的占比居高不下的现实相符；另一方面，绿色能源电力厂商的产能决策主要取决于政府补贴的多少，规制者面临信息不对称而难以及时准确获取绿色能源电力成本变化的即时信息，导致对电价的规制与电力市场化不适应。因而，固定上网电价规制模式无法实现对煤电的有效替代和绿色能源的优化配置，难以满足中国绿色能源电价市场化变迁的内在要求。

第二节 固定上网电价的市场适应性实证检验

针对绿色能源资源富集省份大量弃风弃光问题，我国采取了行政、计划手段在内的各种措施，截至 2019 年底，新疆、甘肃等地仍然存在较大比例的弃风、弃光。2014 年德国可再生能源弃电率仅为 1.2%，2017 年中国风电规模接近美国 2 倍，发电利用率却与美国相差近 50%，经验表明我国绿色能源固定上网电价规制模式与电力市场化已存在不适应。关于绿色能源固定上网电价规制模式的作用机理分析得出的命题表明，当政府不对绿色能源电力设置消纳配额比例时，绿色能源电力厂商的最优产能决策主要由补贴决定。中国目前对风电、光伏发电所实行的固定电价规制模式对风电、光伏发电给予电价补贴的同时，实行全额保障性收购，相当于不对绿色能源电力设置消纳配额比例，会使绿色能源电力产量不受电力市场供求约束，导致与电力市场化不相适应，易造成大量弃风、弃光。本节将以中国绿色能源电力实行固定上网电价规制模式中最典型的风电为例，检验绿色能源固定上网电价规制模式与电力市场化之间的适应性。

一、模型设定与变量选择

（一）模型设定

采用中国风电产业 30 个省份（除西藏外）的面板数据检验绿色能源固定上网电价规制模式的政策效果。构建如下实证模型：

$$Y_{it} = \beta S_{it} + \gamma X_{it} + T_t + \lambda_i + \varepsilon_{it} \tag{5-1}$$

其中，Y_{it} 表示 i 省 t 年的风电产能过剩程度，S_{it} 表示 i 省第 t 年的风电补贴，基于政策机理分析及命题，预期风电补贴的系数为正值，与风电产能利用程度存在显著的负向影响，政府补贴越大，风电产业越容易背离市场供求关系，与电力市场化的适应性也越差，弃风概率增加，产能利用率越低。X_{it} 代表影响不同省份风电产业发展规模的其他控制变量向量，T_t 表示控制各省份影响风电产业规模的经济与政策时间虚拟变量，λ_i 表示控制地区固定效应，ε_{it} 表示随机误差项。

（二）变量选择

1. 被解释变量与核心解释变量

弃风选择与弃风率：被解释变量 Y_{it} 表示 i 省 t 年的风电产能过剩程度，采用是否弃风与弃风程度两个指标进行衡量。根据国家能源局发布的绿色能源发电利用统计调查制度，弃风率是风电场可发而未能发出的电量（弃风电量）与全部应发电量的比率。弃风率＝弃风电量／（风电实际发电量+弃风电量）。

风电补贴：核心解释变量 S_{it} 表示 i 省第 t 年的风电补贴，中国风电固定上网电价规制对各省份风电上网电价高于省份内燃煤脱硫机组上网电价的部分通过发放绿色可再生能源发展基金的方式予以补贴。从电力行业的风电项目开发经验看，风电固定上网电价规制模式对电力企业提前确保收益，规避未来经营风险具有重要作用。我国电力集团均为国有企业，其发展一方面受国家发展战略影响，另一方面受国资委考核指标体系的约束，如对于投资项目设有资本金内部收益率等指标，国有大型电力企业在决策投资项目时，项目的资本金内部收益率是作为投资决策能否通过的关键指标，风电固定上网电价规制模式对国有电力企业投资决策十分有利，只要选择的风电项目资源条件按照规划设计进行测算的相关指标，按照所在省份的上网电价测算其经营期资本金内部收益率满足其考核要求，风电项目就会大概率上马投资。风电项目作为专属性资源具有稀缺性，各大电力集团的实力体现又以投产装机容量作为重要指标，伴随中国风电补贴逐渐下调最终甚至实现平价上网趋势，风电固定上网电价规制模式中隐含的价格补贴政策对大型发电集团具有先行激励作用。因此，选取中国历年风电补贴作为核心解释变量 S_{it}。

2. 其他控制变量

其他控制变量是指影响风电资源利用的其他因素 X_{it}，具体包括需求因素、供给因素与电网传输能力等。需求因素考虑需求的是数量与结构，具体用国内生产总值 GDP、人口密度、第二产业与第三产业所占 GDP 的份额表示。变量指标与预期符号如表 5-2 所示。

表 5-2　指标选取与预期符号

类别	影响因素	具体指标	预期符号
风电产能利用	弃风概率	是否弃风（弃风可能性）	无
	弃风程度	弃风率	
风电补贴	风电上网价格	风电平均上网电价	+
	煤电上网价格	煤电平均上网电价	
	发电量	风电发电量	

续表

类别	影响因素	具体指标	预期符号
需求因素	地区经济规模与结构	全社会用电量、GDP	－
		第二产业在 GDP 中的份额	－
		第三产业在 GDP 中的份额	－
	人口密集程度	人口密度	－
电网传输能力	电网线路与容量	电网容量密度	－
供给因素	其他电力	火电装机容量	＋
		水电装机容量	－

经济总产值与不同用电需求结构的产值越大，对风电的需求越大，风电的实际利用程度越高，弃风概率越小，弃风量更低，预期实证符号为负。类似地，人口密度越大，电力需求越大，弃风率越低；供给因素主要考虑电力市场中不同电力结构消纳机制与竞争关系，包括煤电与水电发展规模，具体用煤电与水电装机容量表示。煤电与风电、水电等绿色能源电力在电力市场存在竞争与替代关系，当电力需求一定时，中国实行绿色可再生能源优先上网，风电与水电消纳同向变化，即需求同向变化，水电预期符号为负；风电、水电与煤电之间存在替代关系，为反向变化，煤电预期符号为正。电网传输能力从电网线路密度与电网容量密度上考虑对风电上网利用情况的影响。电网传输能力越强，风电利用程度更高，弃风概率越低，预期符号为负。

二、数据来源与描述性统计

各省份弃风率数据来源于中国循环经济学会发布的中国风电发展报告及国家能源局发布的风电产业监测数据通报；各省份风电装机容量、全社会用电量、风电发电量、煤电装机容量、水电装机容量、电网容量密度相关数据指标来源于《中国电力年鉴》（2010～2018 年）；国内生产总值、二三产业增加值、人口密度指标来源于《中国统计年鉴》（2010～2018年）；风电补贴金额数据指标来源于国家发展改革委、国家能源局、电监办、财政部发布的风电补贴项目、资金、预算以及电价监管通报等,通过查阅上述公开原始数据资料,按照风电补贴的国家各类文件等计算处理所得。

为减少异方差,除弃风率、风电补贴与二三产业所占 GDP 份额指标外,其余变量均进行对数处理,对于取值含有 0 的变量数据,采取 Ln(1+变量数据)的方式进行处理;国内生产总值与风电补贴数据以 2009 年为基期进行价格平减处理。表 5-3 给出了实证检验的按年份进行的描述性统计。

从表 5-3 中可以直观地看出,2009~2017 年,弃风率随着风电补贴的不断提高而逐步增加。但这种正向关系是否的确存在,需要通过控制其他变量的影响后进行更加准确的估计。

三、估计方法与内生性分析

为了考察中国实行的固定上网电价规制模式,验证对风电企业实行固定上网电价补贴是否会背离市场供求关系,与电力市场化之间出现不相适应,从而引起特定时期或地区产能过剩。本书基于模型(5-1)验证基本命题,实证检验风电固定上网电价补贴的影响效果,以确定每个省份不同年份补贴引起的弃风可能性与不同因素对弃风程度的影响大小。由于企业存在是否弃风的二元选择(不弃风时为 0,弃风时为 1),且特定时间与区域的弃风程度存在差异,本书分别采用 Probit 模型与 Tobit 模型进行回归分析。考虑到不同年份中国的风电补贴大小不同,为了剔除不同省份的变化趋势,回归时引入时间虚拟变量加以控制。同时考虑到中国各省份风电资源与地区的异质性特征,具体采用随机效果 Probit 面板模型进行数据分析,以控制个体特征的影响。针对二元选择问题,根据 Xia 等(2020)的研究可知,通过考察参数 ρ 是否为 0 可以判断观测对象是否存在时间和个体差异。如果参数 ρ 显著不为 0,则必须考察不可观测的个体异质性,这时需使用随机效果面板 Probit 模型才可得到精确的参数估计。

另外,进一步考察回归模型(5-1)可能存在的内生性,主要来自两

表5-3 年份描述性统计

变量	2009	2010	2011	2012	2013	2014	2015	2016	2017
rate of curtailed wind power (%)	1.982 (4.76)	2.186 (5.47)	3.016 (6.34)	4.678 (9.29)	3.604 (6.72)	2.933 (5.05)	6.00 (11.20)	6.867 (11.95)	4.833 (8.88)
Subsidy (100 million yuan)	1.763 (3.74)	3.264 (6.88)	4.450 (8.47)	6.238 (11.08)	9.040 (14.04)	11.360 (17.53)	13.074 (18.15)	18.368 (21.83)	21.497 (25.13)
Population of density (person/sq. km)	437.83 (644.06)	448.70 (673.03)	454.90 (687.35)	460.60 (698.99)	466.23 (711.00)	470.06 (716.28)	472.26 (714.84)	474.80 (716.69)	476.26 (715.94)
GDP (billion yuan)	1216.20 (966.23)	1455.115 (1130.89)	1736.11 (1308.91)	1919.50 (1417.38)	2111.76 (1554.19)	2278.09 (1681.00)	2405.80 (1804.64)	2596.39 (1993.70)	2819.43 (2202.53)
share of primary sector (%)	11.37 (5.78)	10.90 (5.54)	10.55 (5.37)	10.46 (5.28)	10.77 (5.22)	9.92 (5.05)	9.92 (5.14)	9.76 (5.17)	8.91 (5.01)
share of secondary sector (%)	47.461 (7.62)	49.128 (7.58)	49.662 (8.05)	48.648 (7.90)	47.569 (7.88)	45.985 (7.81)	43.255 (7.79)	41.552 (7.76)	40.707 (7.57)
share of tertiary sector (%)	41.163 (8.36)	39.970 (8.66)	39.783 (9.08)	40.877 (9.03)	41.653 (9.10)	44.090 (8.79)	46.820 (8.69)	48.685 (8.65)	50.382 (8.05)
density of capacity (kva/ sq. km)	1617.16 (3626.24)	1490.13 (3120.28)	1844.23 (3866.90)	2067.96 (4489.57)	2208.00 (4771.31)	2381.33 (5138.10)	2506.90 (5308.76)	2699.73 (5554.60)	2870.43 (5892.10)
thermal power (10mw)	2169.98 (1627.79)	2364.5 (1744.29)	2560.06 (1862.67)	2731.06 (1937.08)	2899.06 (2079.14)	3077.46 (2158.50)	3350.50 (2403.83)	3535.13 (2524.60)	3685.46 (2675.01)
hydro power (10mw)	652.86 (787.52)	718.73 (877.63)	774.81 (966.27)	829.67 (1071.27)	932.86 (1313.63)	1013.36 (1525.60)	1060.62 (1648.37)	1101.79 (1715.50)	1191.93 (1780.51)
Number of observation	30	30	30	30	30	30	30	30	30

注：括号内为变量标准误。

个方面。一方面，风电补贴与弃风可能性（大小）存在的双向因果关系；另一方面，来自非线性面板不可观测变量的个体异质性影响。但通过分析中国现行的固定上网电价规制模式可知，风电补贴的计算是国家基于四类风电资源区的资源禀赋与发电成本特征进行预测得出，不受是否弃风与弃风大小的影响，所以可排除风电补贴与弃风大小间的双向因果关系。对于来自非线性面板的不可观测的个体异质性可能产生的内生影响，实证检验时，本书除对时间进行控制外，为了控制与其他解释变量相关的不可观测的个体特征，在采用随机效果面板 Probit 模型与 Tobit 模型检验时，参考 Xia 等（2020）使用的 M-C 方法，在回归时引入各区域时变的其他控制变量的均值以剔除个体影响，具体用各地区 2009~2017 年全社会用电量均值作为 Mundlak-Chanberlain 工具（xmeani）进行回归分析。

四、实证结果与讨论

表 5-4 报告了采用随机效应面板 Probit 模型与 Tobit 模型进行实证的结果。其中：列（1）至列（4）是弃风选择概率的随机效应面板 Probit 回归结果，列（5）至列（8）是弃风率影响的随机效应面板 Tobit 回归结果。列（3）、列（4）和列（7）、列（8）分别加入 Mundlak-Chamberlain 工具。在采用随机效果面板 Probit 模型实证前，对各模型估计参数 ρ 观察发现，1%显著性水平下其取值处于 0.518~0.916，说明利用混合 Probit 模型不能得到有效的估计结果。可以看出，M-C 随机效应面板列（3）、列（4）与列（7）、列（8）的个体效应显著，意味着其参数估计系数更为有效。

表 5-4　随机效果面板 Probit 模型与 Tobit 模型弃风效果

	弃风选择（随机效应 Probit）				弃风率（随机效应 Tobit）			
	随机效应 （RE）面板		M-C 随机效应 （RE）面板		随机效应 （RE）面板		M-C 随机效应 （RE）面板	
	（1）	（2）	（3）	（4）	（5）	（6）	（7）	（8）
subsidy	2.476*** (0.578)	2.473*** (0.579)	2.811*** (0.610)	2.796*** (0.597)	5.487** (2.221)	5.487** (2.222)	6.333*** (2.246)	6.338*** (2.252)

续表

	弃风选择（随机效应 Probit）				弃风率（随机效应 Tobit）			
	随机效应（RE）面板		M-C 随机效应（RE）面板		随机效应（RE）面板		M-C 随机效应（RE）面板	
	(1)	(2)	(3)	(4)	(5)	(6)	(7)	(8)
Share of GDP from the secondary sector	-0.051 (0.110)	-0.060 (0.128)	-0.047 (0.094)	-0.027* (0.012)	-0.173 (0.539)	-0.193 (0.555)	-0.104 (0.472)	-0.108 (0.485)
Share of GDP from the tertiary sector	-0.107 (0.138)	-0.116 (0.154)	-0.022 (0.105)	-0.0528 (0.116)	-0.069 (0.688)	-0.092 (0.706)	-0.241* (0.299)	-0.234* (0.116)
Ln (GDP)	-0.487 (0.592)	-0.213 (0.218)	-0.335** (0.557)	-0.169 (0.724)	-39.485 (43.12)	-36.882 (44.510)	-44.649* (37.97)	-44.998* (38.807)
Ln (population density)	-0.466 (0.609)	-0.951 (1.293)	-0.032** (0.025)	-0.967** (0.218)	-35.42* (18.966)	-38.515* (22.421)	-30.961* (14.19)	-31.578* (20.073)
Ln (density of capacity)	—	-0.691 (0.837)	—	-0.600 (0.552)	—	4.490 (9.930)	—	-0.884 (2.0068)
Ln (thermal power)	0.469 (0.810)	0.6633** (0.148)	0.461* (0.287)	0.476	15.00*** (4.143)	14.534*** (4.722)	15.75*** (4.151)	15.64*** (4.890)
Ln (hydro power)	-0.521 (0.320)	-0.523 (1.320)	-0.538 (0.984)	-0.536 (0.919)	-2.950* (1.812)	-2.889** (1.885)	-4.199 (6.604)	-4.176 (6.622)
Year 2010	-0.109 (0.101)	-0.109 (0.102)	-0.611 (0.028)	-0.736* (0.030)	-2.869 (3.046)	2.813 (3.054)	-5.304* (3.101)	-5.291* (3.113)
Year 2011	0.006** (0.897)	0.042 (0.958)	0.039 (0.009)	0.089* (0.075)	0.430 (3.244)	0.231 (3.376)	-4.208 (3.249)	-4.242 (3.349)
Year 2012	-0.217 (0.960)	-0.282 (0.106)	-0.012 (0.015)	-0.283** (0.132)	3.116 (3.664)	2.816 (3.922)	-3.543 (3.713)	-3.595 (3.918)
Year 2013	-0.557 (1.052)	0.063 (1.174)	-0.074** (0.030)	-0.509*** (0.452)	-1.283 (4.265)	-1.648 (4.598)	-9.666** (4.368)	-9.731** (4.630)
Year 2014	-0.102 (0.107)	0.011 (0.123)	-0.583** (0.434)	-0.430*** (0.161)	-4.453 (4.787)	-4.842 (5.114)	-14.508*** (4.930)	-14.573*** (5.176)
Year 2015	-0.151 (0.129)	-0.160 (0.145)	-0.398*** (0.630)	-0.370*** (0.018)	-0.074 (0.542)	-0.518 (0.579)	-11.51** (5.590)	-11.58** (5.865)

续表

	弃风选择（随机效应 Probit）				弃风率（随机效应 Tobit）			
	随机效应（RE）面板		M-C 随机效应（RE）面板		随机效应（RE）面板		M-C 随机效应（RE）面板	
	（1）	（2）	（3）	（4）	（5）	（6）	（7）	（8）
Year 2016	-0.188 (0142)	-0.199 (0.160)	-0.192*** (0.810)	-0.301*** (0.200)	-0.433 (0.610)	-0.936 (0.517)	-13.28** (6.302)	-13.36** (6.604)
Year 2017	-0.209 (0.151)	-0.218 (0.166)	-0.749*** (0.650)	-0.86*** (0.180)	-6.057 (6.754)	-6.578 (7.146)	-20.06*** (6.927)	-20.15*** (7.192)
Ave. consume	—	—	0.013*** (0.053)	0.484*** (0.154)			-27.84*** (6.943)	-27.78*** (7.061)
Cons	0.415 (0.499)	0.639 (0.525)	0.252 (0.283)	0.562 (0.307)	-15.138* (9.109)	-15.382 (9.421)	-16.626 (7.189)	-16.522 (7.560)
Observations	270	270	270	270	270	270	270	270
rho	0.741	0.743	0.569	0.518	0.916 (0.040)	0.915 (0.042)	0.828 (0.044)	0.827 (0.048)
LR test rho=0: chibar2（01）	25.42	22.89	9.20	7.93	—	—	—	—
Log likelihood	-47.87	-47.86	-43.33	-42.72	-309.17	-309.15	-302.30	-302.30
Prob>ChiSq	0.000	0.000	0.001	0.002	0.000	0.000	0.000	0.000

注：Mundlak-Chamberlain 方法主要用于控制各区域的固定效应；括号中报告了各参数使用 bootstrap 方法矫正后的稳健标准误；*** 、 ** 和 * 分别表示 $p<0.01$、$p<0.05$ 和 $p<0.1$。

由表 5-4 可知，风电补贴的系数无论是否控制个体效应，均在 1% 的统计水平显著并且系数大小稳定，表明中国对风电补贴每增加 1 亿元，会增加近 3% 的弃风可能列（1）至列（4），会引起弃风率提高 6% 左右列（5）至列（8）。充分验证了中国近 10 年来对绿色能源电力实行的固定上网电价规制模式，是诱发风电产业背离市场供求关系，与电力市场化之间出现了明显的不相适应，从而引起特定时期或地区产能过剩，出现高比例弃风问题，验证了前述基本命题。此外，其他控制变量的符号与我们的预期基本一致。国内生产总值 GDP 的系数为负，表明随着电力需求的增加弃风率减少。与需求增加导致弃风率减少的预测一致，相比第一产业，第二产业与第三产业对电力的需求强度更大，其所占 GDP 的份额越大，弃风的概率列（3）至列（4）与弃风率越小。地区人口密度的系数显著为负，意味着区域人口越密集，电力需求越旺盛，弃风可能性列（3）至列（4）与弃风率列（7）至列（8）越小。从电力供给来看，煤电作为电力市场中风电的竞争能源，其参数系数显著为正，暗示着在中国绿色能源电力优先上网的政策下，风电与煤电间明显的替代同向关系，与水电资源互补的反向关系，但水电回归系数不显著。电网传输能力大小对弃风的影响不显著，也说明电网建设及技术问题并不是大量弃风的主因。

中国对绿色能源电力实行的固定上网电价规制模式，对中国四类风电资源区在 2009 年、2015 年、2016 年和 2018 年分别实行不同的电价补贴政策，使得我国风电产业得到迅猛发展，产业规模迅速扩大。本节的实证检验结果表明，在控制时间变量与各地区的个体异质性特征后，固定上网电价规制风电补贴政策显著提升了近 10 年来中国各地区的弃风概率与弃风率，是诱发风电产业背离市场供求关系，从而引起特定时期或地区风电产能过剩，出现高比例弃风问题，造成社会资源浪费。进一步表明，能源供给能力快速增长引发的产能过剩矛盾，与电力市场化进程不相适应，严重抑制了能源绿色转型。

五、结论与政策启示

通过对绿色能源固定上网电价规制模式与电力市场化的适应性检验，具体以是否进行弃风的二元选择与弃风程度为被解释变量，采用随机效果 Probit 模型与 Tobit 模型实证检验我国固定上网电价规制风电补贴对风电产业发展的影响。检验结果表明，无论是否控制各省份风电资源个体效应，我国固定上网电价规制模式均显著提高了风电产业的弃风可能与弃风程度，充分验证了中国近 10 年来对绿色能源电力实行的固定上网电价规制模式，是诱发中国风电产能背离电力市场供求约束的重要因素。究其原因在于固定上网电价规制模式下，规制者难以对绿色能源电力的成本变化做出及时准确地反应，尽管不断调整政府定价，仍然不能解决与电力市场化之间的不相适应问题。

固定上网电价规制保证了绿色能源电力利润预期，进一步降低了绿色能源电力投资建设的风险，强有力激励绿色能源电力厂商增加对绿色能源电力的投资，短期导致绿色能源电力装机规模的快速扩张。由于不受电力市场需求约束，会造成特定时期或局部地区产能过剩，出现弃风、弃光。同时也会使绿色能源电力厂商缺失成本约束，导致补贴缺口不断扩大。因此，必须打破中国绿色能源现有的固定上网电价规制模式，优化和寻求新的绿色能源电价规制模式。根据本书前文得出的基本命题可知，如果政府对绿色能源电力设置消纳配额比例，绿色能源电力厂商的最优产量决策则取决于电力市场需求量、配额比例、电力生产企业的数量，且与电力市场需求量、配额比例正相关。即政府对绿色能源电力设置消纳配额比例时，有利于优化固定上网电价规制与电力市场化之间的适应性，使绿色能源电力产能受供求关系的约束，从而减少弃风、弃光。可尝试从以下几个方面入手：

第一，将我国目前针对新增绿色能源仍在实行的固定上网电价规制模式调整为设置消纳配额比例的固定上网电价，作为配额制与可交易绿色证书制度电价规制模式有效实施前的过渡电价规制模式。

第二，随着绿色发展战略和电力市场化改革的推进，应加快绿色能源固定上网电价规制模式向配额制—可交易绿色证书制度规制模式的转型，改变中国目前绿色能源固定上网电价规制的补贴退出方式（包括未来存量补贴退出），由先慢后快方式调整为分阶段且前段退补率高于后段退补率的方式。

第三，中国绿色能源固定上网电价规制模式转型必须结合绿色能源发展阶段异质性特征，分类别、分阶段开展。在完成绿色能源固定上网电价规制模式向配额制—可交易绿色证书制度电价规制模式转型前，新增风电、光伏发电可对现有固定上网电价规制模式予以优化；加速实现存量风电、光伏发电以及优化后的增量风电、光伏发电向配额制—可交易绿色证书制度模式转型，最后实现向可竞争电力市场的转型。

第三节　绿色证书制度的市场适应性仿真模拟

为分析绿色能源固定上网电价规制模式向配额制—绿色证书制度电价
规制模式转型的政策效应，本节在绿色能源电价规制模式的作用机理分析
基础上，模拟仿真配额制—绿色证书制度电价规制模式相比固定上网电价
规制模式，在绿色能源对煤电的替代以及与电力市场化的适应性方面的优
化。为了统一对比基准，在前文分析的基础上，将相关假设参数调整
一致。

一、模型假设

假设 1：电力生产商分为煤电生产商、绿色能源电力生产商。不考虑
同类厂商差异，有 M 个煤电厂商和 N 个绿色能源电力厂商。

假设 2：将煤电生产商、绿色能源电力生产商成本函数分别简化为：

$$C_h(q_h) = v_h q_h + j_h \tag{5-2}$$

$$C_g(q_g) = v_g q_g + j_g \tag{5-3}$$

其中，j_h 与 j_g 分别表示煤电、绿色能源电力固定成本，v_h、v_g 分别表
示煤电、绿色能源电力可变成本，$j_g > j_h > 0$，$0 < v_g < v_h$。

假设 3：电力市场需求函数为：

$$Q_D = a - b p_z$$

可以得到 $p_z = \dfrac{a}{b} - \dfrac{1}{b} Q_D$，令 $\dfrac{a}{b} = c$，$\dfrac{1}{b} = d$，则 $p_z = c - d Q_D$ $\tag{5-4}$

其中，Q_D、p_z 分别表示电力市场电力总产量和电力市场价格；$c > 0$，
$d > 0$。

假设 4：政府规制目标为实现绿色能源产量占电力总产量的比例为 δ，

即 $\displaystyle\sum_{i=1}^{N} q_g^i \geqslant \delta Q_D$。

假设5：配额制—绿色证书制度电价规制有效，即不再涉及罚款；同时强制配额对象为发电侧，所有发电厂商均需完成绿色能源电力产量配额 δ。

二、规制模式效应分析

（一）固定上网电价规制

1. 对产量、价格的影响

煤电厂商利润最大化决策为：

$$\underset{q_h}{\text{Max}}\, \pi_h = p_z q_h - C_h \tag{5-5}$$

绿色能源电力厂商利润最大化决策为：

$$\underset{q_g}{\text{Max}}\, \pi_g = (p_z + \varpi)\, q_g - C_g \tag{5-6}$$

其中，ϖ 为绿色能源电力厂商度电补贴。

由式（5-5）、式（5-6）求解利润最大化一阶条件得：

$$q_g = \frac{c - v_g - M(v_g - v_h) + \varpi(M+1)}{d(M+N+1)} \tag{5-7}$$

$$q_h = \frac{c - v_h + N(v_g - v_h) + \varpi N}{d(M+N+1)} \tag{5-8}$$

由假设4现实政府规制目标，即 $\displaystyle\sum_{i=1}^{N} q_g^i = \delta Q_D$ 时，补贴为：

$$\varpi = \frac{M(N+\delta) \times (c - v_h) - N(M+1-\delta)(\delta - v_g)}{N(M+1-\delta)} \tag{5-9}$$

由式（5-9）可知，固定上网电价中的补贴与 v_g、δ 同方向变动，增加 ϖ 会增加 δ，政府通过提高补贴金额，可以实现更高的绿色能源电力占比。但充分的补贴资金支持，会使绿色能源电力厂商无须通过技术创新，降低生产成本，提升竞争实力就可以获取利润，因此会引致 v_g 的增加。

将式（5-9）分别代入式（5-7）、式（5-8）可以得到关于配额的绿色能源电力、煤电的均衡产量，分别为：

$$q_g = \frac{M\delta(c-v_h)}{dN(M+1-\delta)} \qquad (5-10)$$

$$q_h = \frac{(1-\delta)(c-v_h)}{d(M+1-\delta)} \qquad (5-11)$$

$$Q_D = \frac{Nq_g}{\delta} = \frac{M(c-v_h)}{d(M+1-\delta)} \qquad (5-12)$$

由式（5-10）、式（5-11）、式（5-12）可知，绿色能源电力、煤电以及电力总产量均与 δ、v_h 有关，而与 v_g 无关。在固定上网电价规制下，绿色能源电力产量、煤电产量及电力总产量与 v_h 反方向变动；绿色能源电力产量、电力总产量与 δ 同方向变动；煤电产量与 δ 反方向变动。因此，政府为实现既定绿色发展目标，增加绿色能源电力产量，实现更高绿色能源电力占比，只能通过提高对绿色能源电力的度电补贴金额。另外，补贴弥补绿色能源电力与煤电成本差额，激励绿色能源电力生产商提高产能，实现政府规制目标的同时，也会使绿色能源电力生产商因缺失成本约束，增加政府财政负担，且无动力进行技术创新，滞后产业升级。

2. 对社会福利的影响

在固定上网电价规制下，社会福利可以表示为：

$$SW_{FIT} = CS_{FIT} + PS_{FIT} - \lambda S - H \qquad (5-13)$$

其中，CS_{FIT} 为消费者剩余，$CS_{FIT} = \int_0^Q p_z(Q)dQ - p_z(Q) \times Q = cQ - \frac{1}{2}dQ^2 - cQ + dQ^2 = \frac{1}{2}dQ^2$；$PS_{FIT}$ 为生产者剩余，$PS_{FIT} = p_z(Q) \times Q - Mv_hq_h - Nv_gq_g$；S 为绿色能源电力生产商固定上网电价规制下获得的总补贴，$S = \varpi Nq_g$；λ 为补贴的效率系数，Romero-Sanz（2005）估计各国固定上网电价规制的补贴效率系数平均为 1.15。为不失一般性，$\lambda > 0$；H 为煤电生产具有的环境负外部性带来的环境损失，$H = \chi Mv_hq_h$，χ 为对环境影响系数，$0 < \chi < 1$。

将式（5-10）、式（5-11）、式（5-12）代入式（5-13）可以得到：

$$SW_{FIT} = \left[\frac{M(c-v_h)}{2(M+1-\delta)} + \frac{c-c\delta-Mv_h}{M+1-\delta} - \frac{\lambda\delta M(N+\delta)(c-v_h)}{N(M+1-\delta)} + \lambda\delta(c-v_g) - \lambda v_g - \right.$$

$$\left. (1+\chi)(1-\delta)v_h \right] \frac{M(c-v_h)}{d(M+1-\delta)} \tag{5-14}$$

（二）配额制—绿色证书制度电价规制

1. 对产量、价格的影响

为便于分析比较，在前文绿色能源电价规制模式作用机理分析基础上进行简化，强制配额对象仅考虑发电侧情况。规定煤电厂商电量中必须有一定比例的绿色能源电量，可以通过在绿色证书交易市场购买绿证完成配额指标。因此，煤电厂商利润最大化决策为：

$$\underset{q_h}{Max}\pi_h = p_z q_h - C_h - \delta q_h p_g \tag{5-15}$$

其中，p_g 表示绿色证书交易市场中绿色证书的价格。

绿色能源电力生产商利润最大化决策为：

$$\underset{q_g}{Max}\pi_g = (p_z+p_g)q_g - C_g - \delta p_g q_g \tag{5-16}$$

绿色能源电力生产商完成规制配额后，可以将剩余的绿色能源电量在绿色证书交易市场进行认证并出售获取收益。达到政府规制配额目标，即：

$$\sum_{i=1}^{N} q_g^i = \delta Q_D \tag{5-17}$$

通过对式（5-15）、式（5-16）、式（5-17）求一阶最优解，可以得到绿色能源电力、煤电、电力总的均衡产量以及绿色证书均衡价格。

$$q_g = \frac{M\delta\{c-[\delta v_g+(1-\delta)v_h]\}}{d\{N[M+(\delta-1)^2]+M\delta^2\}} \tag{5-18}$$

$$q_h = \frac{N(1-\delta)\{c-[\delta v_g+(1-\delta)v_h]\}}{d\{N[M+(\delta-1)^2]+M\delta^2\}} \tag{5-19}$$

$$Q_D = \frac{Nq_g}{\delta} = \frac{MN\{c-[\delta v_g+(1-\delta)v_h]\}}{d\{N[M+(\delta-1)^2]+M\delta^2\}} \tag{5-20}$$

$$p_g = \frac{M(N+\delta)(c-v_h)-N(M+1-\delta)(c-v_g)}{N[M+(\delta-1)^2]+M\delta^2} \tag{5-21}$$

由式（5-18）、式（5-19）、式（5-20）、式（5-21）可知，不同于固定上网电价规制，煤电、绿色能源电力还是电力总产量仅与火电生产成本相关，在配额制—绿色证书制度电价规制下，绿色能源电力产量、煤电产量以及电力总产量与绿色能源电力生产商、煤电生产商的生产成本均为负相关，因此，强制配额下的绿证市场与电力市场的有效互动，使绿色能源电力超出市场边际成本部分在发电侧进行市场化分摊。绿证价格与绿色能源电力成本同向变动，与煤电成本反向变动。

2. 对社会福利的影响

绿色能源的配额制—绿色证书制度电价规制，通过市场机制实现绿色能源超过煤电成本部分的行业分摊，并实现了煤电负外部性的内部化解决。社会福利可以表示为：

$$SW_{TGC} = CS_{TGC} + PS_{TGC} \tag{5-22}$$

其中，$CS_{FIT} = \int_0^Q p_z(Q) dQ - p_z(Q) \times Q = \frac{1}{2} dQ^2$，$PS_{TGC} = p_z Q - M(v_h + \delta p_g)$

$q_h - N v_g q_g$。

将式（5-18）、式（5-19）、式（5-20）代入式（5-22）可以得到：

$$SW_{TGC} = \left\{ c - \delta v_g - (1-\delta) v_h - \frac{MN\{c - [\delta v_g + (1-\delta) v_h]\}}{2\{N[M+(\delta-1)^2] + M\delta^2\}} - \right.$$

$$\left. \frac{\delta(1-\delta)[M(N+\delta)(c-v_h) - N(M+1-\delta)(c-v_g)]}{N[M+(\delta-1)^2 + M\delta^2]} \right\} \times$$

$$\frac{MN\{c - [\delta v_g + (1-\delta) v_h]\}}{d\{N[M+(\delta-1)^2 + M\delta^2]\}} \tag{5-23}$$

三、模拟数据与参数赋值

截至 2018 年底，中国电力装机 18.995 亿千瓦，煤电装机 11.437 亿千瓦，鉴于目前中国水电已实现平价上网，不再执行固定上网电价规制，为不失一般性，绿色能源装机为风电、光伏发电合计装机，为 3.589 亿千瓦。则 M：N=3.2：1.0。按郭炜煜和赵新刚（2016）测算的中国电力消费弹性系数为 0.99，国家能源局 2018 年全国电力价格监管报告平均上网电价为 373 元/千千瓦时，2018 年我国全社会用电量为 68.5×10^8 千千瓦时。可计算得到参数 $d=5.5\times10^{-8}$，$c=750$。参数赋值如表 5-5 所示。

表 5-5　参数选取及赋值情况

参数	M	N	v_h	v_g	c	d	δ
基准值	3.2	1	265	500	750	5.5×10^{-8}	（0，45%]

基于上述数据与参数，利用 Matlab2014a 软件进行模拟仿真，分析中国绿色能源电力发展规制目标在（0，45%] 区间，配额制—绿色证书制度电价规制模式相对固定上网电价规制模式，在绿色能源对煤电的替代性以及与电力市场化的适应性方面的优化。

四、配额制—绿色证书制度对煤电的替代性模拟对比

本节在数理模型推导分析的基础上，利用模拟数据与参数赋值，对配额制—绿色证书制度电价规制模式与固定上网电价规制模式对煤电产量、绿色能源电力产量进行模拟对比，分析中国绿色能源从固定上网电价规制模式向配额制—绿色证书制度电价规制模式转型中绿色能源对煤电替代的优化，由于篇幅有限，Matlab2014a 软件模拟仿真程序详见附录 A。

（一）对煤电产量的影响

由图 5-3 可知，配额制—绿色证书制度电价规制、固定上网电价规制随着政府设定的绿色能源电力强制配额比例的增加，煤电的产量均随之降低。但在配额制—绿色证书制度电价规制下，煤电生产商产量下降明显快于固定上网电价规制，且随着可再生能源配额比例 δ 的增加，煤电产量的下降斜率进一步增加，也就是随着规制强度的提升，绿色能源对煤电的替代效应就越加明显，模拟结果与命题 3.3 结论一致。

强制配额制下的绿色证书交易将煤电生产的环境成本通过绿证市场在煤电生产商生产总成本中予以体现，而固定上网电价规制下煤电的环境负外部性成本没有体现。因此，配额制—绿色证书制度电价规制模式对煤电的替代效应远强于固定上网电价规制模式。随着政府设定的绿色能源强制配额的增加，上述替代效应更加显著。上述模拟结果表明，中国绿色能源固定上网电价规制模式向配额制—绿色证书制度电价规制模式转型将有利于实现对煤电的有效替代，更契合绿色发展目标。

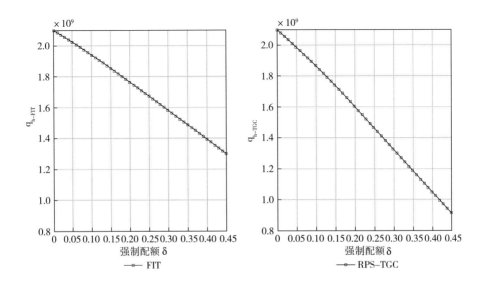

图5-3 FIT、RPS-TGC 电价规制对煤电产量的影响

注：为了图表标题的简化，全文中涉及的配额制—绿色证书制度电价规制简写为 RPS-TGC。

（二）对绿色能源电力产量的影响

由图5-4可知，配额制—绿色证书制度电价规制、固定上网电价规制，随着政府设定的绿色能源电力强制配额比例的增加，绿色能源电力的产量均随之增加。当 δ 在［0，15%］配额期间，两种电价规制下绿色能源电力产量基本一致。之后随着 δ 的增加，固定上网电价规制下绿色能源电力产量强于配额制—绿色证书制度电价规制下绿色能源产量。结合本章第二节中国绿色能源固定上网电价规制模式与电力市场化的适应性实证结果，固定上网电价规制由于没有电力市场供求约束，会导致大量弃风、弃光的出现，同时命题 3.4 指出，绿证均衡价格随政府规制强度的增大而上涨。更高比例的强制配额、更高的罚款均会使绿色证书价格上涨。同时，当绿色能源电力生产与政府规制目标不发生偏离，即 $\delta q_z - q_s = 0$ 时，绿色证书价格为零。

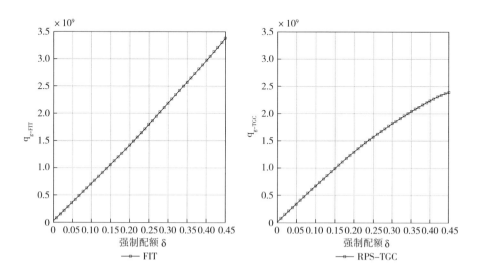

图 5-4　FIT、RPS-TGC 电价规制对绿色能源电力产量的影响

　　上述原理是绿色证书制度发挥市场激励机制的核心，只要绿色能源电力产量低于政府规制目标，绿色证书制度就向绿色能源电力生产商提供一个获利的正向激励。同时，政府规制目标一旦实现，正向激励就会停止。也就是配额制—绿色证书制度电价规制具有自动调整规制强度的功能，能有效避免大量弃风、弃光。因此，模拟仿真结果与命题 3.4 一致，配额制—绿色证书制度电价规制的绿色能源产能低于固定上网电价规制。配额制—绿色证书制度电价规制的绿色能源电力产量是由电力市场与强制配额下的绿色证书交易市场共同决定，形成有效的市场供求约束，在促进绿色能源发展的同时，不容易产生弃风、弃光问题，与电力市场化更相适应。

五、配额制—绿色证书制度与电力市场化的适应性模拟对比

命题 3.6 指出，绿色证书均衡价格是关于绿色能源电力、煤电参数的函数，该命题表示，绿色证书的均衡价格可以表示为包含绿色能源电力生产成本参数的函数。意味着任何效率提升导致的成本变化会立刻反应于绿色证书的价格上，绿色能源电力成本降低的同时会在绿色证书交易市场中反应为绿色证书价格的相应下降。绿色能源电力成本的下降会自动对绿证价格产生一个向下的激励，解决了固定上网电价规制中与电力市场化不相适应的问题，表明配额制—绿色证书制度电价规制与电力市场化之间具有较好的适应性。本节将通过对比配额制—绿色证书制度电价规制模式与固定上网电价规制模式分别对电价、社会福利的影响予以验证，由于篇幅有限，Matlab2014a 软件模拟仿真程序详见附录 A。

（一）对电价的影响

由图 5-5 可知，在绿色能源固定上网电价规制下，随着政府设定的绿色能源电力强制配额比例的增加，电力市场价格会随之降低。由于该规制下政府给予绿色能源电力生产商价格补贴，补贴扭曲了电力市场供求关系，随着电力总产量的增加，电力市场价格呈现下降趋势。

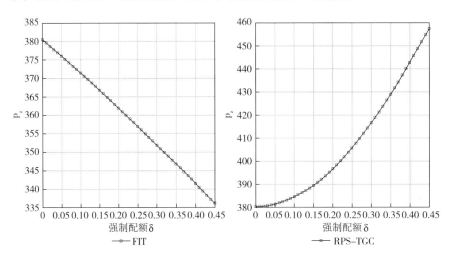

图 5-5　FIT、RPS-TGC 电价规制对电力市场价格的影响

中国绿色能源固定上网电价规制对绿色能源的补贴是通过向终端用户征收绿色可再生能源基金方式筹集，以消费端电价的上涨扭曲（降低）上网侧的电价，其结果进一步增加了对煤电的需求。绿色能源配额制—绿色证书制度规制随着政府设定的绿色能源电力强制配额比例的增加，电力市场价格会出现一定程度的上涨，该规制利用市场机制进行电力价格规制，煤电生产带来的负外部性成本通过市场机制直接增加到煤电生产商生产成本中，符合污染者付费原则，电价为电力市场与配额制—绿色证书制度市场共同均衡价格，与电力市场化更相契合。

（二）对社会福利的影响

利用中国数据对配额制—绿色证书制度、固定上网电价规制对社会福利的影响进行模拟仿真，结果如图 5-6 所示，在固定上网电价规制下，社会福利均为负值，随着政府设定的绿色能源电力强制配额的增大，社会福利损失进一步加大。与前文数理模型推导结果一致，政府对绿色能源电力的补贴，随着政府设定的绿色能源电力发展目标的提升而快速扩大，将加剧扭曲，导致社会福利的进一步损失。在同一 δ 水平下，绿色能源配额制—绿色证书制度电价规制的社会福利均远高于固定上网电价规制，同时均为正值。

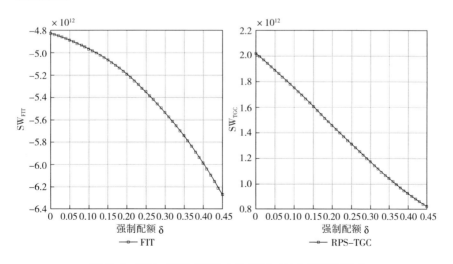

图 5-6 FIT、RPS-TGC 电价规制对社会福利的影响

随着δ的增高，固定上网电价规制、配额制—绿色证书制度电价规制的社会福利相差越大。原因在于，政府给予绿色能源电力生产商的电价补贴造成了社会福利损失，且δ越大，政府给予的补贴越多，社会福利损失就越大。

六、基于模拟结果的进一步讨论

本节研究了中国绿色能源配额制—绿色证书制度电价规制模式的效应并进行了模拟仿真，通过对绿色能源配额制—绿色证书制度电价规制模式与固定上网电价规制模式中绿色能源对煤电的替代性模拟对比，以及与电力市场化的适应性模拟对比，结果显示：

随着政府设定的绿色能源电力发展目标的提高，绿色能源配额制—绿色证书制度电价规制、固定上网电价规制均会使煤电产量下降，但在配额制—绿色证书制度电价规制下，煤电生产商产量下降明显快于固定上网电价规制。在配额制—绿色证书制度电价规制下，绿色能源对煤电的替代效果远强于固定上网电价规制。随着绿色能源配额比例δ的增加，对煤电的替代效果进一步增强。两种电价规制下，随着政府设定的绿色能源电力强制配额比例的增加，绿色能源电力的产量均随之增加。在绿色能源配额比例相对较低时，两种电价规制对可再生能源的激励水平较为接近。随着δ的增加，由于固定上网电价规制没有电力市场供求约束并且无法形成对煤电的有效替代，容易与电力市场化出现不相适应，导致大量弃风、弃光，造成绿色能源浪费。而配额制—绿色证书制度电价规制的绿色能源电力产量是由电力市场与强制配额绿色证书交易市场共同决定，形成有效的市场供求约束，在促进绿色能源发展的同时，不容易产生弃风、弃光问题，与电力市场化更相适应。

随着绿色能源强制配额的增加，绿色能源固定上网电价规制下电力市场价格（发电侧）会随之降低，原因在于通过向终端用户征收绿色可再生能源基金对绿色能源电价给予补贴，以消费端电价的上涨扭曲（降低）上网侧的电价；同时，背离污染者付费原则的交叉补贴会进一步扭曲电力市场供求关系，并催生对煤电的更大需求，在偏离电力市场化的同时也难以实现对煤电的有效替代。绿色能源配额制—绿色证书制度电价规制，随着政府设定的绿色能源电力强制配额比例的增加，电力市场价格会出现一定程度的上涨（主要来自煤电电价的上涨），该规制利用市场机制进行电力价格规制，煤电生产带来的负外部性成本通过市场机制直接增加到煤电生产商生产成本中，符合污染者付费原则，电价为电力市场与配额制—绿色证书制度交易市场共同均衡价格，与电力市场化更相契合；以市场化方式实现煤电负外部性成本内部化，煤电价格会相应上涨，进而抑制对煤电的消费。因此，配额制—绿色证书制度在提升绿色能源市场化水平的同时，也实现了对煤电的有效替代。

社会福利模拟结果表明，在固定上网电价规制下社会福利均为负值，随着绿色能源发展目标的提高，补贴逐步增加，社会福利损失会进一步加大；同一 δ 水平下配额制—绿色证书制度电价规制的社会福利均远高于固定上网电价规制，且均为正值。随着 δ 的增高，固定上网电价规制与配额制—绿色证书制度电价规制的社会福利差距会进一步扩大。从绿色能源固定上网电价规制转型为配额制—绿色证书制度电价规制，能有效提升社会福利水平，根本原因在于电价规制的市场化程度更高，规制的效率更高。配额制—绿色证书制度电价规制的施行使绿色能源生产商、消费者、政府以及自然生态系统获得改善或补偿，如环境正外部性的补偿、分摊成本的减少、投入的补贴资金减少以及自然生态系统的修复；而对于承担强制配额的主体煤电生产商，虽然一定时期内需要为完成绿色能源强制配额指标额外承担负外部性成本而影响其效益，但从长期来看，负外部性成本的内部化压力会使煤电生产商加快技术改造，提高生产率，进而获得补偿，更为重要的是，"长期自然的补偿"（即希克斯补偿）会促使煤电生产商更倾向于选择投资绿色能源，加速实现煤电向绿色能源的转型。

目前，中国绿色能源电价规制模式仍以固定上网电价规制为主，但持续、高强度非市场化补贴模式资金缺口巨大，难以持续；煤电发电量占比仍居高不下，难以实现对煤电的有效替代；此外，现行电价规制与电力市场化呈现不相适应，弃风、弃光问题凸显，造成大量可再生能源浪费，难以实现资源的优化配置。本章研究发现，向绿色能源配额制—绿色证书制度电价规制模式转型，不仅可以形成有效市场供求约束，减少弃风、弃光，还可实现绿色能源生产成本的行业分摊，其配额越高，煤电分摊的成本越高，迫于成本递增压力，煤电厂商的生产决策要么通过技术创新以降低生产成本，要么投资绿色能源进一步抑制煤电产能并促进其产业升级。最终不但提高电力行业技术水平加速行业绿色转型，而且通过市场化方式同时实现了成本与效率的优化及社会福利水平的提升。

综上所述，绿色能源配额制—绿色证书制度电价规制模式相对固定上网电价规制模式，更能促进绿色能源对煤电的替代，加速能源绿色转型，实现绿色发展；此规制模式与电力市场化更相适应，有利于实现绿色能源的优化配置。在绿色发展与电力市场化双重目标下，中国绿色能源固定上网电价规制模式向配额制—绿色证书制度电价规制模式转型成为必然选择。

第四节　可竞争电力市场电价模式的典型案例

目前我国电力市场化以省份为主体分别推进，省份市场之间相对分割。在进行绿色能源可竞争电力市场电价规制模式实证检验时，需要选取合理的省份样本。本节在中国绿色能源电价市场化现况分析的基础上，选取中国绿色能源电价市场化典型样本——云南绿色能源电力市场实证检验命题 3.7 与命题 3.8。

一、中国绿色能源电价市场化典型样本

云南省电力工业的发展和电力市场化改革在全国范围内具有举足轻重

的地位和典型代表性，其经验教训为中国其他越来越多采用绿色能源电力
的省份提供了参考（Liu 等，2019），云南省绿色能源电价市场化程度居全
国最高。云南省电力装机情况如图 5-7 所示。

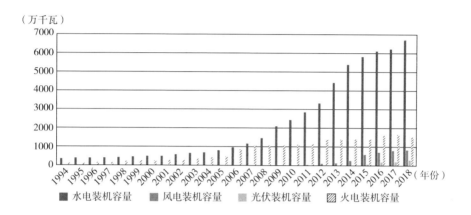

图 5-7   1994~2018 年云南省电力装机容量

资料来源：根据《中国电力年鉴》整理。

由图 5-7 可知，1994 年云南省水电装机容量 361.51 万千瓦，到 2018
年底装机容量为 6666.00 万千瓦，24 年间增长了 17.44 倍，云南省已成
为全国绿色能源电力生产大省。云南省发电量与电力装机容量相契合，
1994 年全省发电总量为 194.25 万千瓦时，其中煤电 67.09 万千瓦时、水
电 127.16 万千瓦时。2018 年底，全省发电总量为 2972.08 万千瓦时，其
中煤电发电量 287.28 万千瓦时、水电发电量 2477.80 万千瓦时、风电发
电量 180.00 万千瓦时、光伏发电量 27.00 万千瓦时。发电量增长了 14.30
倍，其中煤电增长 3.28 倍，水电发电量增长了 18.49 倍，水电发电量占
全省发电量的 83.37%，水电、风电、光伏发电量占全省发电量的
90.33%。2002 年电力体制改革以后，曾有一段时期火电、水电发电量均
快速增长，与特定时期电力供应紧张相吻合。自 2012 年以后，煤电发电
量出现了下降，煤电利用小时数远低于全国平均利用小时数，这与云南省
绿色能源电力装机快速增长，电力供应由供应紧张转为供大于求密切相

关，云南省电力市场表现出供求不平衡，同时还有水电的季节性特点，云南省水电站大多数为无调节能力的径流式水电站均加剧了汛期供求失衡的局面。

2015年，云南省作为电力体制改革综合试点省启动电力体制改革，成立了昆明电力交易中心，实现全部大工业用户和变压器容量在315千伏安以上的一般工商业用户全电量市场化，2004年后，投产的110千伏及以上省调平衡的全部水电、煤电、风电、光伏发电参与市场竞争，市场主体全部取消基数电量、目录电价。售电业务完全放开，允许各类性质企业、个人成立售电公司从事购售电服务，电网企业允许继续从事售电业务。

同时，云南省电力市场存在省内市场和西电东送用电省份市场，省内电力市场分市场化交易和非市场化交易；跨省份市场主要通过"计划+市场"方式确定，主要以计划方式即西电东送框架协议内上网电价按用电省份燃煤机组标杆上网电价扣除跨省输配电价、线损等，云南送广东电价高于送广西电价。云南省电力市场化交易电量、西电东送电量情况如图5-8所示。

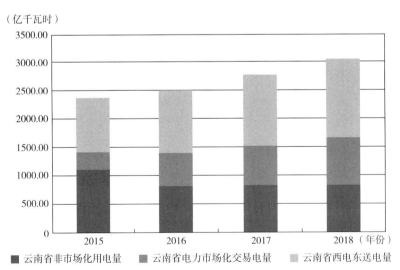

图5-8　2015~2018年云南省电力市场化、西电东送电量情况

资料来源：根据昆明电力交易中心电力市场分析报告整理。

由图 5-8 可知，云南省自 2015 年启动电力市场化改革以来，通过市场化方式成交的电量快速增长，2015 年占云南省全社会用电量的 22.36%，增至 2018 年的 50.68%，2018 年市场化电量占云南电网公司省内售电量的 62.80%，占大工业用电量的 96.10%。

通过四年多的市场化建设，云南省电力市场化参与主体逐年快速增加，云南省电力市场化电力用户从 2015 年的 2500 家增至 2018 年的 7109 家，增长了 1.84 倍；市场化电厂从 49 家增加至 443 家，增长了 8.04 倍；售电公司从无到有，增加到 110 家。经过四年市场化改革，2018 年云南电力市场化主体越发趋于稳定，尤其售电公司代理的用户已具有一定的黏性，为全国参与市场化交易主体数量最多的电力市场。

云南省电力市场化分为直接交易、集中撮合交易、挂牌交易和日前交易，其中直接交易分为年度双边交易和月度双边交易。2015 年和 2016 年，云南省电力市场化交易类型主要为集中撮合交易，在供大于求大量弃水后，2017 年和 2018 年云南省电力市场化交易类型主要为直接交易即年度双边交易和月度双边交易。如图 5-9 所示。

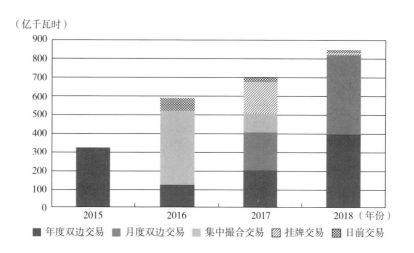

图 5-9 2015~2018 年云南省电力市场化交易类型

资料来源：根据昆明电力交易中心电力市场分析报告整理。

由图 5-9 可知，在云南省电力市场化交易中，集中撮合交易、挂牌交易 2016 年占比超过 60%，2017 年占比为 38.31%，到 2018 年占比下降到 2.03%，长协即年度双边交易、月度双边交易占比为 96.81%。一方面，从计划体制向市场机制过渡初期，各市场主体尤其电力企业习惯了行政审批制电价政策，被动适应整个市场定价机制的巨变，经过 4 年的市场化运行，不论电力企业还是大型工业用户均大量选择提前签订中长期协议，规避市场风险。2018 年新交易规则较 2017 年有较大变化，更加鼓励电厂与用户直接开展双边交易，2018 年省内市场化交易电量中已签订年度双边的电量为 427.68 亿千瓦时，较 2017 年增长了 113.82%。另一方面，售电公司逐渐成为购售电业务主力，形成电力市场批发商，也促使供用电双方选择中长期合同进行电力交易。综上所述，云南电力市场化交易为典型的电力双边交易模式。

二、计量模型构建

本节将基于绿色能源可竞争电力市场电价规制模式的博弈建模分析，以云南省作为样本检验绿色能源可竞争电力市场电价规制模式是实现绿色能源电价市场化的重点，验证命题 3.7 和命题 3.8。为了检验电力市场双边交易博弈模型中，绿色能源电力生产商与售电公司相对于对方博弈决策信息的了解完备程度进行讨价还价，最终影响电力批发价格的逻辑，并考察影响电力价格的其他因素，先构造如下计量模型（5-24）以检验命题 3.7，确定发电厂商和售电企业的市场势力对电力价格的影响。

$$p_t = \alpha_1 \ln hhig_t + \alpha_2 \ln hhis_t + X'_t\beta + \delta_s + \eta_t + \mu_t \tag{5-24}$$

其中，t 表示时间，具体为不同月份；p_t 表示不同时间电力的实际价格；$hhig_t$ 表示发电厂商在时间 t 的市场力指数，发电厂商的讨价还价能力越强，市场力指数越大，电力交易价格越高；$hhis_t$ 表示时间为 t 时售电企业的市场势力指数，售电厂商的讨价还价能力越强，市场力指数越大，电力交易价格越低；X'_t 是其他控制变量，包括电网售电公司售电量占比、第三方售电公司交易电量占比、规模以上工业增加值同比增长、社会消费品零售总额同比增长、主要用电企业开工率、非市场化电量占比等；δ_s 表示季节非观测效应，反映了水电资源在平期、枯期和汛期持续存在的差异；η_t 表示特定时间的固定效应；μ_t 表示与季节和时间都无关的随机误差项。模型（5-24）用于检验绿色能源可竞争电力市场电价规制模式博弈建模中的命题3.7：售电批发价格与售电公司讨价还价能力负相关，与电力生产商讨价还价能力正相关。因此，本书关心的核心系数是 α_1 与 α_2，如果在控制了一系列变量和时间特征后，回归结果仍然显示 α_1 显著为正，α_2 显著为负，则表明发电企业与售电厂商的市场势力的确会影响绿色能源电力价格。

进一步地，为检验发电厂商与售电公司在同时具有市场力的情况下，电网售电公司对电力生产商博弈信息了解的完备程度对售电批发价格的影响，即命题3.8，构建如下计量模型（5-25）。

$$p_t = \alpha_1 \ln hhig_t + \alpha_2 \ln hhis_t + \alpha_3 \ln hhis_t \times \ln grid_t + X'_t \beta + \delta_s + \eta_t + \mu_t \qquad (5\text{-}25)$$

其中，售电公司市场力 $hhis_t$ 与电网售电公司售电量占比 $grid_t$ 的交互项表明，在售电批发市场中，电网售电公司通过买方讨价还价能力对电力交易价格的作用大小。如果交互项系数 α_3 对交易电价有显著的负向影响，意味着电网售电公司相对第三方售电公司具有更强的讨价还价能力，如果没有显著影响，说明电网售电公司不存在比第三方售电公司更多的与绿色能源电力生产商讨价还价的能力。X_t 是除电网售电公司售电量占比 $grid$ 以外的其他控制变量，其余变量与符号的含义与模型（5-24）相同。

三、变量说明与内生性处理

（一）被解释变量

云南省启动电力市场化改革前电价机制为计划经济下的行政审批，包括水电在内的绿色能源电力的价格由政府行政审批确定，电力的消纳由电网企业统购、统销。市场化改革前的电价机制以刺激绿色能源电力投资为主要目的。因此从对比市场化前后上述指标的变化去研究，很难形成客观的判断。截至2018年底，云南绿色能源电力装机（包括水电、风电、光伏）占总装机的 83.83%，发电量占比为 90.25%，绿色能源电力不论装机还是发电量均占云南省电力的绝大部分，同时，进行市场化交易的发电主体即市场化电厂为水电、风电、和光伏电站，火电作为保障性电源不按照市场化电价进行结算，因此选取云南省电力市场化交易的分月平均电价作为被解释变量。分月平均电价是年度双边交易、月度双边交易、集中撮合交易、月度挂牌交易和日前电量交易平均电价的加权平均电价，代表了云南省每月的电力市场化交易电价水平。

（二）核心解释变量

发电厂商与售电厂商市场力指数为核心解释变量。国内外研究主要通过测算市场集中度指标和赫芬达尔指数反映市场力的大小。由于数据的可得性，相关研究选择资产总额、装机总容量等显性披露数据作为计算依据，但是，云南电力市场化中市场力指标如果选择买、卖双方总资产、装机总容量作为研究数据将会与实际情况严重偏离。云南电力市场是按照"计划+市场"方式设计，电厂分为市场化电厂、非市场化电厂，电力生产后，电力消纳主要包括三部分：一是优先电量，即不进入市场化交易直接由电网企业统购，保障农业生产用电、居民生活用电、重要的公共事业用电以及未参加市场化交易用户的用电需求；二是"西电东送"协议电量，包括协议内西电东送电量（固定比例）部分、协议内西电东送电量交易（动态分配）部分以及西电东送增量挂牌电量；三是进入市场化交易的实际市场化电量。所以，如果按照电站总资产或装机容量进行测算将会严重偏离实际情况。因此，本书选择采用各市场化电厂分月实际成交的市场化电量作为基础数据，类似地，售电公司也选用分月实际成交的市场化电量作为基础数据。

本书分别计算了反映市场力大小的市场集中度与赫芬达尔指标，因两个指标的数据变化具有相同趋势，任选其一就能代表电力发电企业与售电商的真实市场力情况。为避免重复最终采用赫芬达尔指数 HHI 分别衡量发电厂商与售电企业的市场力大小。电力供应方即发电厂商分别以电站、同一独立法人公司下合计电站、实际同一控制人下的合计电站作为卖方主体，计算卖方市场力赫芬达尔指数 HHIs。电力需求方即售电企业分别以用户、售电公司作为买方主体，计算市场力赫芬达尔指数 HHIg。在计算赫芬达尔指数时，进行了全样本的统计，即：

$$HHIg_t = \sum_{i=1}^{n} \left(\frac{q_{it}}{Q_t} \right)^2 \tag{5-26}$$

$$HHIs_t = \sum_{i=1}^{n} \left(\frac{q_{it}}{Q_t} \right)^2 \tag{5-27}$$

其中，i 表示电站、企业、用户和售电公司，q_{it} 表示各电力主体分月市场化成交电量，Q_t 表示云南省分月市场化总成交电量。发电厂商的数据主要根据昆明电力交易中心交易系统数据资料，整理了 2017～2019 年 1～12 月与 2020 年 1～6 月共 42 个月进入市场化交易的电站分月交易电量数据，电站共计 330 个，其中水电站 166 个，风电站 83 个，光伏电站 70 个，煤电站 11 个。具体将 330 个电站按照产权关系整理为 188 家公司名下电站，以独立法人公司作为市场交易主体进行分月交易电量统计；将 188 家独立法人公司名下电站按照公司实际同一控制人原则合并为 135 家公司名下电站，以实际同一控制人作为市场交易主体进行分月交易电量统计。

根据云南省工信委发布的重点耗能行业资源能源消耗情况的通报、云南电力交易中心信息披露等，整理计算了 2017～2020 年云南省电解铝、水泥、石化、工业硅、铅锌、合成氨、铜、电石、钢铁、黄磷 10 个行业共计 209 家大工业用户 2017～2020 年 42 个月用电量。根据昆明电力交易中心交易系统数据资料，整理了 133 家进入市场化交易的售电公司分月交易数据。2017～2020 年云南省电力市场化分月交易总电量按昆明电力交易中心交易系统中 42 个月年度双边分月（聚合）电量、月度双边协商（聚合）电量、省内平衡缺口电量交易（聚合）、集中撮合交易（聚合）电量、增量挂牌（聚合）电量、实时交易（聚合）电量、合约协商转让交易（用户）（聚合）电量、合约挂牌转让交易（用户）（聚合）电量、省内市场零售交易（聚合）电量、日前增量市场累计成交量电量汇总，为各月实际成交的市场化电量。

实证检验的核心解释变量为发电厂商与售电企业的市场力指数,为直观反映不同市场力指数与水电价格的关系,图 5-10 和图 5-11 展示了 HHIg、HHIs 与水电价格的简单拟合图。

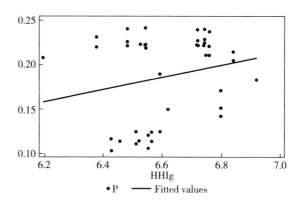

图 5-10　水电价格与发电厂商市场力对数

资料来源:笔者收集整理。

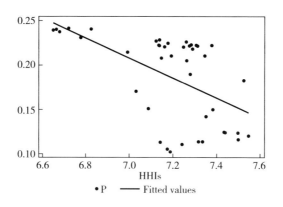

图 5-11　水电价格与售电厂商市场力对数

资料来源:笔者收集整理。

由图 5-10 和图 5-11 可知,发电厂商市场力对数与水电价格之间直观地拟合为线性正相关,售电厂商市场力与水电价格则显现出显著的负向关系。考虑可能存在的遗漏变量等内生性问题,进而借助更加严格的计量实证方法进行验证。

(三)控制变量说明

根据现有文献和经济学理论,结合云南省发电企业、售电企业与电力用户微观层面数据的可获性,本书选择以下四个控制变量化解遗漏变量可能导致的内生性。

电网售电公司售电量占比 grid 使用电网售电公司售电量与售电公司交易电量比值,具体数据源自昆明电力交易中心。第三方售电公司交易电量占比 hirdsell 采用第三方售电公司交易电量与售电公司交易电量的比值,数据来源于昆明电力交易中心系统数据。电力需求 industry 用规模以上工业增加值同比增长率表示,数据来源于《云南统计年鉴》。社会消费品零售总额同比增长率 consume,数据来源于《云南统计年鉴》。电力供给 operation 用主要用电企业开工率表示,具体利用黄磷、化肥、电石、钢铁、铁合金、电解铝、铅锌、水泥和工业硅 9 类耗能产业开工率,数据来源于昆明电力交易中心月度交易月报。非市场化电量占比 nonmarket 使用非市场化电量与交易电量比值表示,数据来源于昆明电力交易中心系统数据。

(四)内生性分析

遗漏变量、逆向因果关系与测量误差是计量回归时产生内生性的三类主要因素,从而会导致不稳健的估计结果。在本章的基本计量回归模型(5-24)中,考虑影响电力价格的因素,这里的内生性可以概括为遗漏变量和测量误差。测量误差主要考虑在计算买方市场力指数时,以售电公司市场力指数作为买方市场力指数,遗漏了少部分直接交易的用户;而卖方市场力指数的计算以全口径电力生产商数据计算市场力指数,则不存在测量误差。另外,除买卖方电力厂商的市场力外,即使本书控制了其他可能影响绿色能源电力价格的市场结构与供求因素,并剔除绿色能源电力受不同季节影响及特定时间的噪声影响外,仍然可能遗漏某些不随时间变化的不可观测因素对其他解释变量的影响,从而产生内生性问题。

消除内生性带来的估计误差最好的方法是找到适宜的工具变量，此工具变量必须同时满足相关性与无关性要求。相关性是指工具变量能够完美地解释内生变量买方市场力；无关性是指工具变量必须是外生的，与误差项不相关。本书为买方即售电公司的市场力找到了一个工具变量：西电东送电量占比。我们将在下文检验此工具变量是否满足上述两个条件。

四、实证结果

选取 2017 年至 2020 上半年市场化交易中云南省电力市场每年各月 330 个电站、10 个行业 209 家大工业用户、133 家售电公司 7000 家市场主体动态真实交易的非公开数据作为后续实证检验的基础。

（一）普通回归

为了便于比较，先不考虑内生性利用普通最小二乘 OLS 回归，结果如表 5-6 所示。

表 5-6　OLS 回归结果

	(1)	(2)	(3)	(4)	(5)	(6)	(7)
Ln hhig	0.0592 *** (0.0189)	—	0.0482 *** (0.0171)	0.0490 ** (0.0179)	0.0256 * (0.0163)	0.0255 * (0.0173)	0.0356 * (0.0170)
Ln hhis	—	-0.0342 *** (0.0106)	-0.0282 *** (0.0097)	-0.0253 * (0.0141)	-0.0218 ** (0.0023)	-0.0207 * (0.0119)	-0.0412 * (0.0199)
Ln grid	—	—	—	-0.0006 (0.0260)	-0.0638 * (0.0211)	-0.0588 ** (0.0170)	—
Ln thirdsell	—	—	—	0.0041 (0.0131)	0.0978 (0.0724)	0.0907 (0.0622)	0.0911 * (0.0421)
Ln operation	—	—	—	—	-0.1430 ** (0.0516)	-0.1320 * (0.0657)	-0.1320 * (0.0657)
Ln nonmarket	—	—	—	—	0.0109 *** (0.0034)	0.0100 ** (0.0040)	0.0100 ** (0.0040)
Ln industry	—	—	—	—	—	0.0079 (0.0251)	0.0090 (0.0230)

续表

	（1）	（2）	（3）	（4）	（5）	（6）	（7）
Ln consume	—	—	—	—	—	−0.0077 （0.0251）	−0.0088 （0.0251）
lnhhis× lngrid	—	—	—	—	—	—	−0.0082* （0.0041）
dry season	0.0233*** （0.0077）	0.0108 （0.0066）	0.0207*** （0.0068）	0.0211*** （0.0072）	0.0068 （0.0085）	0.0074 （0.0092）	0.0074 （0.0092）
flood season	−0.0802*** （0.0078）	−0.0841*** （0.0072）	−0.0758*** （0.0071）	−0.0764*** （0.0076）	−0.0716*** （0.0069）	−0.0725*** （0.0081）	−0.00724*** （0.0081）
year 2020	0.0213*** （0.0045）	0.0237*** （0.0080）	0.0221*** （0.0071）	0.0225*** （0.0074）	0.0123 （0.0094）	0.0330* （0.0180）	0.0330* （0.0180）
_cons	0.1850 （0.128）	0.4590 （0.075）	0.0880 （0.147）	0.0710 （0.173）	0.2830* （0.162）	0.2710 （0.188）	0.3430 （0.201）
观测值	42	42	42	42	42	42	42
R-squared	0.5377	0.5387	0.5639	0.6478	0.7632	0.7583	0.7584

注：*、**和***分别表示10%、5%和1%的显著性水平；括号内数值为回归系数的标准误。

表5-6中列（1）至列（6）是计量模型（5-24）的回归结果，列（7）是模型（5-25）的回归结果。列（1）和列（2）是没有其他控制变量的一元回归结果，结果显示，我们所关注的发电厂商与售电企业的市场力系数非常显著，这与在前文中的数据观察相一致。定量来看，发电厂商的弹性系数为0.0592，售电厂商的弹性系数为−0.0342，即发电厂商的市场势力每增加1%，电力交易价格就上升0.0592%；售电厂商的市场势力每增加1%，电力交易价格就下降0.0342%。不过，这一影响系数实际上可能包含了电力买卖方市场势力的一般均衡效应。为了得到发电厂商与售电企业市场力增加对电力交易价格的直接效应，进一步缓解遗漏变量问题造成的内生性问题，分别在列（3）至列（6）加入不同电力销售主体、影响电力供给与电力需求的其他因素，结果发现，发电厂商与售电企业的市场力回归系数依然显著，两者的系数较之前都有所降低，但降低幅度不大，表明遗漏变量对实证结果的稳健性影响甚微。模型（5-25）在第

（7）列的回归结果显示，发电厂商与售电企业的市场势力对电力价格依然存在较明显的影响。特别地，交互项的系数呈现较显著的负向效应，弹性大小为-0.0082，表明在卖方市场势力下，以电网售电公司为主的卖方企业增加其市场占比能有效降低电力市场价格。

（二）工具变量回归

根据前文对计量模型中关于内生性的分析，为保证命题3.7和命题3.8估计结果的稳健性，先根据适宜工具变量必须满足的两个条件检验上文所选工具变量的有效性。工具变量的性质检验结果如表5-7所示。

表 5-7　工具变量性质检验

	（1）	（2）	（3）	（4）	（5）	（6）	（7）
Ln westest	0.0425*** (0.0108)	0.0781*** (0.0220)	0.561*** (0.1260)	0.513*** (0.1370)	0.514** (0.1700)	-0.0105 (0.0272)	-0.0102 (0.0272)
Ln（westest）×Ln（grid）	—	—	—	—	0.0677* (0.030)	—	-0.0153 (0.020)
Ln hhig	-0.114 (0.195)	-0.0909 (0.197)	-0.285 (0.110)	-0.206* (0.106)	-0.213 (0.142)	0.028** (0.0092)	0.038* (0.0192)
Ln hhis	—	—	—	—	—	-0.0191* (0.0010)	-0.0278* (0.0209)
Ln grid	—	-0.309 (0.242)	-0.791* (0.301)	-0.809* (0.444)	—	-0.0464** (0.0133)	—
Ln thirdsell	—	0.397* (0.211)	0.554* (0.228)	0.622 (0.242)	0.0488 (0.247)	0.0839* (0.0466)	0.0844* (0.0466)
Ln operation	—	—	-0.310 (0.375)	-0.411 (0.357)	0.0048 (0.504)	-0.134* (0.0674)	-0.134* (0.0674)
Ln nonmarket	—	—	-0.465 (0.431)	-0.414 (0.527)	-0.388 (0.280)	0.0194 (0.0247)	0.0192 (0.0247)
Ln industry	—	—	—	0.215 (0.326)	0.313 (0.364)	0.0102 (0.0244)	0.0110 (0.0241)
Ln consume	—	—	—	-0.285 (0.304)	-0.350 (0.350)	-0.0089 (0.0259)	-0.0098 (0.0258)
lnhhis×lngrid	—	—	—	—	—	—	-0.0065* (0.0048)

续表

	（1）	（2）	（3）	（4）	（5）	（6）	（7）
dry season	0.0108 (0.0533)	0.0341 (0.0504)	0.0048 (0.0570)	0.019 (0.0644)	0.027 (0.0800)	0.00644 (0.0098)	0.00644 (0.0098)
flood season	0.151 (0.0610)	0.133** (0.0572)	0.0614 (0.0417)	0.0625 (0.0449)	0.069 (0.0670)	-0.0725*** (0.0083)	-0.0724*** (0.0083)
year 2020	-0.3099*** (0.0655)	-0.337*** (0.0581)	-0.239*** (0.0614)	-0.183 (0.1160)	-0.235 (0.1540)	-0.0234 (0.3350)	0.0350* (0.0190)
_cons	8.050*** (1.317)	8.450*** (1.539)	9.553*** (0.729)	8.931*** (0.699)	8.873*** (1.124)	0.164 (0.336)	0.227 (0.377)
观测值	42	42	42	42	42	42	42
R-squared	0.7743	0.7680	0.8283	0.8259	0.7677	0.6564	0.6564
一阶段 F 检验	14.18 [0.000]	10.63 [0.000]	20.93 [0.000]	14.74 [0.000]	14.15 [0.000]	—	—

注：*、**和***为 10%、5%和 1%的显著性水平；方括号内数值为检验统计量的 p 值；圆括号内数值是估计系数的标准误。

表 5-7 中列（1）至列（4）是采用 2SLS 对模型（5-24）估计的第一阶段结果，列（5）是采用 2SLS 对模型（5-25）回归的第一阶段结果，工具变量 Ln（westest）和交互项 Ln（westest）×Ln（grid）的系数显著为正，表明西电东送电量与售电企业的市场势力存在较高的相关性，西电东送电量越大，售电公司的市场力越强；进一步地，为验证工具变量西电东送电量占比的外生性，即 Ln（westest）与被解释变量可再生能源电力价格 p 的无关性，表 5-7 的列（6）和列（7）分别报告了模型（5-24）与模型（5-28）加入工具变量 Ln（westest）和交互项 Ln（westest）×Ln（grid）的回归结果。结果显示，在控制了相关变量之后，Ln（westest）和交互项 Ln（westest）×Ln（grid）的系数均不显著，表明我们所选择的工具变量西电东送电量占比对被解释变量电力价格没有直接影响，满足外生性的要求。工具变量回归第二阶段结果如表 5-8 所示。

表 5-8　工具变量回归第二阶段结果

	（1）	（2）	（3）	（4）	（5）（liml）	（6）－5.2
Ln hhig	0.0495***	0.0476***	0.0350***	0.0350***	0.0350**	0.0302***
	（0.0182）	（0.0176）	（0.0125）	（0.0126）	（0.0138）	（0.0112）
Ln hhis	－0.0249**	－0.0205**	－0.0333***	－0.0351**	－0.0351**	－0.0468**
	（0.0122）	（0.0174）	（0.0113）	（0.0162）	（0.0168）	（0.1330）
Ln grid	—	0.00014	－0.0630**	－0.0601**	－0.0601**	—
		（0.0191）	（0.0285）	（0.0325）	（0.0296）	
Ln thirdsell	—	0.0102	0.0973***	0.0935	0.0935	0.0470
		（0.0115）	（0.0311）	（0.0775）	（0.0741）	（0.0384）
Ln operation	—	—	－0.1443***	－0.1390***	－0.1390**	－0.0944*
			（0.0365）	（0.0519）	（0.0542）	（0.0528）
Ln nonmarket	—	—	0.01097***	0.0105**	0.0105***	0.0058
			（0.0033）	（0.0043）	（0.0039）	（0.0040）
Ln industry	—	—	—	0.0088	0.0088	－0.0393
				（0.0208）	（0.0185）	（0.0415）
Ln consume	—	—	—	－0.0093	－0.0093	0.0352
				（0.0230）	（0.0203）	（0.0408）
lnhhis×lngrid	—	—	—	—	—	－0.0069**
						（0.00053）
dry season	0.0210***	0.0193***	0.0066	0.0067	0.0067	0.0114
	（0.0057）	（0.0043）	（0.0059）	（0.0062）	（0.0075）	（0.0072）
flood season	－0.0764***	－0.0843***	－0.0713***	－0.0715***	－0.0715***	－0.0755***
	（0.0081）	（0.0087）	（0.0064）	（0.0077）	（0.0068）	（0.0076）
year 2020	0.0204**	0.0271***	0.00875	0.0366	0.0366*	0.0335
	（0.0092）	（0.0115）	（0.0105）	（0.0281）	（0.0186）	（0.0214）
_cons	8.050***	7.829	0.298**	0.305**	0.305*	－0.0295
	（1.317）	（1.947）	（0.122）	（0.138）	（0.165）	（0.333）
观测值	42	42	42	42	42	42
R-squared	0.4700	0.5526	0.5725	0.6726	0.6726	0.5765

　　注：*、**和***分别表示10%、5%和1%的显著性水平；括号内数值为回归系数的标准误。

　　表5-8中的列（1）至列（4）与列（6）分别给出了模型（5-24）与模型（5-25）的2SLS的第二阶段回归结果。可以看出，绿色能源电力

生产企业的市场力对电力交易价格仍具有显著的正向影响，售电厂商的市场力对电力交易价格仍具有显著的负向影响，并且两者的系数大小相比普通的 OLS 回归都有所上升。从而说明内生性导致普通回归低估了市场力对电力价格的影响。以尽可能考虑其他控制变量影响的列（4）为例，绿色能源电力厂商的弹性系数为 0.0350，说明绿色能源电力生产商的市场力每提高 1%，会使可再生能源电力交易价格提升 0.035%；电力销售企业的弹性系数为 -0.0351，表明电力销售企业的市场力每上升 1%，会导致可再生能源电力交易价格下降 0.0351%。绿色能源电力市场的买卖方均存在显著的垄断力量，双方具有程度相当的讨价还价能力。电网售电公司的系数显著为负，表明以电网为代表的电力销售企业对绿色能源电力价格具有较强的影响力，电网销售占比每增加 1%，电力交易价格下降 0.0601%。第三方售电公司的回归系数为正，对电力交易价格的影响不显著。

表 5-8 列（6）报告的对模型（5-25）的第二阶段回归结果显示，加入电网售电公司与售电企业的交互项后，绿色能源电力生产企业的市场力系数依旧显著为正，售电企业的市场力系数依然显著为负，电网售电公司与电力销售商的交互项系数显著为负。与前文普通 OLS 回归相比较，各变量回归系数方向一致，系数大小变化不大。绿色能源电力厂商的市场力系数、售电企业的市场力系数及交互项的系数均略有增加。这意味着由于内生性的存在降低了普通 OLS 回归系数的大小，但并不影响各变量对电力价格作用大小的判断。实证结果充分表明，不管是电力生产商还是电力销售企业，市场力的大小反映了双方均存在讨价还价能力，电力批发价格与售电公司讨价还价能力负相关，与电力生产商讨价还价能力正相关。并且，售电公司对电力生产商的博弈决策信息了解越准确，以电网为代表的售电公司的售电量占比越大，电力均衡价格就越低。从而验证了本书的命题 3.7 和命题 3.8。

采用 2SLS 进行第一阶段回归时发现，F 检验统计量的结果均大于 10，从而可以断定不存在弱工具变量。但为了稳健起见，表 5-8 的列（5）展示了采用最大似然法（LIML）进行估计的结果，通过与2SLS估计结果进行对比发现，两种结果差异不大，从而验证了2SLS的回归结果具有可靠性。

五、基于实证结果的进一步讨论

绿色发展的可持续基础是实现绿色能源电价市场化，也是绿色发展与电力市场化双重目标最终融合、统一的基础。当绿色能源电力进入技术成熟期，其技术水平、造价水平可与煤电展开市场竞争时，需要转型为绿色能源可竞争电力市场电价规制模式，构建有利于绿色能源发展的可竞争电力市场实现其价格的市场化。基于前文可再生能源可竞争电力市场电价规制模式的博弈建模分析，构建可竞争市场的三个基本假设条件中，消除进、出市场壁垒是关键一环，放开市场准入是必要不充分条件，将具有沉淀成本的环节从市场中剥离，是消除市场进、出壁垒的核心。不完全开放市场准入条件下，输配环节因资产专属性，天然形成强大的沉淀成本。当输配与售电环节不分离时，电网背景售电公司在与发电厂商价格博弈中具有议价优势，相对第三方售电公司具有明显的议价能力和用户资源，阻碍了售电市场的可竞争性；在完全开放市场准入条件下，电网不退出市场化售电业务，就会将输配环节的沉淀成本带入售电市场，影响售电市场构建可竞争市场。

为进一步分析绿色能源可竞争电力市场电价规制模式中绿色能源电力发电商、售电商之间的策略行为与信息不对称影响绿色能源电力价格市场化的作用机理，在已有文献研究与中国电力市场实际运行现状的基础上，改进模型分析，将网络型资产、调度权、结算权等导致的沉淀成本因素引入理论模型，通过构建售电商之间的博特兰德模型、古诺模型，电力生产商与售电商之间的罗宾斯坦博弈模型，研究双边交易对绿色能源电力市场化价格形成的影响，分析具有成本优势并占据绿色能源电力垄断资源的绿色能源电力厂商对绿色能源电价市场化的影响以及电网企业继续从事售电业务对绿色能源电价市场化的影响。

为了检验电力市场双边交易博弈模型中，绿色能源电力生产商与售电公司相对于对方博弈决策信息的了解完备程度进行讨价还价，最终影响电力批发价格的逻辑，本章构造了以发电厂商和售电企业的市场势力为核心变量的基本模型，考察了在发电厂商与售电公司同时具有市场力的情况下，电网售电公司对电力生产商博弈信息了解的完备程度对售电批发价格的影响，具体在实证时加入电网售电公司与绿色能源电力售电商的交互项，分别进行普通 OLS 回归与工具变量 2SLS 回归。结果发现，绿色能源电力生产企业与售电厂商的市场力对电力交易价格分别具有显著的正向影响和负向影响，两者的系数大小相比普通的 OLS 回归都有所提高，意味着内生性导致普通回归低估了市场力对电力价格的影响。交互项模型的 OLS 与 2SLS 的检验结果表明，绿色能源电力市场的买卖方均存在显著的垄断力量，双边具有程度相当的讨价还价能力。以电网为代表的电力销售企业对绿色能源电力价格具有较强的影响力，第三方售电公司对电力交易价格的影响不显著。内生性的存在，降低了普通 OLS 回归的系数大小，但并不影响各变量对电力价格作用大小的判断。售电公司对电力生产商的博弈决策信息了解越准确，以电网为代表的售电公司的售电量占比越大，电力均衡价格就越低。从而验证了绿色能源可竞争电力市场电价规制模式作用机理中的命题 3.7 和命题 3.8。实证结果表明，在绿色能源电价市场化阶段，一方面，大型绿色能源厂商由于占有大量优质可再生资源，容易产生较强的市场力；另一方面，电网背景售电公司先天具有的网络垄断资源附带的调度权、接入权等获得信息优势及电量与用户优势，使得电网背景售电公司具有强大的市场力，对第三方售电公司具有挤出效应，与绿色能源电力厂商议价时，具有较强的议价能力，阻碍了可竞争售电市场的建立。电网企业退出市场化售电业务，加大对第三方售电公司的扶持，规制大型绿色能源电力生产商可能使用的市场力，将有利于支持绿色能源发展的可竞争电力市场的构建，加快实现绿色能源电价市场化与电力市场绿色转型。

第六章 绿色能源电价市场化 变迁的路径

　　绿色能源电价模式作用机理与实证效果检验表明，绿色能源三类电价规制模式的电价市场化程度逐渐提高，中国对风电、光伏发电实行的绿色能源第一类固定上网电价规制模式不能实现绿色能源对煤电的有效替代，规制模式难以持续并且与电力市场化不相适应。中国现有的配额制与绿色证书制度分离，自愿绿证制度难以满足绿色能源电价市场化可持续发展的内在要求，绿色能源第二类配额制—绿色证书制度电价规制模式能加速实现绿色能源对煤电的有效替代，与电力市场化具有良好的适应性。绿色能源第三类可竞争电力市场电价规制模式是绿色能源的发展具有阶段异质性特征，在进入成熟期具备与煤电市场化竞争时需要选择的电价规制模式，可竞争电力市场电价规制模式的关键在于构建有利于绿色能源发展的可竞争电力市场，此模式能够实现绿色能源的电价市场化，促进绿色能源可持续发展。然而，中国绿色能源电力不同类别在不同发展阶段具有明显的异质性特征，如何结合绿色能源现有的电价规制模式实现有序转型，明确中国绿色能源电价规制市场化变迁的路径，解决现行电价规制模式向更优模式转型及衔接的次序与过程，就成为本章研究的焦点。

第一节　固定上网电价规制的政策优化

前文建立的博弈模型分析了绿色能源固定上网电价规制模式的作用机理并对中国绿色能源中实行固定上网电价规制模式的风电进行了实证研究。固定上网电价规制模式由于与电力市场化之间存在不相适应，是大量弃风的主因，造成了资源浪费。针对绿色能源固定上网电价规制模式中存在补贴缺失与总量控制、不受电力市场供求关系约束及过度刺激投资，容易导致绿色能源配置失效以及财政补贴负担过重问题，本节在固定上网电价规制基础上，提出优化规制方案，设定与投资装机容量配额指标配套的优化固定上网电价规制模式，即设置消纳配额比例的固定上网电价模式，在投资装机容量配额指标内，绿色能源电力执行固定上网电价规制模式，超出部分不再获得补贴，按市场价格定价。本节分为三个部分：第一部分构建数理模型。第二部分分析固定上网电价规制与设置消纳配额比例的固定上网电价规制模式下的电力市场均衡。第三部分模拟仿真优化效果。

一、模型构建

针对固定上网电价规制模式对绿色能源电力投资的过猛激励，政府规制者无法准确、及时地观测到绿色能源电力成本变化，在调整固定上网电价规制价格时，滞后于绿色能源电力真实成本的变化，短期内造成绿色能源电力的配置实效。在固定上网电价规制中，根据政府发展绿色能源电力规划，对绿色能源电力新投装机容量设定配额指标，指标内执行固定上网电价规制，指标以外部分不再获得政府补贴。为有效比较固定上网电价规制与设置消纳配额比例的固定上网电价规制的规制效果，在前文固定上网电价规制模式作用机理数理模型的基础上，增加投资装机容量部分。

（一）模型变量

绿色能源固定上网政策优化分析中涉及模型变量及含义如表 6-1 所示。

表 6-1　绿色能源 FIT 政策优化模型变量

变量	定义
M	煤电生产商的数量
N	绿色能源电力生产商的数量
v_h	煤电单位电量可变成本
v_g	绿色能源电力单位电量可变成本
k_h	煤电单位装机容量的投资成本
k_g	绿色能源电力单位装机容量的投资成本
q_{h_i}，（i=1，…，M）	煤电生产商 i 的发电量
q_{g_j}，（i=1，…，N）	绿色能源电力生产商 j 的发电量
w_{h_i}，（i=1，…，M）	煤电生产商 i 投资的电力装机容量
w_{g_j}，（j=1，…，N）	绿色能源电力生产商 j 投资的电力装机容量

（二）模型假设

假设 1：电力市场中有 M 个煤电生产商和 N 个绿色能源电力生产商，电力需求函数为：$p = c - dQ$，整个电力市场电力生产量为：$Q = \sum_i^M q_{h_i} + \sum_j^N q_{g_j}$，$c > 0$。

假设 2：电力市场为多寡头古诺垄断竞争市场。

假设 3：$k_h < k_g$，$v_h > v_g$。电力生产商进行电力生产的成本主要由固定成本与可变成本构成，固定成本主要为电力建造成本，可变成本为生产运营成本。绿色能源电力固定成本与煤电相比，造价相对较高，因此单位装机投资成本高于煤电。同时，绿色能源电力在生产电力过程中几乎不需要燃料成本，而煤电需要燃烧煤炭等，因此绿色能源电力生产成本低于煤电。

假设 4：绿色能源电力受天气等自然条件影响，具有间歇性，以随机变量 $\overline{w}_{g_j}$ 表示可用容量。可用容量对投资容量的随机依赖性通过以下积分形式表示：$\overline{w}_{g_j} = \int_0^{w_{g_j}} \varphi_j(x)\,dx$，$\varphi_j(x)$ 为分布在 0~1 的随机变量，绿色能源电力厂商（j=1，…，M）的 E $\{\varphi_j(x)\}$ = e_j。

二、优化均衡分析

根据 Liu 等（2016）对固定上网电价规制模式的研究，$p_g = P + \varpi$，其中，ϖ 表示绿色能源补贴，P 表示市场电价，p_g 表示绿色能源电价。绿色能源生产商利润函数为：

$$\begin{cases} \text{Max}\pi(w_{g_j}, q_{g_j}) = (p_g - v_g)q_{g_j} - k_g w_{g_j} \\ s.t.\ q_{g_j} \leq E\{\int_0^{w_{g_j}} \varphi(x)dx\}\ (\alpha_{g_j}) \\ q_{g_j} \geq 0,\ j=1,\ \cdots,\ N(\beta_{g_j}) \\ w_{g_j} \geq 0,\ j=1,\ \cdots,\ N(\mu_{g_j}) \end{cases} \qquad (6-1)$$

煤电生产商利润函数为：

$$\begin{cases} \text{Max}\pi(w_{h_i}, q_{h_i}) = (p - v_h)q_{h_i} - k_g w_{h_i} \\ s.t.\ q_{h_i} \leq t w_{h_i},\ (\alpha_{h_i}) \\ q_{h_i} \geq 0,\ i=1,\ \cdots,\ M(\beta_{h_i}) \\ w_{h_i} \geq 0,\ i=1,\ \cdots,\ M(\mu_{h_i}) \end{cases} \qquad (6-2)$$

其中，α_{g_j} 和 α_{h_i} 是决定厂商 j 和 i 容量约束的对偶变量，β_{g_j}、β_{h_i} 和 μ_{g_j}、μ_{h_i} 分别为非负 q_{g_j}、q_{h_i} 和 w_{g_j}、w_{h_i} 的对偶变量。在 Karush–Kuhn–Tucker（KKT）条件下进行求解。

绿色能源电力生产的 KKT 条件为：

$$\begin{cases} w_{g_j} \perp (k_g - \alpha_{g_j}e_j - \mu_{g_j}) \\ q_{g_j} \perp [2dyq_{g_j} + d(\sum_{i=1}^{M} q_{g_j} + \sum_{s \neq j}^{N} q_{g_j}) + v_g + \alpha_{g_j} - \beta_{g_j} - c] \\ \alpha_{g_j} \perp \{E[\int_0^{w_{g_j}} \varphi(x)dx] - q_{g_j}\} \\ \beta_{g_j} \perp q_{g_j} \\ \mu_{g_j} \perp w_{g_j} \end{cases} \qquad (6-3)$$

煤电生产的 KKT 条件为：

$$\begin{cases} w_{h_i} \perp (k_h - \alpha_{h_i} - \mu_{h_i}) \\ q_{h_i} \perp \left[2dq_{h_i} + d\left(\sum_{o \neq i}^{M} q_{h_i} + \sum_{j=1}^{N} q_{g_j} \right) + v_h + \alpha_{h_i} - \beta_{h_i} - c \right] \\ \alpha_{h_i} \perp (w_{h_i} - q_{h_i}) \\ \beta_{h_i} \perp q_{h_i} \\ \mu_{h_i} \perp w_{h_i}, \quad i = 1, \cdots, M \end{cases} \qquad (6\text{-}4)$$

利用 Matlab2014a 求解器，对固定上网电价规制下均衡求解，可得到：

$$w_{h_i}^* = q_{h_i}^* = \frac{c - (N+1)(v_h + k_h) + N(v_g + k_g / e_j) N\varpi}{d(M+N+1)} \qquad (6\text{-}5)$$

$$E\left[\int_0^{w_{g_j}} \varphi(x)\,dx \right] = q_{g_j}^* = \frac{c + M(v_h + k_h) + (M+1)(v_g + k_g / e_j) + (M+1)\varpi}{d(M+N+1)} \qquad (6\text{-}6)$$

$$Mq_{h_i}^* + Nq_{g_j}^* = \frac{(M+N)c - M(v_h + k_h) - N(v_g + k_g / e_j) + N\varpi}{d(M+N+1)} \qquad (6\text{-}7)$$

由式（6-6）可知，在固定上网电价规制下绿色能源电力投资装机容量仅与 ϖ 正相关。

在设置消纳配额比例的固定上网电价模式下，设置绿色能源电力投资装机容量配额，配额目标内的绿色能源电力投资装机容量享受电价补贴，配额目标以外的不再享受电价补贴。将绿色能源电力配额装机容量比例 δ 作为政策目标构建入模型中，$\dfrac{\sum_{j=1}^{N} w_{g_j}}{\sum_{i=1}^{M} w_{h_i} + \sum_{j=1}^{N} w_{g_j}} \geq \delta$，其中 $0 < \delta < 1$。在此基础上引入补贴 ϖ，则绿色能源电力利润函数的 KKT 条件由式（6-3）可变为：

$$\begin{cases} w_{g_j} \perp (k_g - \alpha_{g_j}e_j - \mu_{g_j}) \\[2mm] q_{g_j} \perp \left[2dyq_{g_j} + d\left(\sum_{i=1}^{M} q_{g_j} + \sum_{s\neq j}^{N} q_{g_j} \right) + v_g + \alpha_{g_j} - \beta_{g_j} - c \right] \\[2mm] \alpha_{g_j} \perp \left\{ E\left[\int_0^{w_{g_j}} \varphi(x)\,dx \right] - q_{g_j} \right\} \\[2mm] \beta_{g_j} \perp q_{g_j} \\[2mm] \mu_{g_j} \perp w_{g_j} \\[2mm] \left[(1-\delta) \sum_{j=1}^{N} q_{g_j} - \delta \sum_{i=1}^{M} q_{h_i} \right] \perp \varpi \geqslant 0 \end{cases} \quad (6-8)$$

利用 Matlab2014a 求解器，对设置消纳配额比例的固定上网电价模式均衡求解，可得到：

$$w_{h_i}^* = q_{h_i}^* = \frac{\delta c - (N+\delta)(v_h + k_h) + N(v_g + k_g/e_j) - N\varpi}{d(N+\delta)} \quad (6-9)$$

$$E\left[\int_0^{w_{g_j}} \varphi(x)\,dx \right] = q_{g_j}^* = \frac{\delta c + \delta(v_g + k_g/e_j) + \delta\varpi}{d(N+\delta)} \quad (6-10)$$

$$Mq_{h_i}^* + Nq_{g_j}^* = \frac{(M+N)\delta c - M(N+\delta)(v_h + k_h) + N(M-\delta)(v_g + k_g/e_j) - N(M-\delta)\varpi}{d(N+\delta)}$$

$$(6-11)$$

由式（6-10）可知，绿色能源电力投资装机容量同时与 ϖ 和 δ 正相关，随着补贴与配额增加而增加。

三、优化效果模拟仿真

（一）数据与参数赋值

2018 年底，中国电力装机 18.995 亿千瓦，煤电装机 11.437 亿千瓦，鉴于目前中国水电已实现平价上网，不再执行固定上网电价规制，为不失一般性，绿色能源装机为风电、光伏合计装机，为 3.589 亿千瓦。则 M：N＝3.2：1.0。按郭炜煜和赵新刚（2016）测算的我国电力消费弹性系数为 0.99，国家能源局 2018 年全国电力价格监管报告平均上网电价为 373 元/

千千瓦时，2018 年我国全社会用电量为 68.5×10^8 千千瓦时。可计算得到
参数 $d = 5.5 \times 10^{-8}$，$c = 750$。参数赋值如表 6-2 所示。

表 6-2 参数选取及赋值情况

参数	M	N	$v_h + k_g$	$v_g + k_g$	c	d	δ
基准值	3.2	1	265	500	750	5.5×10^{-8}	(5，50%]

基于上述数据与参数，利用 Matlab2014a 软件进行模拟仿真，设定中
国绿色能源电力投资装机容量配额指标在 5%~50%，分析固定上网电价
规制与设置消纳配额比例的固定上网电价模式对绿色能源电力投资的
影响。

(二) 对绿色能源电力投资装机容量的影响

由图 6-1 可知，在固定上网电价规制下，对绿色能源电力投资装机
的影响为恒定值，与中国实行的绿色能源电力优先上网、保障性收购政策
相一致。

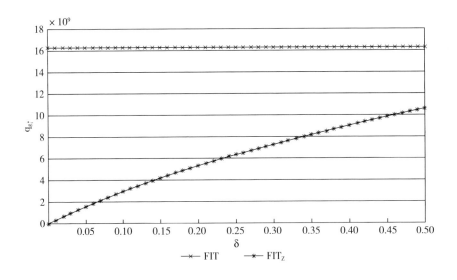

图 6-1 FIT 与 FIT$_Z$ 对绿色能源电力投资装机容量的影响

在设置消纳配额比例的固定上网电价规制模式下，随着政府设定的绿色能源电力发展装机容量比例增加，绿色能源电力投资装机容量也随之增加，政府可以通过调整δ的比例，实现绿色能源电力发展目标。此种规制模式相比固定上网电价规制，能有效控制绿色能源电力装机容量投资，对产能形成约束，同时控制绿色能源电力的补贴资金总额，避免造成财政负担过重。

四、基于结果的进一步讨论

　　分别对中国绿色能源电力实行固定上网电价规制、设置消纳配额比例的固定上网电价规制，分析两种电价规制对于绿色能源电力装机容量投资影响的模拟仿真发现，固定上网电价规制对绿色能源电力投资装机的影响为高强度的恒定值，始终保持较大的激励。而在设置消纳配额比例的固定上网电价模式下，在市场化条件中设置了绿色能源电力发展装机容量指标，可以通过调节指标比例，有效控制绿色能源电力投资装机容量增长，相比固定上网电价规制能对产能形成有效约束，防止配置无效。

　　中国目前推行的固定上网电价规制，规制者难以准确、及时地观测到绿色能源电力成本变化，导致补贴调整滞后于绿色能源电力成本变化。绿色能源电力生产商会为追求利润最大化，在规制者调整补贴额度前，迅速扩大投资规模，使绿色能源电力实际发展超出规制者规划发展目标，造成配置失效，并加剧财政负担，同时不利于绿色能源电力产业升级。最终导致规制政策不具有稳定性，与规制者制定的规制目标背离。

　　设置消纳配额比例的固定上网电价规制模式下，由于规制者设定了绿色能源电力投资容量配额，在配额目标内给予补贴，之外不再获得补贴。一方面可以对财政补贴预算形成刚性约束；另一方面理性的绿色能源电力生产商生产目标为追求利润最大化。设置消纳配额比例的固定上网电价模式均衡投资容量为其利润最大化时的投资容量，使其不会背离均衡投资容量扩大生产规模，即均衡利润总大于非均衡利润。因此，绿色能源电力厂商永远不会偏离均衡状态，相比固定上网电价规制下能让电力市场更趋于稳定，规制政策更具有稳定性。同时政策中的稳定均衡也有利于监管机构预测电力市场的投资能力，容易实现规制者规制目标。因此，设置消纳配额比例的固定上网电价规制模式可以作为固定上网电价规制模式与配额制—绿色证书制度电价规制模式转型完成前的过渡模式，在建立有效强制配额制下绿证交易制度前，通过设置消纳配额比例的固定上网电价模式规制调整补贴总额，对产量形成约束并控制补贴总量，从而减轻政府财政负担。

第二节　绿色证书制度的市场化调适

前文分析了绿色能源配额制—绿色证书制度电价规制模式的作用机理，并在此基础上描述了中国绿色能源电力配额制与绿色证书制度发展现况及存在的问题，对从固定上网电价规制模式转型为配额制—绿色证书制度电价规制模式的效应进行了对比研究，并以中国数据进行了模拟仿真，结果表明两类模式的转型能加速实现绿色能源对煤电的有效替代，与电力市场化更相适应。

如何实现两类模式之间转型的衔接，确保转型成功就成为本节研究的核心内容。首先，基于演化博弈理论的思想，通过构建政府、绿色能源电力生产商与煤电生产商三方演化博弈模型，分别对政府强制配额下绿证交易机制与政府非强制配额下绿证交易机制中政府、绿色能源电力生产商与煤电生产商三方演化博弈策略选择进行分析，得到三方不同策略选择下的收益矩阵；以收益矩阵为基础进一步分析三方演化博弈的过程，寻找三方均衡并且稳定的策略选择，通过对三方各自复制动态方程的求解，得到三方演化博弈到达局部均衡的均衡点。

其次，对局部均衡点进行稳定性分析，利用 Ritzberger 的证明剔除不需要讨论的局部均衡策略，并求解局部均衡策略的雅克比矩阵特征值，通过特征值进一步判断三方演化博弈中局部均衡策略的渐进稳定性，进而获得三方演化稳定策略组合（ESS），分别在四种情景下对三方演化博弈中采取的稳定策略ESS进行讨论，验证中国现行自愿绿色证书制度难有成效的根源，验证配额制—绿色证书制度电价规制模式的有效性，并形成后续模拟仿真的理论分析基础。

最后，根据中国电力市场化及绿色发展实际，对三方演化博弈收益矩阵中的参数初始值给出赋值假设，运用Matlab2014a软件对政府、绿色能源电力生产商及煤电生产商不同初始状态下其策略选择的动态博弈进程进行仿真，根据结果进一步研究固定上网电价规制模式向配额制—绿色证书制度电价规制模式转型时，固定上网电价补贴如何退出能快速实现两类模式之间的成功转型，并分别对影响转型过程的主要参数政府配额指标、处罚力度进行讨论，得出两类模式间成功转型的衔接路径。

一、模型构建

Zhao等（2020）构建了两方演化博弈模型对RPS机制进行了分析研究，未对比强制与非强制配额下各方博弈情况。政府规制下的三方演化博弈分析方法已在环境规制研究领域运用，如初钊鹏和卞晨（2018）研究了政府规制下京津冀雾霾治理三方演化博弈，李健和薛程（2019）研究了政府规制下环境质量监管三方演化博弈。本书在此基础上构建电力市场中，政府、绿色能源电力生产商和煤电生产商三方演化博弈模型。

（一）模型变量

政府、绿色能源电力生产商和煤电生产商三方演化博弈模型变量及含义如表6-3所示。

表6-3　政府、绿色能源生产商与煤电生产商三方演化博弈模型变量

变量	定义
g	绿色能源电力生产商
h	煤电生产商

变量	定义
δ	政府强制绿色能源电力生产配额
Q_0	年度总发电量
ϖ	绿色能源电力度电补贴
F	政府对未完成绿色能源电力配额指标煤电厂商罚金
a	反供给函数斜率
b	反供给函数截距
π_i	绿色能源电力生产商收益
κ_i	煤电厂商收益
τ_i	政府收益
U	强制配额制下政府收益，包括实现环境目标、民众认可、公信力提升等收益
C	强制配额制政府消耗成本，包括监管成本等

（二）基本假设

假设1：政府、绿色能源电力生产商与煤电生产商作为模型博弈方，具有经济理性，三方博弈信息不完全对称，通过演化博弈不断试错最终达到均衡。

假设2：短期内，绿色能源电力投资难以完成。政府选择策略为｛严格执行强制配额制，对未完成配额的煤电生产商进行处罚；执行非强制配额｝；绿色能源电力生产商选择策略为｛认证并出售绿色证书；不认证绿色证书继续按固定上网电价获取补贴｝；煤电生产商选择策略为｛购买绿色证书，完成政府配额指标；不购买绿色证书接受政府处罚｝。

假设3：绿色证书有效期为1年，不存在投机行为。

假设4：绿色能源电力固定上网电价等于煤电上网电价与补贴之和。政府选择强制配额获得收益为：完成既定目标，获得公众认可带来的效用收益 U，成本为管理费用 C；绿色能源电力生产商选择出售时，获得收益为：$[a\delta Q_0 + b] Q_0 \delta$；绿色能源电力生产商选择不出售时，获得收益为补贴：$\varpi Q_0 \delta \alpha$；煤电生产商选择购买时，获得收益为：$-[a\delta Q_0 + b] Q_0 \delta$；煤电生产商选择不购买时，获得收益为：$-FQ_0\delta$。

假设 5：绿色能源电力生产商认证并出售绿色证书同时获得收益，不存在资金拖欠。绿色能源电力生产商选择不认证绿色证书，继续选择执行固定上网电价政策，高出煤电上网电价部分即补贴最终获得概率为 α。

假设 6：政府选择强制配额制概率为 $x(0<x<1)$，选择非强制配额制概率为 $1-x$；绿色能源电力生产商选择认证并出售绿色证书的概率为 y（$0<y<1$）；不认证绿色证书概率为 $1-y$；煤电生产商选择购买绿色证书概率为 $z(0<z<1)$，不购买绿色证书概率为 $1-z$。

（三）收益矩阵

假设绿证市场中，绿色证书的供给函数为 $P=aQ_0+b$，绿色证书的需求函数为 $Q=Q_0\delta$。基于上述，在政府分别选择强制配额和非强制配额策略下，绿色能源电力生产商、煤电生产商和政府的博弈策略选择可以构建得到不同情景下博弈收益矩阵，如表6-4所示。

表6-4 政府、绿色能源电力企业与煤电企业收益矩阵

博弈策略			政府、绿色能源电力生产商、煤电生产商
政府	绿色能源电力产商	煤电生产商	收益
强制配额	出售	购买	π_1，κ_1，τ_1
	出售	不购买	π_2，κ_2，τ_2
	不出售	购买	π_3，κ_3，τ_3
	不出售	不购买	π_4，κ_4，τ_4
非强制配额	出售	购买	π_5，κ_5，τ_5
	出售	不购买	π_6，κ_6，τ_6
	不出售	购买	π_7，κ_7，τ_7
	不出售	不购买	π_8，κ_8，τ_8

资料来源：笔者整理所得。

π，κ，τ 分别为绿色能源电力生产商、煤电生产商和政府在不同策略选择下的收益，各种策略选择下收益方程为：

$$\{\pi_1, \kappa_1, \tau_1\} = \{[a\delta Q_0 + b]Q_0\delta, -[a\delta Q_0 + b]Q_0\delta, U-C\} \tag{6-12}$$

$$\{\pi_2, \kappa_2, \tau_2\} = \{[a\delta Q_0 + b]Q_0\delta, -FQ_0\delta, U-C\} \tag{6-13}$$

$$\{\pi_3, \kappa_3, \tau_3\} = \{\varpi Q_0\delta\alpha, -[a\delta Q_0 + b]Q_0\delta, U-C\} \tag{6-14}$$

$$\{\pi_4, \kappa_4, \tau_4\} = \{\varpi Q_0\delta\alpha, -FQ_0\delta, U-C\} \tag{6-15}$$

$$\{\pi_5, \kappa_5, \tau_5\} = \{[a\delta Q_0 + b]Q_0\delta, -[a\delta Q_0 + b]Q_0\delta, 0\} \tag{6-16}$$

$$\{\pi_6, \kappa_6, \tau_6\} = \{[a\delta Q_0 + b]Q_0\delta, 0, 0\} \tag{6-17}$$

$$\{\pi_7, \kappa_7, \tau_7\} = \{\varpi Q_0\delta\alpha, -[a\delta Q_0 + b]Q_0\delta, 0\} \tag{6-18}$$

$$\{\pi_8, \kappa_8, \tau_8\} = \{\varpi Q_0\delta\alpha, 0, 0\} \tag{6-19}$$

二、三方演化博弈分析

政府、绿色能源电力生产商、煤电生产商三方进行演化博弈的过程不是静止不变的，而是各方在动态博弈过程中，不断摸索、调整策略的过程，在演化与动态中得到最优策略并实现均衡。

（一）演化博弈过程

政府、绿色能源电力生产商、煤电生产商为不同群体的演化博弈，为非对称博弈。

绿色能源电力生产商的复制动态方程为：

$$L = F(x) = \frac{dx}{dt} = x(\pi_s - \bar{\pi}) \tag{6-20}$$

绿色能源电力生产商"选择认证并出售绿色证书"和"不认证绿色证书"策略的期望效用 π_s、$\pi_{\bar{s}}$ 及种群效用 $\bar{\pi}$ 分别为：

$$\pi_s = yz\pi_1 + (1-y)z\pi_2 + y(1-z)\pi_5 + (1-y)(1-z)\pi_6 \tag{6-21}$$

$$\pi_{\bar{s}} = yz\pi_3 + (1-y)z\pi_4 + y(1-z)\pi_7 + (1-y)(1-z)\pi_8 \tag{6-22}$$

$$\bar{\pi} = x\pi_s + (1-x)\pi_{\bar{s}} \tag{6-23}$$

将式（6-21）、式（6-22）、式（6-23）代入式（6-20）得到：

$$L = F(x) = \frac{dx}{dt} = x(\pi_s - \bar{\pi}) = x(1-x)\{yz[(\pi_1 - \pi_3) - (\pi_5 - \pi_7)] + (\pi_5 - \pi_7)y +$$

$$[(\pi_2 - \pi_4) - (\pi_6 - \pi_8)]z(1-y) + (\pi_6 - \pi_8)(1-y)\} \tag{6-24}$$

煤电生产商的复制动态方程为：

$$H = F(y) = \frac{dy}{dt} = y(\kappa_g - \bar{\kappa}) \tag{6-25}$$

煤电生产商选择"购买绿色证书"和"不购买绿色证书"的期望效用 κ_g、$\kappa_{\bar{g}}$ 及种群效用 $\bar{\kappa}$ 分别为：

$$\kappa_g = xz\kappa_1 + z(1-x)\kappa_3 + (1-z)x\kappa_5 + (1-x)(1-z)\kappa_7 \tag{6-26}$$

$$\kappa_{\bar{g}} = xz\kappa_2 + z(1-x)\kappa_4 + (1-z)x\kappa_6 + (1-x)(1-z)\kappa_8 \tag{6-27}$$

$$\bar{\kappa} = y\kappa_g + (1-y)\kappa_{\bar{g}} \tag{6-28}$$

将式（6-26）、式（6-27）、式（6-28）代入式（6-25）中得到：

$$H = F(y) = \frac{dy}{dt} = y(\kappa_g - \bar{\kappa}) = y(1-y)\{xz[(\kappa_1-\kappa_2)-(\kappa_5-\kappa_6)] + (\kappa_5-\kappa_6)x +$$

$$[(\kappa_3-\kappa_4)-(\kappa_7-\kappa_8)]z(1-x) + (\kappa_7-\kappa_8)(1-x)\} \tag{6-29}$$

政府的复制动态方程为：

$$G = F(z) = \frac{dz}{dt} = z(\tau_q - \bar{\tau}) \tag{6-30}$$

政府选择购买"强制配额制"和"非强制配额制"的期望效用 τ_q、$\tau_{\bar{q}}$ 及种群效用 $\bar{\tau}$ 分别为：

$$\tau_q = xy\tau_1 + x(1-y)\tau_2 + (1-x)y\tau_3 + (1-x)(1-y)\tau_4 \tag{6-31}$$

$$\tau_{\bar{q}} = xy\tau_5 + x(1-y)\tau_6 + (1-x)y\tau_7 + (1-x)(1-y)\tau_8 \tag{6-32}$$

$$\bar{\tau} = z\tau_g + (1-z)\tau_{\bar{g}} \tag{6-33}$$

将式（6-31）、式（6-32）、式（6-33）代入式（6-30）中得到：

$$Z = F(z) = \frac{dz}{dt} = z(\tau_q - \bar{\tau})z(1-z)\{xy[(\tau_1-\tau_5)-(\tau_3-\tau_7)] + (\tau_3-\tau_7)y +$$

$$[(\tau_2-\tau_6)-(\tau_4-\tau_8)]x(1-y) + (\tau_4-\tau_8)(1-y)\} \tag{6-34}$$

当 $F(x) = \frac{dx}{dt} = 0$、$F(y) = \frac{dy}{dt} = 0$ 及 $F(z) = \frac{dz}{dt} = 0$ 即博弈三方的学习速度为 0 时，演化博弈到达局部均衡。局部均衡点为：$H_1(0, 0, 0)$、$H_2(0, 0, 1)$、$H_3(0, 1, 0)$、$H_4(1, 0, 0)$、$H_5(1, 1, 0)$、$H_6(1, 0, 1)$、$H_7(0, 1, 1)$ 和 $H_8(1, 1, 1)$。

求解式（6-35）方程组可得（x^*，y^*，z^*），为政府、绿色能源电力生产商及煤电生产商三方演化博弈中可能存在的局部均衡点。

$$yz[(\pi_1-\pi_3)-(\pi_5-\pi_7)]+(\pi_5-\pi_7)y+[(\pi_2-\pi_4)-(\pi_6-\pi_8)z(1-y)+(\pi_6-\pi_8)(1-y)]=0$$

$$xz[(\kappa_1-\kappa_2)-(\kappa_5-\kappa_6)]+(\kappa_5-\kappa_6)x+[(\kappa_3-\kappa_4)-(\kappa_7-\kappa_8)z(1-x)+(\kappa_7-\kappa_8)(1-x)]=0$$

$$xy[(\tau_1-\tau_5)-(\tau_3-\tau_7)]+(\tau_3-\tau_7)y+[(\tau_2-\tau_6)-(\tau_4-\tau_8)x(1-y)+(\tau_4-\tau_8)(1-y)]=0 \tag{6-35}$$

（二）均衡点稳定性分析

在多方演化博弈中，根据 Ritzberger[1] 的证明，渐进稳定状态与演化稳定策略组合（ESS）互为充要条件。所以，政府、绿色能源电力生产商及煤电生产商三方演化博弈中的演化稳定策略组合仅存在于 $H_1(0,0,0)$、$H_2(0,0,1)$、$H_3(0,1,0)$、$H_4(1,0,0)$、$H_5(1,1,0)$、$H_6(1,0,1)$、$H_7(0,1,1)$ 和 $H_8(1,1,1)$ 中，不需要讨论（x^*，y^*，z^*）情况。

借鉴许玲燕等（2017）、初钊鹏和卞晨（2018）研究雾霾治理环境规制多方演化博弈分析，根据李亚普洛夫稳定性理论，利用雅克比矩阵的特征值判断三方演化博弈中局部均衡点的渐进稳定性，进而验证演化稳定策略组合（ESS）。可以得到政府、绿色能源电力生产商及煤电生产商三方演化博弈系统的雅克比（Jacobin）矩阵：

$$J=\begin{bmatrix} J_{11} & J_{12} & J_{13} \\ J_{21} & J_{22} & J_{23} \\ J_{31} & J_{32} & J_{33} \end{bmatrix} = \begin{bmatrix} \dfrac{\partial L}{\partial x} & \dfrac{\partial L}{\partial y} & \dfrac{\partial L}{\partial z} \\[2mm] \dfrac{\partial H}{\partial x} & \dfrac{\partial H}{\partial y} & \dfrac{\partial H}{\partial z} \\[2mm] \dfrac{\partial G}{\partial x} & \dfrac{\partial G}{\partial y} & \dfrac{\partial G}{\partial z} \end{bmatrix} \tag{6-36}$$

---

[1] Ritzberger 在 1996 年证明了多方演化博弈中，当且仅当策略组合是严格纳什均衡，则策略组合在多方演化博弈的动态复制系统中是渐进稳定的。

由式（6-36）分别对绿色能源电力生产商、煤电厂商及政府三方演化博弈动力方程求偏导得到：

$$\frac{\partial L}{\partial x} = (1-2x)\{yz[(\pi_1-\pi_3)-(\pi_5-\pi_7)]+(\pi_5-\pi_7)y+[(\pi_2-\pi_4)-(\pi_6-\pi_8)]z(1-y)+(\pi_6-\pi_8)(1-y)\}$$
(6-37)

$$\frac{\partial L}{\partial y} = (x-x^2)\{z[(\pi_1-\pi_3)-(\pi_5-\pi_7)]+(\pi_5-\pi_7)-[(\pi_2-\pi_4)-(\pi_6-\pi_8)]z-(\pi_6-\pi_8)\}$$
(6-38)

$$\frac{\partial L}{\partial z} = (x-x^2)\{y[(\pi_1-\pi_3)-(\pi_5-\pi_7)]+[(\pi_2-\pi_4)-(\pi_6-\pi_8)](1-y)\}$$
(6-39)

$$\frac{\partial H}{\partial x} = y(1-y)\{z[(\kappa_1-\kappa_2)-(\kappa_5-\kappa_6)]+(\kappa_5-\kappa_6)-[(\kappa_3-\kappa_4)-(\kappa_7-\kappa_8)]z-(\kappa_7-\kappa_8)\}$$
(6-40)

$$\frac{\partial H}{\partial y} = (1-2y)\{xz[(\kappa_1-\kappa_2)-(\kappa_5-\kappa_6)]+(\kappa_5-\kappa_6)x+[(\kappa_3-\kappa_4)-(\kappa_7-\kappa_8)]z(1-x)+(\kappa_7-\kappa_8)(1-x)\}$$
(6-41)

$$\frac{\partial H}{\partial z} = y(1-y)\{x[(\kappa_1-\kappa_2)-(\kappa_5-\kappa_6)]+[(\kappa_3-\kappa_4)-(\kappa_7-\kappa_8)](1-x)\}$$
(6-42)

$$\frac{\partial G}{\partial x} = z(1-z)\{y[(\tau_1-\tau_5)-(\tau_3-\tau_7)]+[(\tau_2-\tau_6)-(\tau_4-\tau_8)](1-y)\}$$
(6-43)

$$\frac{\partial G}{\partial y} = z(1-z)\{x[(\tau_1-\tau_5)-(\tau_3-\tau_7)]+(\tau_3-\tau_7)-[(\tau_2-\tau_6)-(\tau_4-\tau_8)]x-(\tau_4-\tau_8)\}$$
(6-44)

$$\frac{\partial G}{\partial z} = (1-2z)\{xy[(\tau_1-\tau_5)-(\tau_3-\tau_7)]+(\tau_3-\tau_7)y+[(\tau_2-\tau_6)-(\tau_4-\tau_8)]x(1-y)+(\tau_4-\tau_8)(1-y)\}$$
(6-45)

根据李亚普诺夫稳定性条件：当雅克比矩阵全部特征值 $\lambda<0$，局部均

衡点渐进稳定，此时均衡点为汇；当雅克比矩阵有一个特征值 λ<0，局部均衡点不稳定，均衡点为源；当雅克比矩阵特征值 λ 为一负两正或一正两负时，局部均衡点不稳定，为鞍点。因此，由式(6-37)至式(6-45)分别求得 $H_1(0,0,0)$、$H_2(1,0,0)$、$H_3(0,1,0)$、$H_4(0,0,1)$、$H_5(1,1,0)$、$H_6(1,0,1)$、$H_7(0,1,1)$ 和 $H_8(1,1,1)$ 局部均衡点雅克比矩阵特征值。

1. 局部均衡点 $H_1(0,0,0)$ 稳定性分析

$H_1(0,0,0)$ 雅克比矩阵为：

$$J_1=\begin{bmatrix} \pi_6-\pi_8 & 0 & 0 \\ 0 & \kappa_7-\kappa_8 & 0 \\ 0 & 0 & \tau_4-\tau_8 \end{bmatrix} \tag{6-46}$$

雅克比矩阵特征值为：$\lambda_1=\pi_6-\pi_8$，$\lambda_2=\kappa_7-\kappa_8$，$\lambda_3=\tau_4-\tau_8$。$H_1(0,0,0)$ 要渐进稳定则必须：

$$\lambda_1=\pi_6-\pi_8<0 \quad \pi_6<\pi_8$$
$$\lambda_2=\kappa_7-\kappa_8<0 \quad \kappa_2<\kappa_8$$
$$\lambda_3=\tau_4-\tau_8<0 \quad \tau_4<\tau_8 \tag{6-47}$$

2. 局部均衡点 $H_2(1,0,0)$ 稳定性分析

$H_2(1,0,0)$ 雅克比矩阵为：

$$J_2=\begin{bmatrix} \pi_8-\pi_6 & 0 & 0 \\ 0 & \kappa_5-\kappa_6 & 0 \\ 0 & 0 & \tau_2-\tau_6 \end{bmatrix} \tag{6-48}$$

雅克比矩阵特征值为：$\lambda_1=\pi_8-\pi_6$，$\lambda_2=\kappa_5-\kappa_6$，$\lambda_3=\tau_2-\tau_6$。$H_2(1,0,0)$ 要渐进稳定则必须：

$$\lambda_1=\pi_8-\pi_6<0 \quad \pi_8<\pi_6$$
$$\lambda_2=\kappa_5-\kappa_6<0 \quad \kappa_5<\kappa_6$$
$$\lambda_3=\tau_2-\tau_6<0 \quad \tau_2<\tau_6 \tag{6-49}$$

3. 局部均衡点 $H_3(0,1,0)$ 稳定性分析

$H_3(0,1,0)$ 雅克比矩阵为：

$$J_3 = \begin{bmatrix} \pi_5-\pi_7 & 0 & 0 \\ 0 & \kappa_8-\kappa_7 & 0 \\ 0 & 0 & \tau_3-\tau_7 \end{bmatrix} \qquad (6-50)$$

$$\lambda_1 = \pi_5-\pi_7 < 0 \quad \pi_5 < \pi_7$$

$$\lambda_2 = \kappa_8-\kappa_7 < 0 \quad \kappa_8 < \kappa_7$$

$$\lambda_3 = \tau_3-\tau_7 < 0 \quad \tau_3 < \tau_7 \qquad (6-51)$$

同理可以得到 $H_4 \sim H_8$ 的特征根如表6-5所示。

表6-5　各局部均衡点雅克比矩阵特征值

局部均衡点	λ_1	λ_2	λ_3
H_1 (0, 0, 0)	$\pi_6-\pi_8$	$\kappa_7-\kappa_8$	$\tau_4-\tau_8$
H_2 (1, 0, 0)	$\pi_8-\pi_6$	$\kappa_5-\kappa_6$	$\tau_2-\tau_6$
H_3 (0, 1, 0)	$\pi_5-\pi_7$	$\kappa_8-\kappa_7$	$\tau_3-\tau_7$
H_4 (0, 0, 1)	$\pi_2-\pi_4$	$\kappa_3-\kappa_4$	$\tau_8-\tau_4$
H_5 (1, 1, 0)	$\pi_7-\pi_5$	$\kappa_6-\kappa_5$	$\tau_1-\tau_5$
H_6 (1, 0, 1)	$\pi_4-\pi_2$	$\kappa_1-\kappa_2$	$\tau_6-\tau_2$
H_7 (0, 1, 1)	$\pi_1-\pi_3$	$\kappa_4-\kappa_3$	$\tau_7-\tau_3$
H_8 (1, 1, 1)	$\pi_3-\pi_1$	$\kappa_2-\kappa_1$	$\tau_5-\tau_1$

资料来源：笔者计算整理。

为了便于分析不同局部均衡点对应的雅克比矩阵特征值正负号，并不失一般性，假设 $U-C>0$，即政府在推行强制配额制时获得净收益为正。由于模型中涉及变量、参数众多且复杂，下面分别在四种情景下对三方演化博弈中采取的稳定策略 ESS 进行讨论。

情景1：当 $a\delta Q_0+b > \varpi\alpha$ 且 $a\delta Q_0+b < F$，即绿色证书市场价格高于绿色能源电力度电补贴，强制配额罚金大于绿色证书市场价格，政府实行强制配额，绿色能源电力生产商选择认证并出售绿色能源电力，煤电生产商选择在绿证市场购买绿证以满足强制配额指标，对应演化博弈动态复制系统局部均衡点为 H_8 (1, 1, 1)。由表6-5可知，该均衡点对应的雅克比矩阵的特征值均为负，该均衡点为渐进稳定，即为 ESS，策略行为为（绿色能

源电力生产商认证并出售绿色证书，煤电生产商购买绿色证书，政府实行
强制配额制）。而在情景 1 下，H_1（0，0，0）、H_2（1，0，0）、H_3（0，
1，0）、H_4（0，0，1）、H_5（1，1，0）、H_6（1，0，1）、H_7（0，1，1）
局部均衡点的三方策略选择不能实现渐进稳定，即为非 ESS 策略组合。

情景 2：当 $a\delta Q_0 + b < \varpi\alpha$ 且 $a\delta Q_0 + b < F$，即绿证市场价格低于绿色能源
电力度电补贴，未完成强制配额罚金大于绿色证书市场价格，在政府实行
强制配额下，由于绿色能源固定上网电价规制对绿色能源的补贴高于绿证
价格，理性的绿色能源生产商追求利润最大化，会选择不认证绿色证书，
并且不会在绿证市场出售绿证。同时，由于政府对未完成绿色能源电力配
额指标的罚款高于绿证价格，需要绿色能源电力配额指标的煤电生产商会
选择在绿证市场购买绿证以满足配额要求，对应的演化博弈动态复制系统
局部均衡点为 H_7（0，1，1）。由表 6-5 可知，其对应的雅克比矩阵的特
征值均为负，为渐进稳定，即为 ESS，策略行为为（绿色能源电力生产商
不认证绿证，煤电生产商购买绿证，政府实行强制配额制），三方未形成
一致的策略选择，绿证交易失败。在情景 2 下，H_1（0，0，0）、H_2（1，
0，0）、H_3（0，1，0）、H_4（0，0，1）、H_5（1，1，0）、H_6（1，0，1）、
H_8（1，1，1）局部均衡点的三方策略选择不能实现渐进稳定，即为非
ESS 策略组合。

情景 3：当 $a\delta Q_0 + b < \varpi\alpha$ 且 $a\delta Q_0 + b > F$，即绿证价格低于绿色能源度电
补贴，强制配额罚金小于绿色证书市场价格，绿色能源电力生产商会选择
继续执行固定上网电价规制模式，拒绝参与绿证交易，煤电生产商由于绿
证价格过高，宁愿接受政府处罚，也不会购买绿证。对应的演化博弈动态
复制系统局部均衡点为 H_4（0，0，1）。由表 6-5 可知，其对应雅克比矩
阵的特征值均为负，为渐进稳定，也满足渐进稳定状态与演化稳定策略组
合条件，为 ESS，策略行为为（绿色能源电力生产商不认证绿证，煤电生
产商不购买绿证并接受罚款，政府实行强制配额制），不能使演化博弈三
方形成有利于绿证成交的策略选择，绿证交易失败。在情景 3 下，H_1（0，
0，0）、H_2（1，0，0）、H_3（0，1，0）、H_5（1，1，0）、H_6（1，0，1）、

H_7（0，1，1）、H_8（1，1，1）局部均衡点的三方策略选择不能实现渐进稳定，即为非 ESS 策略组合。

情景4：当 $a\delta Q_0+b>\varpi\alpha$ 且 $a\delta Q_0+b>F$，即绿色证书市场价格高于绿色能源电力度电补贴，强制配额罚金小于绿色证书市场价格，受绿色证书市场较高价格信号引导，绿色能源电力生产商为追求更大收益，会选择放弃继续享受固定上网电价规制的价格补贴，选择认证并出售绿证。但强制配额指标的惩罚强度不足以让煤电生产商也选择在绿证市场购买绿证，其会选择接受政府处罚。对应的演化博弈动态复制系统局部均衡点为 H_6（1，0，1）。由表6-6可知，其对应雅克比矩阵的特征值为负，为渐进稳定，即为 ESS。策略行为为（绿色能源电力生产商认证并出售绿色证书，煤电生产商不购买绿色证书并接受罚款，政府实行强制配额制）也不能使演化博弈三方形成有利于绿证成交的策略选择，绿证交易失败。在情景4下，H_1（0，0，0）、H_2（1，0，0）、H_3（0，1，0）、H_4（0，0，1）、H_5（1，1，0）、H_7（0，1，1）、H_8（1，1，1）局部均衡点的三方策略选择不能实现渐进稳定，即为非 ESS 策略组合。综上所述，情景1至情景4中，局部均衡点稳定性如表6-6所示。

表6-6 局部均衡点稳定性（情景1、情景2、情景3、情景4）

均衡点	情景1				情景2				情景3				情景4			
	λ_1	λ_2	λ_3	稳定性	λ_1	λ_2	λ_3	稳定性	λ_1	λ_2	λ_3	稳定性	λ_1	λ_2	λ_3	稳定性
H_1（0，0，0）	+	−	+	鞍点	−	−	+	鞍点	−	−	+	鞍点	+	−	+	鞍点
H_2（1，0，0）	−	−	+	鞍点	+	−	+	鞍点	+	−	+	鞍点	+	−	+	鞍点
H_3（0，1，0）	+	+	+	非稳定点	−	−	+	鞍点	−	−	+	鞍点	+	+	+	非稳定点
H_4（0，0，1）	+	+	−	鞍点	−	−	−	鞍点	−	−	−	ESS	+	+	−	鞍点
H_5（1，1，0）	−	+	+	鞍点	+	+	+	非稳定点	+	+	−	非稳定点	−	+	+	鞍点
H_6（1，0，1）	−	+	−	鞍点	+	+	−	鞍点	+	+	−	鞍点	−	−	−	ESS
H_7（0，1，1）	+	−	−	鞍点	−	−	−	ESS	−	−	−	鞍点	−	−	−	鞍点
H_8（1，1，1）	−	−	−	ESS	+	+	−	鞍点	+	+	−	鞍点	−	+	−	鞍点

资料来源：笔者计算整理。

结合情景 1 至情景 4，在政府、绿色能源电力生产商和煤电生产商三方演化博弈中，当 $a\delta Q_0+b<\varpi\alpha$ 且 $a\delta Q_0+b<F$ 或 $a\delta Q_0+b<\varpi\alpha$ 且 $a\delta Q_0+b>F$ 或 $a\delta Q_0+b>\varpi\alpha$ 且 $a\delta Q_0+b>F$ 时，渐进稳定的局部均衡点分别为 H_7（0，1，1）、H_4（0，0，1）、H_6（1，0，1），绿色证书交易失败。只有同时满足 $a\delta Q_0+b>\varpi\alpha$ 且 $a\delta Q_0+b<F$ 时，局部均衡点 H_8（1，1，1）为渐进稳定，即三方 ESS（绿色能源电力生产商认证并交易绿色证书，煤电生产商购买绿色证书，政府实行强制配额制），绿色证书交易成功。从而验证了中国现行自愿绿色证书制度难有成效的根本原因，也为中国配额制与绿色证书交易制度规制政策优化奠定了理论基础。下一节将根据中国电力现况模拟仿真主要参数对规制政策效果的影响。

三、模式转型衔接路径模拟仿真

根据中国电力市场化及绿色发展实际，对政府、绿色能源电力生产商及煤电生产商三方演化博弈收益矩阵中的参数初始值给出赋值假设，运用 Matlab2014a 软件对政府、绿色能源电力生产商及煤电生产商不同初始状态下其策略选择的动态博弈进程进行仿真，根据仿真结果分别对影响规制效果的主要参数政府补贴、处罚力度、配额进行讨论，由于篇幅有限，Matlab 软件模拟仿真程序代码详见附录 A。

（一）数据选取与参数赋值

2018 年，中国电力总发电量为 6.99×10^9 千千瓦时，非水绿色能源电力占比为 7.77%。对增量风电、光伏发电近年内将实现平价上网即与煤电执行相同电价，不再给予补贴。存量绿色能源电力尤其风电、光伏发电均与煤电上网电价存在价差即通过绿色能源基金给予补贴。参数数值设定如表 6-7 所示。

表 6-7　参数数值设定

参数	赋值	参数	赋值
δ_0	7.77%	δ_{20}	20%

续表

参数	赋值	参数	赋值
Q_0	6.99×10^9 千千瓦时	F	1.5P
ϖ	227 元/千千瓦时	t	20
x_0、y_0、z_0	0.5	α	1

表 6-7 中，ϖ 值综合 2016~2018 年国网能源研究报告，煤电厂商平均上网电价为 273 元/千千瓦时，绿色能源电力厂商平均上网电价约为 500 元/千千瓦时，予以确定为 227 元/千千瓦时。模拟仿真 2018~2038 年共计 20 年，步长为 1 年。2030 年非水绿色能源电力配额为 20%，发电量年增长率为 2.3%。参考 Bergek 和 Jacobsson（2010）绿色证书供给弹性为 0.8。

（二）三方演化博弈策略模拟

1. 情景 1：当 $a\delta Q+b>\varpi\alpha$ 且 $a\delta Q+b<F$

情景 1 中绿色证书市场价格高于绿色能源电力度电补贴，强制配额罚金大于绿色证书市场价格，政府、绿色能源电力生产商、煤电生产商三方演化博弈策略模拟情况如图 6-2 所示。

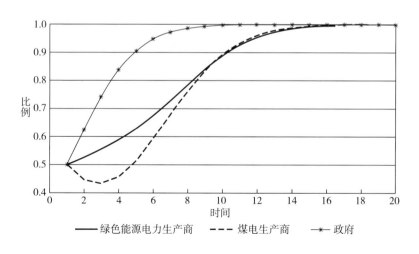

图 6-2 情景 1 三方演化稳定均衡 H_8（1, 1, 1）

由图 6-2 可知，在情景 1 时，政府、绿色能源电力生产商和煤电生产商均逐渐收敛于 1，三方演化均衡稳定于 H_8（1，1，1），政府选择执行强制配额、绿色能源电力生产商选择认证并出售绿色证书、煤电厂商选择购买绿色证书，绿色证书交易成功。

2. 情景 2：当 $a\delta Q_0+b<\varpi\alpha$ 且 $a\delta Q_0+b<F$

情景 2 中绿证市场价格低于绿色能源电力度电补贴，未完成强制配额罚金大于绿色证书市场价格，政府、绿色能源电力生产商、煤电生产商三方演化博弈策略模拟情况如图 6-3 所示。

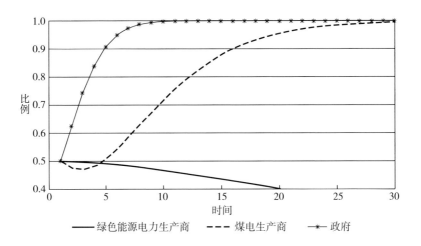

图 6-3　情景 2 三方演化稳定均衡 H_7（0，1，1）

由图 6-3 可知，在情景 2 时，政府、煤电生产商均逐渐收敛于 1，但绿色能源电力生产商收敛于 0，拒绝进行绿证交易。三方演化均衡稳定于 H_7（0，1，1），政府选择执行强制配额、煤电厂商选择购买绿色证书，绿色能源电力生产商选择不认证绿色证书，绿色证书交易失败。

3. 情景 3：当 $a\delta Q_0+b<\varpi\alpha$ 且 $a\delta Q_0+b>F$

情景 3 中绿证价格低于绿色能源度电补贴，强制配额罚金小于绿色证书市场价格，政府、绿色能源电力生产商、煤电生产商三方演化博弈策略模拟情况如图 6-4 所示。

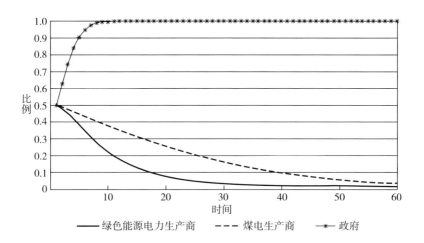

图 6-4　情景 3 三方演化稳定均衡 H_4（0，0，1）

由图 6-4 可知，在情景 3 时，政府收敛于 1，但绿色能源电力生产商、煤电厂商逐渐收敛于 0，拒绝进行绿证交易。三方演化均衡稳定于 H_4（0，0，1），政府选择执行强制配额、煤电厂商选择购买绿色证书，绿色能源电力生产商选择不认证绿色证书，绿色证书交易失败。

4. 情景 4：当 $a\delta Q_0 + b > \varpi\alpha$ 且 $a\delta Q_0 + b > F$

情景 4 中绿色证书市场价格高于绿色能源电力度电补贴，强制配额罚金小于绿色证书市场价格，政府、绿色能源电力生产商、煤电生产商三方演化博弈策略模拟情况如图 6-5 所示。

由图 6-5 可知，在情景 4 时，政府、绿色能源电力生产商收敛于 1，但煤电产商收敛于 0，拒绝购买绿色证书。三方演化均衡稳定于 H_6（1，0，1），政府选择执行强制配额、绿色能源电力生产商认证并出售绿色证书，煤电厂商选择不购买绿色证书，绿色证书交易失败。

综上所述，对中国强制配额与非强制配额下政府、绿色能源电力生产商与煤电生产商局部均衡策略进一步进行了均衡稳定性模拟仿真，仿真结

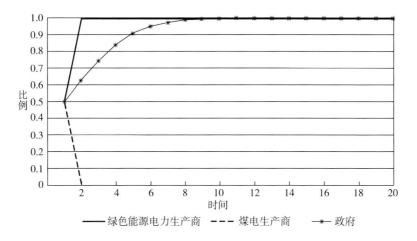

图 6-5 情景 4 三方演化稳定均衡 H_6（1，0，1）

果验证了第二节三方演化博弈分析的结论。同时，为使绿证交易成为厂商共同策略，政府必须科学制定 RPS 与 TGC 主要参数，避免出现情景 2 至情景 4，从而实现情景 1。下文将在情景 1 下分析讨论补贴、配额和处罚力度对强制配额下的绿色证书交易的影响。

（三）补贴对绿色证书交易的影响

本节将分析中国存量绿色能源电力固定上网电价规制补贴退出并向配额制—绿色证书制度电价规制过渡衔接的问题。

在情景 1 情况下，即最终实现 H_8（1，1，1）均衡且稳定，讨论不同补贴退出模式对演化博弈方绿色证书交易的影响。设计四种补贴退出方式：第一种方式补贴均匀下降；第二种方式补贴下降先慢后快；第三种方式补贴下降先快后慢；第四种方式补贴阶梯下降。分别对比补贴不同退出模式对绿色能源电力生产商、煤电厂商绿色证书交易趋于均衡稳定的影响，进而提出中国绿色能源电力从固定上网电价规制向配额制—绿色证书制度电价规制过渡的政策优化方案。四种不同补贴退出方式对绿色证书交易影响的模拟仿真如图 6-6 所示。

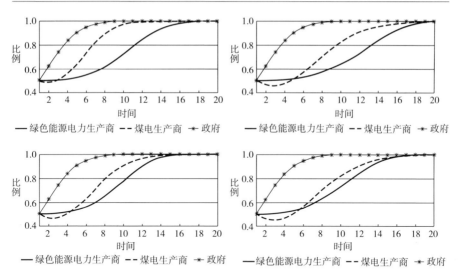

图6-6　补贴不同退出方式对绿色证书交易的影响

由图6-6可知，在第一种方式下，煤电厂商在14期处于均衡稳定，绿色能源电力生产商在19期处于均衡稳定，煤电、绿色能源电力生产商未同步处于绿色证书交易策略，不利于绿色证书达成交易。在第二种方式下，即补贴先慢后快退出方式，煤电厂商、绿色能源电力生产商在20期几乎同步处于均衡稳定，有利于绿色证书达成交易，但均衡稳定需要时间较长。在第三种方式下，补贴先快后慢退出方式，煤电厂商、绿色能源电力生产商在15期就同时达到均衡稳定，实现了绿色证书交易的快速和高效。在第四种方式下，补贴阶梯式退出，煤电厂商、绿色能源电力生产商也在20期附近同步处于均衡稳定。因此，中国绿色能源电价规制在从固定上网电价规制向配额制—绿色证书制度电价规制转变进程中，选择第三种补贴退出方式即先快后慢的方式，有利于快速实现两者的过渡与转变。

（四）配额对绿色证书交易的影响

在情景1即有效的配额制—绿色证书制度电价规制情景下，对比讨论绿色能源电力发电量强制配额 δ 分别为10%、20%和30%时，绿色能源电力生产商、煤电生产商趋于均衡稳定的情况，进而分析配额指标对绿色证书交易的影响。三种不同配额比例对绿色证书交易影响的模拟仿真如图 6-7 所示。* 点曲线为绿色能源电力发电量配额比例 30%、o 点曲线为配额比例 20%、· 曲线为配额比例 10% 情景下，绿色能源电力生产商、煤电生产商绿色证书交易情况。

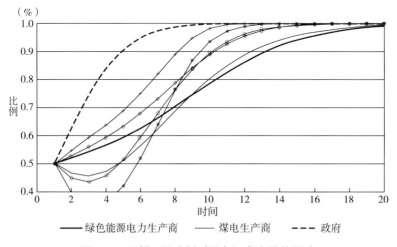

图 6-7　配额不同比例对绿色证书交易的影响

在 δ 为 10% 即低情景下，由图 6-7 可知，三方演化博弈形成稳定均衡策略需较长时间。δ 较低，在 TGC 市场中，绿证需求相对较低，绿证价格随之下降，绿证价格的变动（下降）会对煤电生产商产生购买激励，其交易绿证的策略概率会随之增大，同时，绿证价格上涨信号会使绿色能源生产商对交易绿证的激励减弱，其交易绿证的策略概率会随之下降，煤电生产商曲线斜率更大，双方在形成共同的稳定均衡策略前相交，交点之前煤电生产商购买绿证概率小于绿色能源电力生产商出售绿证概率，交点之后反之，使完成绿证交易的时间延长。

δ 为 30% 时，三方演化博弈形成稳定均衡策略也需较长时间，并且绿色能源电力生产商达到均衡稳定时间远早于煤电生产商，不利于绿证成交。当 δ 较高，在绿色证书交易市场中，绿证需求增加，绿证价格随之上涨，绿证价格的变动（上涨）会对煤电生产商购买绿证产生抑制作用，其交易绿证的策略概率会随之降低，同时，绿证价格上涨信号会使绿色能源电力生产商对交易绿证的激励增强，其交易绿证的策略概率会随之上升，绿色能源电力生产商曲线斜率更大，双方在形成共同的稳定均衡策略前相交，交点之前煤电生产商购买绿证概率大于绿色能源电力生产商出售绿证概率，交点之后反之，也会使完成绿证交易的时间延长。

配额比例为20%情景下，绿色能源电力生产商与煤电生产商于第9期实现策略趋同并一直向上一同达到均衡稳定状态，有利于博弈三方绿色证书交易成功。综上所述，较之基准情景，δ设置过低或过高都不利三方演化博弈中形成绿证交易的共同策略选择，既不利于绿证交易成功，也不利于绿色能源固定上网电价规制向配额制—绿色证书制度电价规制的转型。

（五）罚款对绿色证书交易的影响

在情景1即有效的 RPS 下 TGC 情景，对比讨论 F＝1.3P、F＝1.5P、F＝2P 时，对绿色能源电力生产商、煤电生产商及政府趋于均衡稳定即绿色证书交易的影响。三种不同罚款对绿色证书交易影响的模拟仿真如图6-8所示。o点曲线为对未完成绿色证书购买指标的煤电生产商处罚 F＝2P，即高罚款情景；*点曲线为 F＝1.3P，即低罚款情景；·曲线为 F＝1.5P，即中罚款情景绿色能源电力生产商、煤电生产商绿色证书交易情况。

由图6-8可知，在低罚款情景下，三方演化博弈形成稳定均衡策略需较长时间。当 F 降低时，煤电厂商购买绿证概率变小，接受政府罚款概率变大，也会使绿色能源电力厂商绿证交易策略变动速率下降，但两者难以同步。因此，双方曲线斜率均较小，曲线较平缓，博弈各方形成共同交易策略的时间会推迟。

在高罚款情景下，煤电生产商策略行为演化实现均衡稳定所需时间较短，但远快于绿色能源电力生产商达到均衡稳定，双方不同步明显。当 F 提高时，煤电生产商接受政府罚款概率变小，其交易策略调整速率快速提高，曲线陡峭；而绿色能源电力生产商交易策略的调整速率明显慢于煤电生产商，时滞明显，博弈各方形成共同交易策略的时间也会推迟，一样不利于绿证的成功交易。

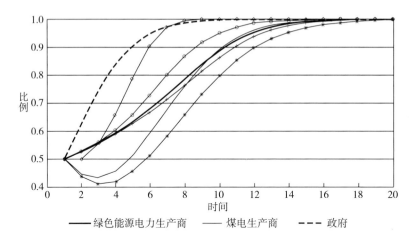

图 6-8　罚款不同强度对绿色证书交易的影响

在适中罚款情景下，绿色能源电力生产商与煤电生产商很快现实策略同步，并一同向均衡稳定策略演进，有助于三方演化博弈动态中实现共同策略选择，有助于绿证交易成功。较之适中罚款，罚款设定过低或过高都不利三方演化博弈中选择绿证交易这一共同策略，也不利于绿色能源电力固定上网电价规制向配额制—绿色证书制度电价规制的转型。

四、基于结果的进一步讨论

中国已实行固定上网电价规制模式的绿色能源电力有存量补贴的现况，且 2017 年试点的自愿绿色证书交易制度效果差强人意，为更好地研究中国目前的自愿绿证制度失效的原因以及如何制定行之有效的电价规制制度，前文首先基于演化博弈思想，在考虑绿色能源电力存量补贴情况下，构建了 RPS-TGC 与非强制配额下绿证交易制度的政府、绿色能源电力生产商与煤电生产商三方演化博弈模型，分别对两种价格规制制度下，博弈三方复制动态方程求解，找到 H_1（0，0，0）、H_8（1，1，1）等八个三方最优策略和局部均衡点。接着根据李亚普洛夫稳定性理论，利用雅克比矩阵的特征值判断政府、绿色能源电力生产商及煤电生产商三方演化博弈中局部均衡点的渐进稳定性，分别在四种情景下对上述八个三方演化博弈局部均衡点的渐进稳定性进行了讨论。研究发现，当博弈三方策略选择绿色能源电力生产商认证并交易绿色证书，煤电生产商购买绿色证书，政府实行强制配额制时，实现演化稳定策略组合（ESS），验证了配额制—绿色证书制度电价规制模式的有效性。同时验证了中国现行自愿绿色证书交易制度在三方演化博弈中，策略选择虽为局部均衡点但难以实现渐进稳定，也从理论上论证了该制度失效的根源。

在模拟仿真中，首先，根据中国电力市场及绿色电力发展实际，对政府、绿色能源电力生产商及煤电生产商三方演化博弈收益矩阵中的参数初始值给出赋值假设，运用 Matlab 软件对配额制—绿色证书制度电价规制与非强制配额下绿证交易制度的政府、绿色能源电力生产商与煤电生产商三方演化博弈模型进行模拟，仿真结果验证了理论分析的结论。

其次，为研究中国绿色能源电价规制模式从固定上网电价规制向配额制—绿色证书制度电价规制转变，基于三方 ESS，讨论了固定上网电价规制不同补贴退出模式对演化博弈方绿色证书交易的影响。设计了四种补贴退出方式：第一种方式补贴均匀下降；第二种方式补贴下降先慢后快；第三种方式补贴下降先快后慢；第四种方式补贴阶梯下降。研究发现，固定上网电价补贴先快后慢退出方式，煤电生产商、绿色能源电力生产商最快同时达到均衡稳定，实现了绿色证书交易的快速和高效。目前，中国对新增绿色能源电力包括风电、太阳能光伏发电固定上网电价补贴退出总体上采用先慢后快方式，本书研究显示，该方式下绿色证书达成交易实现均衡稳定需要时间较长。因此，改变固定上网电价退补方式，尤其对存量中仍享受补贴的绿色能源电力选择退补方式时，采取分阶段且前段退补率高于后段退补率的方式更有利于中国绿色能源电价规制模式从固定上网电价规制向配额制—绿色证书制度电价规制的过渡与转变。

最后，基于三方 ESS，分别讨论了不同配额、罚款情景下对演化博弈方绿色证书交易的影响。分别设置高、中、低三种配额、罚款情景，模拟仿真结果显示高、低配额情景下，双方形成交易的共同信念都需要较长时间，不利于绿色证书交易成功。配额比例适中情景下，绿色能源电力生产商与煤电生产商能较快实现策略趋同并一直向上一同达到均衡稳定状态，有利于博弈双方绿色证书交易成功。同样，在适中罚款情景下，绿色能源电力生产商与煤电生产商很快现实策略同步，并一同向均衡稳定策略演进，有利于形成共同信念，利于绿色证书交易成功。因此，对于中国配额制—绿色证书制度电价规制在主要参数配额比例与罚款力度设置时，过高或过低均不利于绿色能源配额制—绿色证书制度电价规制模式的实施，会阻碍固定上网电价规制模式向配额制—绿色证书制度电价规制模式的转型。本书认为，初期可将绿色能源配额设置为 20%、罚款标准设置为 1.5P 为宜。

第三节　可竞争电力市场构建的条件保障

　　第三章分析了绿色能源可竞争电力市场电价规制模式的作用机理，基于此讨论了中国绿色能源电价市场化现况，通过分析可知，在绿色能源中水电已具备与煤电市场化竞争的条件，可以直接向可竞争电力市场电价规制模式转型。风电、光伏发电成本仍高于煤电尚不具备与煤电完全市场化竞争的条件，需先向配额制—绿色证书制度电价规制模式转型，随着风电、光伏发电完成由固定上网电价规制模式向配额制—绿色证书制度电价规制模式的转型，将加速绿色能源电力对煤电的有效替代，未来中国绿色能源在电源结构中所占比例将不断增长，逐渐成为主要电力型式。这一过程伴随风电、光伏发电成本的快速下降，市场竞争力的不断提升，预计在"十四五"末期风电、光伏发电均能完全具备与煤电市场化竞争的条件。届时风电、光伏发电不再需要规制补贴，所实行的配额制—绿色证书制度电价规制模式会自动退出，这时不同于之前小比例的水电通过构建绿色能源可竞争双边电力市场实现向可竞争电价规制模式的转型，高比例的绿色能源电源结构向可竞争电力市场电价规制模式转型面临挑战，如何化解这一挑战是本节研究的焦点。

　　绿色能源电力相对煤电具有间歇性、预测发电量与实际发电量之间存在偏差，中长期电力市场化交易模式不利于绿色能源电力消纳，同时，将高比例绿色能源集成到电力系统中会增加可变性和不确定性，需要在更高水平灵活性下构建对需求和供应变化做出快速响应的电力市场，灵活性不仅反映了物理系统，更在于电力市场化机制的灵活适应性。因此，需要构建考虑需求侧响应的双边现货市场作为高比例绿色能源向可竞争的电价规制模式转型的衔接机制才能实现最终转型的成功。本节将设计考虑需求侧响应的现货市场双边交易模型对比分析优化效果，采用电力系统经典IEEE-39节点系统模型，利用清能云电力市场仿真系统构建高比例绿色能源电力系统拓扑结构，模拟仿真并验证需求侧响应的现货市场双边交易模型对实现高比例绿色能源向可竞争市场电价规制模式转型的实效性。

一、高比例绿色能源电价市场化面临的挑战

　　当绿色能源电力在电源结构中所占比例不断上升，高比例绿色能源电价市场化过程中，Roos 和 Bolkesjo（2018）指出，由于绿色能源电力相对煤电具有间歇性、预测发电量与实际发电量之间存在偏差，中长期电力市场化交易不利于绿色能源电力消纳。绿色能源电力取决于天气，风能在几个不同的时间尺度（每小时、每天或季节性）变化很大，在许多地方，夜间会产生更多的风能，在大风日，全电网发电出力严重富余；小风日，全网备用不足。太阳能只能在白天产生能量，同时一日内，中午光伏大发时段，发电出力富余，负荷高峰时段发电出力不足。在电力供应或需求方响应缺乏灵活性的情况下，只能以电网安全性（频率无序）或经济效率（减少风能和太阳能）为代价来维持发电和消耗的瞬时平衡。因此，将高比例绿色能源集成到电力系统中会增加可变性和不确定性，且需要更高水平的灵活性，需要构建对需求和供应的变化做出快速响应的电力市场，灵活性不仅反映了物理系统，更在于电力市场化机制的灵活适应性（Zhang 等，2018）。

二、需求侧响应的现货市场双边交易模型

由于可以提前一天准确预测出绿色能源的发电量，因此短期、灵活性强的电力交易模式更适合绿色能源发电特性，包括日间交易、日内交易和实时（也称为平衡）市场的现货交易有助于高比例绿色能源电价市场化推进，有利于向可竞争电力市场电价规制模式的转型。在电力市场中，发电时间表取决于需求曲线（电力买家提供的购买金额和价格）与供给曲线（电力卖家提供的销售金额和价格）之间相互作用的能源交易结果。尽管绿色能源具有较大的固定成本，但相对煤电没有燃料成本，其生产成本很低。因此，利用绿色能源在现货市场中边际成本优势，可以提供极具竞争力的报价并实现优先调度，同时使得竞争较弱的煤电必须尽可能减少产量。另外，建立实时电力市场有助于促进基于价格的需求方响应，例如，由于更高的风力输出和更低的电力负荷，夜间的电价趋于低于白天的电价，现货市场能有效引导电力终端用户在夜间消耗更多的电力，从而促进了风能的消耗。此外，实时市场也能促进储能技术的发展。从理论上讲，储能设施可以通过利用不同时间的价差进行套利，将有助于将高比例绿色能源产生的可变供应曲线与需求曲线拟合。

因此，构建短期包括日前市场与实时市场的电力现货市场并充分考虑用电侧及用户需求响应，通过现货市场显现绿色能源电力边际成本低于煤电的优势，发现其价格优势，并根据价格信号引导需求侧利用绿色能源电力发电特性及电力曲线调整用电时间及用电量，可以提供透明且不断更新的信息，是确定长期合同价格的基础，能有效推进高比例绿色能源电价市场化，实现向可竞争电力市场电价规制模式的转型。本节将构建现货市场双边交易模型，考虑电网安全调度约束下实行资源的优化配置。

（一）目标函数

假设煤电机组数量为 M，风电机组数量为 N，水电机组数量为 H，太阳能光伏机组数量为 S。以电力市场化作为目标约束，目标函数设定为资源配置最优化，即在保障电力系统安全约束前提下，实现成本最小化。

$$MinW = \sum_{t=1}^{T} \sum_{m=1}^{M} \left[Y_{fossil}(m, t) + Q_{fossil}(m, t) \right] + \sum_{t=1}^{T} \sum_{n=1}^{N} \left[Y_{wind}(n, t) + \right.$$

$$Q_{wind}(m, t) \left. \right] + \sum_{t=1}^{T} \sum_{h=1}^{H} \left[Y_{water}(h, t) + Q_{water}(h, t) \right]$$

$$+ \sum_{t=1}^{T} \sum_{s=1}^{S} \left[Y_{solar}(s, t) + Q_{solar}(s, t) \right] \tag{6-52}$$

其中，$Y_{fossil}(m, t)$、$Y_{wind}(n, t)$、$Y_{water}(h, t)$、$Y_{solar}(s, t)$ 分别表示煤电机组 m、风电机组 n、水电机组 h、光伏机组 s 在时段 t 的运行成本；$Q_{fossil}(m, t)$、$Q_{wind}(m, t)$、$Q_{water}(h, t)$、$Q_{solar}(s, t)$ 分别表示 m、n、h、s 在时段 t 下的启动成本。

借鉴褚培正等（2018）机组运行成本可以由报价曲线体现，煤电机组成本函数为：$Y_{fossil}(m, t) = a_2 p_m(m, t)^2 + a_1 p_m(m, t) + a_0$，其中 a_2、a_1、a_0 分别表示二次项系数、一次项系数和常数项；$p_m(m, t)$ 表示 m 在 t 时段的出力。启动成本函数：

$$\begin{cases} Q_{fossil}(m, t) \geqslant Q_{fossil}(m, u) \times \left[U_{fossil}(m, t) - U_{fossil}(m, t-1) \right] \\ Q_{fossil}(m, t) \geqslant 0 \end{cases} \tag{6-53}$$

其中，$Q_{fossil}(m, u)$ 表示煤电机组一次启动成本；$U_{fossil}(m, t)$ 表示煤电机组 t 时段启停状态，"1"表示开机，"0"表示停机。

（二）约束条件

1. 电力系统平衡约束

各时段的购电量与发电量相等，即：

$$\sum_{m=1}^{M} P_{fossil}(m, t) + \sum_{n=1}^{N} P_{wind}(n, t) + \sum_{h=1}^{H} P_{water}(h, t) + \sum_{s=1}^{S} P_{solar}(s, t) = D(t)$$

$$\tag{6-54}$$

其中，$P_{fossil}(m, t)$、$P_{wind}(n, t)$、$P_{water}(h, t)$、$P_{solar}(s, t)$ 分别表示煤电、风电、水电及光伏发电机组发电量，$D(t)$ 表示用电需求侧用电量。

2. 电力系统备用容量约束

Roos 和 Bolkesjo（2018）认为增加电力系统的灵活性备用容量是实现电力绿色低碳生产过渡及转型的重要措施，增强需求灵活性是对更有效的市场和对波动性绿色能源发电高占比（较高渗透率）时电力系统安全的关键。因此，本书在电力系统备用容量约束中引入需求侧灵活性备用容量约束。

$$\sum_{m=1}^{G} U_{fossil}(m, t) P_{fossil-max}(m, t) + \sum_{h=1}^{H} U_{water}(h, t) P_{water-max}(h, t) \geqslant$$

$$D(t) \pm \sum_{g=1}^{G} G(g, t) \tag{6-55}$$

其中，$U_{fossil}(m, t)$、$U_{water}(m, t)$ 分别表示煤电机组、水电机组 t 时段启停状态，"1"表示开机，"0"表示停机；$P_{fossil-max}(m, t)$、$P_{water-max}(h, t)$ 分别表示煤电机组、水电机组最大发电能力；$G(g, t)$ 表示需求侧具有灵活性的正负备用的负荷。

3. 不同类型电力机组运行特性约束

煤电机组需要考虑上下限约束、爬坡率约束。由式（6-56）、式（6-57）、式（6-58）表示：

$$U_{fossil}(m, t) P_{fossil-min}(m, t) \leqslant P_{fossil}(m, t) \leqslant U_{fossil}(m, t) P_{fossil-max}(m, t) \tag{6-56}$$

$$P_{fossil}(m, t) - P_{fossil}(m, t-1) \leqslant \overline{D}_{fossil}(m) U_{fossil}(m, t) + P_{fossil-min}(m, t)$$
$$[U_{fossil}(m, t) - U_{fossil}(m, t-1)] + P_{fossil-max}(m, t)[1 - U_{fossil}(m, t)] \tag{6-57}$$

$$P_{fossil}(m, t-1) - P_{fossil}(m, t) \leqslant \underline{D}_{fossil}(m) U_{fossil}(m, t) - P_{fossil-min}(m, t)$$
$$[U_{fossil}(m, t) - U_{fossil}(m, t-1)] + P_{fossil-max}(m, t)[1 - U_{fossil}(m, t)] \tag{6-58}$$

水电的上下限约束、爬坡率约束，由式（6-59）、式（6-60）、式（6-61）表示：

$$U_{water}(h, t) P_{water-min}(h, t) \leqslant P_{water}(h, t) \leqslant U_{water}(h, t) P_{water-max}(h, t) \tag{6-59}$$

$$P_{water}(h, t) - P_{water}(h, t-1) \leqslant \overline{D}_{water}(h) U_{water}(h, t) + P_{water-min}(h, t)$$
$$[U_{water}(h, t) - U_{water}(h, t-1)] + P_{water-max}(h, t)[1 - U_{water}(h, t)] \tag{6-60}$$

$$P_{water}(h, t-1) - P_{water}(h, t) \leqslant \underline{D}_{water}(h) U_{water}(h, t) - P_{water-min}(h, t)$$
$$[U_{water}(h, t) - U_{water}(h, t-1)] + P_{water-max}(h, t)[1 - U_{water}(h, t)] \tag{6-61}$$

水电还需考虑日发电量约束，由式（6-62）表示：

$$\sum_{h=1}^{H} P_{water}(h,\ t) \leqslant H(h) \tag{6-62}$$

其中，$\overline{D}_{water}$（h）和 $\underline{D}_{water}$（h）表示水电机组向上和向下爬坡速率；H（h）表示水电机组日发电量约束。

风电机组的上下限约束，由式（6-63）表示：

$$0 \leqslant P_{wind}(n,\ t) \leqslant P_{wind}^{*}(n,\ t) \tag{6-63}$$

其中，P_{wind}^{*}（n，t）表示风电机组 t 时段的预测发电量。

太阳能光伏机组的上下限约束，由式（6-64）表示：

$$0 \leqslant P_{solar}(s,\ t) \leqslant P_{solar}^{*}(s,\ t) \tag{6-64}$$

其中，P_{solar}^{*}（s，t）表示太阳能光伏机组 t 时段的预测发电量。

需求侧灵活性负荷上下限约束，由式（6-65）表示：

$$G_{min}(g,\ t) \leqslant G(g,\ t) \leqslant G_{max}(g,\ t) \tag{6-65}$$

其中，G_{min}（g，t）和 G_{max}（g，t）表示需求侧具有灵活性负荷最小可调用量和最大可调用量。

（三）均衡分析

电力现货市场均衡价格可以通过求解节点电价（Locational Marginal Price，LMP），节点电价可以从时间、空间两个维度反映电力系统实际供用电成本，体现了经济学中边际成本定价的思想。

通过在约束条件下对目标函数求解，李洪珠等（2018）得到约束条件下的对偶乘子，则节点电价可以表示为：

$$L_{t,\ k} = \alpha_{t} + \sum_{l=1}^{L} (\lambda_{t,\ l} + \delta_{t,\ l}) G_{l,\ k} \tag{6-66}$$

其中，$L_{t,k}$ 表示节点 k 在时段 t 的节点电价，α_t 表示负荷平衡约束的对偶乘子，$\lambda_{t,l}$ 表示线路 l 的正向潮流约束的对偶乘子，$\delta_{t,l}$ 表示线路 l 的反向潮流约束的对偶乘子，L 表示线路的总数。

三、模型算例模拟仿真

利用清华大学的清能云电力市场仿真系统构建需求侧响应的现货市场

双边交易模型，通过模拟单边现货市场和双边现货市场机制下高比例风光绿色能源电力系统的现货市场出清结果，分析市场用户的用电曲线和绿色能源电力消纳的变化情况。采用电力系统经典 IEEE-39 节点的系统模型，利用清能云电力市场仿真系统构建电力系统拓扑结构，如图 6-9 所示。

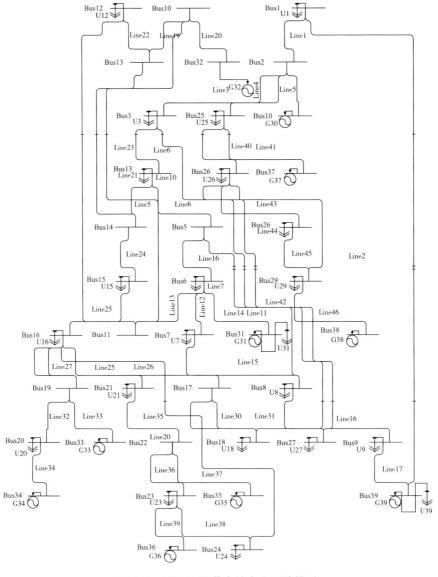

图 6-9　IEEE-39 节点的电力系统模型

由图 6-9 可知，Bus1~Bus39 表示电力系统的节点，共计 39 个节点；Line1~Line46 表示电力系统母线，共计 46 条母线；G30~G39 表示电力系统中的发电机组，共计 10 台不同类型发电机组；U1~U21 表示电力系统中的用户（负荷）。由于篇幅有限，机组技术参数、线路技术参数、电力系统技术参数以及需求侧响应（用户）技术参数详见附录 B。发电侧为风电、光伏发电高占比连接在母线 30~39 上的发电机组电源类型及装机容量，如表 6-8 所示。

表 6-8 电力系统电源构成情况   单位：兆瓦

机组编号	连接节点	电源类型	装机容量
1	30	风电	1350
2	31	水电	1000
3	32	风电	2000
4	33	煤电	1350
5	34	煤电	1100
6	35	风电	1500
7	36	煤电	2100
8	37	光伏	1100
9	38	风电	1500
10	39	光伏	800

假设系统总装机为 13800 兆瓦，其中风电 6350 兆瓦，光伏发电 1900 兆瓦，水电 1000 兆瓦，煤电 4550 兆瓦，绿色能源电力总装机占比 67%。

（一）单边现货市场均衡

在单边现货市场中，电力用户不参与市场报价，也不执行现货分时电价，系统中所有机组均参与现货交易，在电力系统安全约束下，以总发电成本最小为目标，模拟单边现货市场出清。得到在单边现货市场中分时均衡需求曲线如图 6-10 所示，分时均衡电价如图 6-11 所示。

在单边现货市场中，由于需求侧不能参与现货市场，现货市场电价信号无法引导用户根据价格信号调整用电负荷，分时均衡负荷曲线与通常用

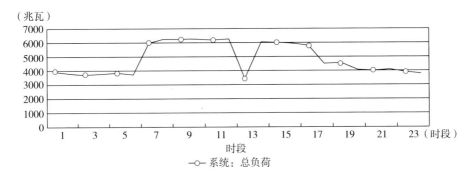

图 6-10　单边现货市场分时均衡需求曲线

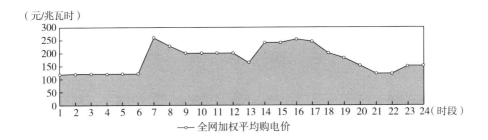

图 6-11　单边现货市场分时均衡电价曲线

电峰、平、谷一致，8 时段至 12 时段、14 时段至 18 时段用电高峰，对应分时电价处于峰值。而在 0 时段至 6 时段、20 时段至 24 时段，即夜间，12 时段至 14 时段，即正午，用电负荷处于谷段，对应分时电价也处于谷值。单边现货市场既无法利用分时节点电价引导用户移峰填谷，用户不能优化用电成本，也不能充分发挥绿色能源尤其风电、光伏的发电特性。一天中风电在夜间处于出力高峰，光伏发电在正午处于出力高峰，不利于绿色能源电力的消纳，相反更有利于煤电的消纳。

（二）需求侧响应双边现货市场均衡

在考虑需求侧响应时，用户可以参与现货市场与供给侧形成互动，用户侧作为现货电价接受者，以"报量不报价"的方式参与现货市场时，用户用电特性会随着现货市场分时节点电价而调整，风电、光伏发电在一天中出力高峰期间，通过分时节点电价信号引导用户在风光发电高峰时段多用电，并且风电、光伏发电可以充分利用边际成本低于煤电，实现优先市场化消纳，用户也通过调整用电特性有效降低了用电成本。构建需求侧响应双边现货市场，在充分消纳绿色能源电力的同时，提升了全社会的福利水平。

采用中工业负荷在不同时间段内的弹性系数，根据单边现货市场分时节点电价和分时用电需求可以计算得到需求侧响应双边现货市场分时用电需求。可以通过如下公式计算：

$$令：[Q_{0,j}] = [Q_{0,1}, Q_{0,2}, \cdots, Q_{0,T}]' \tag{6-67}$$

$$[Q_{1,j}] = [Q_{1,1}, Q_{1,2}, \cdots, Q_{1,T}]' \tag{6-68}$$

$$则：[\Delta Q_j] = [Q_{1,j}] - [Q_{0,j}], \quad j = 1, 2, \cdots, T \tag{6-69}$$

$$令：A = \mathrm{diag}(Q_{0,1}, Q_{0,2}, \cdots, Q_{0,T}) = \begin{bmatrix} Q_{0,1} & & & \\ & Q_{0,2} & & \\ & & \ddots & \\ & & & Q_{0,T} \end{bmatrix} \tag{6-70}$$

$$B = \left[\frac{\Delta P(j)}{P_{0,j}}\right] = \left[\frac{\Delta P(1)}{P_{0,1}}, \frac{\Delta P(2)}{P_{0,2}}, \cdots, \frac{\Delta P(T)}{P_{0,T}}\right]' \tag{6-71}$$

$$则：[\Delta Q_j] = AEB, \quad j = 1, 2, \cdots, T \tag{6-72}$$

其中，$Q_{0,j}$ 表示单边现货市场分时电力需求量，ΔQ_j 考虑需求侧响应双边现货市场分时电力需求增量，$Q_{1,j}$ 为需求侧响应双边现货市场分时电力需求量，E 表示工业负荷在不同时间段内的弹性系数。假设电力用户不参与现货市场时，用电量全部执行电网销售的目录电价，以中国 110 千伏的大工业用户的平时段电网销售电价为例，扣除输配电价后的目录电价为 300 元/兆瓦时，考虑到开展双边现货市场前，电力用户对于现货价格的预测依据主要来源单边现货市场的出清信息，$\Delta P(j)$ 为目录电价与单边现货市场分时节点电价的变化量。由式（6-69）与式（6-72）可得出 $Q_{1,j}$，计算结果如表 6-9 所示。

表6-9 需求侧响应双边现货市场需求量情况

序号	时点	$P_{0,j}$	$Q_{0,j}$	$\Delta P（j）$	E	ΔQ_j	$Q_{1,j}$
1	1：00	117.28	3934	182.72	0.98	6006.51	9940.51
2	2：00	120.00	3754	180.00	0.92	5180.52	8934.52
3	3：00	120.00	3674	180.00	0.97	5345.67	9019.67
4	4：00	120.00	3768	180.00	0.92	5199.84	8967.84
5	5：00	120.00	3825	180.00	0.85	4876.88	8701.88
6	6：00	120.00	3724	180.00	0.92	5139.12	8863.12
7	7：00	258.75	6007	41.25	0.98	938.48	6945.48
8	8：00	227.95	6227	72.05	1.08	2125.68	8352.68
9	9：00	200.00	6247	100.00	1.29	4029.32	10276.32
10	10：00	200.00	6272	100.00	1.26	3951.36	10223.36
11	11：00	200.00	6218	100.00	1.29	4010.61	10228.61
12	12：00	200.00	6254	100.00	1.25	3908.75	10162.75
13	13：00	160.98	3411	139.02	1.08	3181.35	6592.35
14	14：00	240.00	6042	60.00	1.02	1540.71	7582.71
15	15：00	240.00	5988	60.00	0.98	1467.06	7455.06
16	16：00	252.80	5905	47.20	0.82	904.06	6809.06
17	17：00	244.62	5778	55.38	0.85	1111.88	6889.88
18	18：00	200.00	4504	100.00	0.97	2184.44	6688.44
19	19：00	180.00	4533	120.00	0.98	2961.56	7494.56
20	20：00	150.00	4073	150.00	0.97	3950.81	8023.81
21	21：00	120.00	3980	180.00	1.00	5970.00	9950.00
22	22：00	120.00	4058	180.00	1.05	6391.35	10449.35
23	23：00	150.00	3910	150.00	0.85	3323.50	7233.50
24	0：00	150.00	3793	150.00	0.90	3413.70	7206.70

根据需求侧响应双边现货市场分时用电负荷，通过电力仿真系统模拟IEEE-39节点的电力系统模型，在保障电力系统安全条件下，实现购电成本最小。得到在需求侧响应双边现货市场中分时均衡需求曲线如图6-12所示，分时均衡节点电价如图6-13所示，由于篇幅有限，IEEE-39节点电力系统模型中各节点电价详见附录B。

（兆瓦）

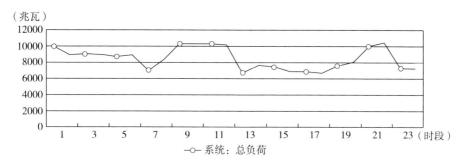

—○— 系统：总负荷

图 6-12　需求侧响应双边现货市场分时均衡需求曲线

（元/兆瓦时）

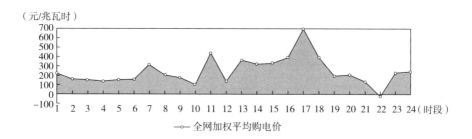

—○— 全网加权平均购电价

图 6-13　需求侧响应双边现货市场分时均衡电价曲线

由图 6-12 和图 6-13 可知，相对单边现货市场，需求侧响应双边现货市场能有效激励用户增加用电量，整体用电量大幅提升。同时，需求侧响应双边现货市场能充分利用需求侧响应并与发电侧形成动态互动，通过电价信号引导用户增加风电、光伏发电出力大时段用电需求，减少绿色能源电力出力较低时段的用电需求，能充分发挥绿色能源电力相对煤电具有的特殊发电特性，有利于绿色能源电力的消纳，也有利于绿色能源电价市场化，在高比例绿色能源电力向可竞争电力市场电价规制模式转型中发挥了重要作用。

第七章 绿色能源电价市场化变迁的对策与方向

绿色能源三类电价规制模式的电价市场化程度逐渐提高，风电、光伏发电现行的固定上网电价规制模式与电力市场化不相适应，配额制—绿色证书交易电价规制模式与电力市场化具有良好的适应性，可竞争电力市场是绿色能源发展进入成熟期后需要选择的电价规制模式。然而，不同类别的绿色能源电力在不同发展阶段具有明显的异质性特征，如何结合绿色能源现有的规制模式实现有序转型，明确绿色能源电价市场化变迁的重点和对策，对预估未来的发展方向具有重要的现实意义。

第一节 绿色能源电价市场化变迁的重点

基于前文研究，为成功实现中国绿色能源电价规制的市场化转型，需重点关注以下三个方面。

（一）顶层统筹，分阶段、分步骤实现绿色能源电价规制模式转型

绿色能源电价规制与市场化变迁涉及诸多环节、众多利益主体，推进难度巨大。从中国电力体制改革和绿色能源电价规制的经验教训以及众多国外失败案例来看，仅靠单个部门负责、特定省份试点或进行某个环节的

修补，难以有效推进绿色能源电价规制的成功转型。因此，必须站在更高的战略层面，通过国家顶层予以强力统筹，制定清晰、完备、强有力的市场化转型方案，分阶段、分步骤逐步实现绿色能源电价制度的市场化变迁，只有这样，市场化转型的成本才能尽可能降低，成功转型的概率才能获得保障。

（二）同步建立并完善与绿色能源电价规制模式转型相配套的机制

中国绿色能源电价规制模式转型关系到众多利益主体的利益再调整，绿色能源电力对煤电的有效替代涉及我国目前数量众多的煤电企业和数以十万计的煤电企业员工的利益，在推进我国能源结构绿色转型、逐步实现绿色能源电力对煤电的替代过程中，煤电企业面临如何转型或退出的问题，众多从业人员也面临同样的问题。同步建立并完善相关的配套机制，对减少转型难度，确保转型目标的实现具有重要的现实意义。

（三）加快建设与高比例绿色能源相适应的电力系统

电力的复杂性除了涉及诸多环节、众多利益主体因素外，电力技术、高安全性、高可靠性要求等均增加了中国绿色能源电价规制模式的转型难度。长期以来，我国电力系统是建立在高碳煤电运营模式的基础上，无论电网的网架拓扑结构，还是整流技术、调度模式、校核方式等，均以高比例煤电为基础进行最优化设计。要实现能源结构绿色化的电价规制模式市场化成功转型，必须加快建设与高比例绿色能源相适应的电力系统，如智能电网系统、适应间歇性与高频率变化的整流技术，适应绿色能源的调度模式和校核方式等。

第二节 绿色能源电价市场化变迁的对策

在中国电力绿色转型与电力市场化背景下，实现电力市场化与绿色发展的有机融合，对中国绿色能源的发展，电力绿色转型及电力市场化改革均具有重要现实意义。结合本书的研究，形成如下政策建议：

第一，将我国目前针对新增绿色能源仍在实行的固定上网电价规制模式调整为与装机容量配额指标配套的优化固定上网电价规制模式，将其作为配额制—绿色证书交易制度电价规制模式有效实施前的过渡电价规制模式；将绿色能源自愿绿色证书交易制度调整为绿色能源配额制—绿色证书交易制度电价规制模式。目前，自愿绿色证书交易制度实施效果不佳，无法作为替代绿色能源固定上网电价规制的备选模式。

第二，随着绿色发展战略和电力市场化改革的推进，应加快绿色能源固定上网电价规制模式向配额制—绿色证书交易制度电价规制模式的转型，并改变中国目前绿色能源固定电价补贴退出方式（包括未来存量补贴退出），由先慢后快方式调整为分阶段且前段退补率高于后段退补率的方式。在推进绿色能源向配额制—绿色证书交易制度变迁时，初期应采取务实的政策方案，在配额制—绿色证书交易电价规制的主要参数配额比例与罚款力度设置时，建议比例与力度适中，可在初期将绿色能源配额设置为 20%、罚款标准设置为 1.5P。

第三，加强可竞争电力市场建设，在绿色能源电价完全市场化阶段，重点规制电网背景售电公司与主要绿色能源电力生产商可能使用的市场力。电网背景售电公司拥有调度、输配网络、电费结算、保障性供电等权利，本书发现，电网背景售电公司可以利用这些优势，增强与绿色能源电力生产商的议价能力，并对第三方售电公司产生挤出效应，阻碍可竞争电力市场的形成。具备条件时，将电网调度权分离是规制电网背景售电公司市场力较简单、实用的方式，更为彻底的改革方案则为电网企业退出竞争性售电业务。

第四，绿色能源电力主要生产商在具备与煤电市场化竞争条件时，对优质、稀缺绿色能源的占有也会带来市场力问题，同样需要加强政府的监管与规制。要大力培育壮大第三方售电公司，第三方售电公司电力增值服务水平与电力偏差调节能力提升，综合实力越强，越有利于抑制电网背景售电公司利用垄断因素获得与绿色能源电力生产商价格博弈的额外租金。

第五，建立需求响应双边交易现货电力市场。加大用户侧参与现货市场的深度，促进电力用户与绿色能源高效互动，实现高比例绿色能源电价市场化转型。高比例绿色能源的电力结构在向可竞争电价规制模式转型时面临新的挑战，存在间歇性、预测与实际发电量间的偏差，中长期电力市场化交易模式不利于绿色能源电力消纳；同时，将高比例绿色能源集成到电力系统中会增加可变性和不确定性，并且需要更高水平的灵活性，需要构建对需求和供应的变化做出快速响应的电力市场，灵活性不仅反映了物理系统，还在于电力市场化机制的灵活适应性。因此，需要构建考虑需求侧响应的双边现货市场以实现高比例绿色能源向市场化电价规制模式的成功转型。

第三节　新型电力系统发展

新型电力系统是以确保能源电力安全为基本前提，以满足经济社会高质量发展的电力需求为首要目标，以高比例新能源供给消纳体系建设为主线任务，以源网荷储多向协同、灵活互动为坚强支撑，以坚强、智能、柔性电网为枢纽平台，以技术创新和体制机制创新为基础保障的新时代电力系统，是新型能源体系的重要组成和实现"双碳"目标的关键载体。新型电力系统具备安全高效、清洁低碳、柔性灵活、智慧融合四大重要特征，其中安全高效是基本前提，清洁低碳是核心目标，柔性灵活是重要支撑，智慧融合是基础保障，共同构建了新型电力系统的"四位一体"框架体系。

中国拥有丰富的太阳能、风能、水能、生物质能以及地热能等清洁能源，经过近20年的稳步发展，新能源发电在政策体系、开发模式、技术标准方面已经逐渐成熟，并在世界上处于领先地位。目前我国的风能、太阳能、生物质能发电已经进入规模化发展阶段，新能源发电以其绿色、低碳、可再生的特点，成为新型电力系统的重要组成部分，并将逐步发展成为绿色能源的主力电源。"十四五"时期，新能源占比逐渐提高，常规电源将逐步转变为调节性和保障性电源。预计 2025 年，灵活调节电源占比将达到 24% 左右。远期构建新型电力系统，对调节能力的需求将更大，新能源成为主体电源之后，其季节性出力特性受天气影响大，特别是对小时级以上的调节需求将更加突出。

电价具有成本补偿、资源配置、宏观调控的作用，是决定绿色能源电力行业发展和电力市场化运营的关键因素，在推进新型电力系统建设的过程中，制定科学合理的电价机制是当前亟须解决的关键问题。在新型电力系统下，各类电源功能定位将会发生显著变化，市场环境下的电力商品价值体现出精细化和差异化的趋势。在电能量价值的基础上，进一步细分出电力容量价值、灵活性价值和绿色价值，有助于通过价格信号促进系统主体进一步明确分工，提升系统供电保障能力和灵活调节能力。未来市场系统对于电力的需求，将从以电量价值为主向多维价值转变，电价的构成也应逐步体现电力的多维价值。未来我国绿色能源电价改革的重点将是健全完善电价形成与疏导机制，可围绕以下三大方面完善我国电价机制的关键措施：

第一，建立更多维度的上网电价形成机制，促进安全保供和能源绿色转型。

首先，完善煤电价格市场化形成机制，发挥安全保供作用。当前煤电价格主要通过市场形成，基准价仍然发挥重要的价格之锚作用，浮动机制划定了价格波动的合理区间，应合理设置和调整基准价水平和浮动范围，保障在价格形成过程中充分发挥市场和政府的作用。合理设置煤电基准价，应在基准价中及时反映燃料成本变化，使基准价发挥价格基准的作用。科学设置煤电中长期交易价格上下浮动范围，建议选择现货试点地区，将煤电中长期交易价格上下浮动 20% 的限制予以适当放宽。增强可持续的容量保障能力，推进容量保障机制建设。相较于容量市场和稀缺电价，容量补偿机制是我国现阶段发电容量保障机制的可行选择，容量补偿机制的设计和实施建议结合各地电力市场建设情况开展。

其次，完善绿电"市场价+环境价值"，促进清洁低碳发展。建立绿色新能源"绿证交易+强制配额"制度，通过落实对售电公司、电力用户等市场主体的绿色责任，扩大绿证、绿电交易规模，落实全社会共同推动能源转型的责任；推动交易机制更加适应新能源特性，未来应考虑进一步提高交易频次，按照需求每周、多日开市，同时建立批发市场高频次合同电量转让交易机制、双边合同连续调整机制，给予市场主体更大的灵活调整空间。科学设置偏差考核规则，新能源进入市场初期宜适当放宽偏差考核标准，后续视实际情况再逐步调整。此外，还应做好现货市场规则和"两个细则"考核之间的有效衔接，避免对新能源发电的重复考核。建立全国统一的绿证制度，构建与国际接轨的绿证交易体系。应畅通消费者购买绿电和绿证的渠道，并给予统一的绿色电力证书，提高国内绿证在国际范围的认可度和接受度。此外，还应探索CCER和绿证两种体系的信息联通，使绿证可为CCER项目发电量、减排量核定提供数据凭证。

第二，建立更为有效的系统成本疏导机制，支撑新型电力系统建设。

首先，合理疏导辅助服务费用。对于能够确定受益主体的费用，由受益主体承担，对于无法确定受益主体的费用，应合理确定辅助服务费用在发电侧和用电侧的分摊比例。结合当地电网运行需求和特性，科学设计辅助服务品种。针对新型电力系统对爬坡、转动惯量、快速调频等辅助服务的需要，探索开展相应的辅助服务新品种；推动新型储能、用户可调节负荷、聚合商、虚拟电厂等新兴市场主体参与辅助服务市场，按照"同质同价"原则确定辅助服务标准。

其次，合理疏导交叉补贴费用。完善居民阶梯电价制度，建议以试点方式调整居民阶梯电价制度，适当降低第一阶梯的电量，提高第二、第三阶梯价格，探索对居民、农业用户实行分时电价政策；适时着手厘清交叉补贴总水平，建立妥善处理交叉补贴的长效机制，通过价外补贴的方式改暗补为明补，并逐步减量、取消对居民的电价补贴。

最后，充分考虑社会承受能力。为了保证和支撑我国经济社会平稳发展和民生可靠用电,应充分考虑全社会(包括各类电力生产单位,工商业、居民、农业等终端用户)对一二次能源价格上涨的承受能力,尤其保证上游一次能源价格在合理区间是重中之重,注重经济效益与社会效益协同。对生产结构、用户结构、用户类型进行细分,对能源价格上涨带来的影响进行评估测算,通过阶梯电价、分时电价等机制,分阶段、分地区、分产业、分用户类型,进行成本的合理有效疏导。

第三,更好地发挥政府监督管理作用,保障各项政策落到实处。

首先,加强对电力市场的监测。对各地已出台的市场交易方案等进行再评估,重点评估各类年度、月度等交易方案,清理设置不合理准入门槛、限定不合理交易价格、人为造成供需失衡等限制市场竞争的规定,纠正以限定价格或变相限定价格为目的的强制专场交易、违规减免电费或定向补贴等不当干预市场的行为。深化对电力中长期市场、现货市场、辅助服务市场交易中电价形成的监管,建立相应的市场力识别、防范机制和监管措施,加强电力市场异常价格监测,适时开展市场交易价格监督检查,严格查处滥用市场力不正当竞争、串通报价、恶意竞价等行为。

其次,加强对煤炭市场的监测。保持电煤市场供需平衡,避免电煤价格大幅波动。加强对"电煤中长期合同签约率100%覆盖、履约率100%要求、价格执行100%"的"三个100%"政策监督落实。避免煤炭生产企业采取降低煤质、以次充好、额外提高运费、签订"阴阳合同"等方式的变相加价行为。加强构建以信用为基础的新型合同监管机制,切实发挥电煤中长期合同"市场稳定器"的作用。

最后,加强对发电成本的监测。为适应"双碳"目标和建设新型电力系统的需要,煤机"大开机、低负荷"成为常态,应加强对火电企业成本的监管,顺利疏导上游成本。规范煤价指数编制发布行为,确保指数发布的价格与真实情况相符,当煤价超出合理区间,要动用储备、增加产能,并依法监管价格违法行为,引导煤价回归。加强上下游市场协调互保机制监督,建立电力及其上、下游产品市场中长期合同价格关联机制,探索全产业链的风险对冲机制，实现市场风险可控。通过成本和电价监管，以科学合理的价格机制引导调动灵活性资源（抽水蓄能、新型储能、气电、煤电"三改联动"）的积极性，促进电力系统安全稳定运行和新能源大规模灵活消纳。

参考文献

［1］Abolhosseini S, Heshmati A. The Main Support Mechanisms to Finance Renewable Energy Development ［J］. Renewable and Sustainable Energy Reviews, 2014, 40（12）: 876-885.

［2］Acuña Luceny Guzmán, Ríos Diana Ramírez, Paternina A C, et al. Cooperation Model in the Electricity Energy Market Using Bi-level Optimization and Shapley Value ［J］. Operations Research Perspectives, 2018, 5（7）: 161-168.

［3］Alasseur C, Féron O. Structural Price Model for Coupled Electricity Markets ［J］. Energy Economics, 2018, 75（9）: 104-119.

［4］Algarvio H, Lopes F, Sousa J, et al. Multi－agent Electricity Markets: Retailer Portfolio Optimization Using Markowitz Theory ［J］. Electric Power Systems Research, 2017, 148（7）: 282-294.

［5］Antweiler W. A Two-part Feed-in-tariff for Intermittent Electricity Generation ［J］. Energy Economics, 2017, 65（6）: 458-470.

［6］Aryani M, Ahmadian M, Sheikh M. Designing a Regulatory Tool for Coordinated Investment in Renewable and Conventional Generation Capacities Considering Market Equilibria ［J］. Applied Energy, 2020, 279（12）: 115728. 1-115728. 13.

［7］Aune F R, Dalen H M, Hagem C. Implementing the EU Renewable

Target through Green Certificate Markets [J]. Energy Economics, 2012, 34 (4): 992-1000.

[8] Avril S, Mansilla C, Busson M, et al. Photovoltaic Energy Policy: Financial Estimation and Performance Comparison of the Public Support in Five Representative Countries [J]. Energy Policy, 2012, 51 (12): 244-258.

[9] Bahmani R, Karimi H, Jadid S. Stochastic Electricity Market Model in Networked Microgrids Considering Demand Response Programs and Renewable Energy Sources [J]. International Journal of Electrical Power & Energy Systems, 2020, 117 (5): 105606. 1-105606. 14.

[10] Bao X, Zhao W, Wang X, et al. Impact of Policy Mix Concerning Renewable Portfolio Standards and Emissions Trading on Electricity Market [J]. Renewable Energy, 2019, 135 (5): 761-774.

[11] Batlle C, Pérez-Arriaga I J, Zambrano-Barragán P. Regulatory Design for RES-E Support Mechanisms: Learning Curves, Market Structure, and Burden-sharing [J]. Energy Policy, 2012, 41 (4): 212-220.

[12] Baumol, William J, John C, Panzar and Robert D Willig. Contestable Markets and the Theory of Industry Structure [M]. New York: Harcourt Brace Jovanocidh, 1983.

[13] Bergek A, Jacobsson S. Are Tradable Green Certificates a Cost-efficient Policy Driving Technical Change or a Rent-generating Machine? Lessons from Sweden 2003-2008 [J]. Energy Policy, 2010, 38 (3): 1255-1271.

[14] Boomsma T K, Linnerud K. Market and Policy Risk under Different Renewable Electricity Support Schemes [J]. Energy, 2015, 89 (9): 435-448.

[15] Brown D P. Capacity Payment Mechanisms and Investment Incentives in Restructured Electricity Markets [J]. Energy Economics, 2018, 74 (8): 131-142.

［16］ Brown, D P. The Effect of Subsidized Entry on Capacity Auctions and the Long-run Resource Adequacy of Electricity Markets ［J］. Energy Economics, 2018, 70 （6）: 205-232.

［17］ Carvajal P E, Li F G N, Soria R, et al. Large Hydropower, Decarbonisation and Climate Change Uncertainty: Modelling Power Sector Pathways for Ecuador ［J］. Energy Strategy Reviews, 2019, 23 （1）: 86-99.

［18］ Chen X, Li H, Qin Q, et al. Market-Oriented Reforms and China's Green Economic Development: An Empirical Study Based on Stochastic Frontier Analysis ［J］. Emerging Markets Finance and Trade, 2019, 65 （1）: 1-23.

［19］ Choi G, Huh S Y, Heo E, et al. Prices Versus Quantities: Comparing Economic Efficiency of Feed-in Tariff and Renewable Portfolio Standard in Promoting Renewable Electricity Generation ［J］. Energy Policy, 2018, 113 （2）: 239-248.

［20］ Ciarreta A, Paz Espinosa M, Pizarro-Irizar C. Has Renewable Energy Induced Competitive Behavior in the Spanish Electricity Market? ［J］. Energy Policy, 2017b, 104 （5）: 171-182.

［21］ Ciarreta A, Paz Espinosa M, Pizarro-Irizar C. Optimal Regulation of Renewable Energy: A Comparison of Feed-in Tariffs and Tradable Green Certificates in the Spanish electricity system ［J］. Energy Economics, 2017a, 67 （9）: 387-399.

［22］ Ciarreta A, Pizarro-Irizar C, Zarraga A. Renewable Energy Regulation and Structural Breaks: An Empirical Analysis of Spanish Electricity Price Volatility ［J］. Energy Economics, 2020, 88 （4）: 104749. 1-104749. 11.

［23］ Coester A, Hofkes M W, Papyrakis E. Economics of Renewable Energy Expansion and Security of Supply: A Dynamic Simulation of the German Electricity Market ［J］. Applied Energy, 2018, 231 （12）: 1268-1284.

［24］ Couture T, Gagnon Y. An Analysis of Feed-in tariff Remuneration Models: Implications for Renewable Energy Investment ［J］. Energy Policy,

2010, 38 (2): 955-965.

[25] Curriera K, Currierb S. Producer Incentives in Electricity Markets with Green Quotas and Tradable Certificates [J]. Utilities Policy, 2018, 55 (9): 59-68.

[26] Dadashi M, Haghifam S, Zare K, et al. Short-term Scheduling of Electricity Retailers in the Presence of Demand Response Aggregators: A Two-stage Stochastic Bi-Level Programming Approach [J]. Energy, 2020, 205 (8): 117926. 1-117926. 19.

[27] De Lagarde C M, Lantz F. How Renewable Production Depresses Electricity Prices: Evidence from the German Market [J]. Energy Policy, 2018, 117 (6): 263-277.

[28] Devine M T, Farrell N, Lee W T. Optimising Feed-in Tariff Design through Efficient Risk Allocation [J]. Sustainable Energy Grids & Networks, 2017, 9 (3): 59-74.

[29] Domhnaill C M, Ryan L. Towards Renewable Electricity in Europe: Revisiting the Determinants of Renewable Electricity in the European Union [J]. Renewable Energy, 2020, 154 (3): 955-965.

[30] Dong C G. Feed-in Tariff vs. Renewable Portfolio Standard: An Empirical Test of Their Relative Effectiveness in Promoting Wind Capacity Development [J]. Energy Policy, 2012, 42 (3): 476-485.

[31] Dong Y, Shimada K. Evolution from the Renewable Portfolio Standards to Feed-in Tariff for the Deployment of Renewable Energy in Japan [J]. Renewable Energy, 2017, 107 (7): 590-596.

[32] Dressler L. Support Schemes for Renewable Electricity in the European Union: Producer Strategies and Competition [J]. Energy Economics, 2016, 60 (11): 186-196.

[33] Dusonchet L, Telaretti R. Economic Analysis of Different Supporting Policies for the Production of Electrical Energy by Solar Photovoltaics in

Western European Union Countries [J]. Energy Policy, 2010, 38 (8): 3297-3308.

[34] Fagiani R, Julián Barquín, Hakvoort R. Risk-based Assessment of the Cost - efficiency and the Effectivity of Renewable Energy Support Schemes: Certificate Markets Versus Feed-in Tariffs [J]. Energy Policy, 2013, 55 (4): 648-661.

[35] Fang D B, Wu J F, Tang D W. A Double Auction Model for Competitive Generators and Large Consumers Considering Power Transmission Cost [J]. International Journal of Electrical Power & Energy Systems, 2012, 43 (1): 880-888.

[36] Fang D B, Zhao C Y, Kleit A N. The Impact of the under Enforcement of RPS in China: An Evolutionary Approach [J]. Energy Policy, 2019, 135 (12): 111021. 1-111021. 13.

[37] Fang D B, Zhao C Y, Yu Q. Government Regulation of Renewable Energy Generation and Transmission in China's Electricity Market [J]. Renewable and Sustainable Energy Reviews, 2018, 93 (10): 775-793.

[38] Faqiry M N, Edmonds L, Wu H, et al. Distribution Locational Marginal Price-based Transactive Day-ahead Market with Variable Renewable Generation [J]. Applied Energy, 2020, 259 (2): 114103. 1-114103. 10.

[39] Fernandez E, Hossain M J, Nizami M S H. Game-theoretic Approach to Demand-side Energy Management for a Smart Neighborhood in Sydney Incorporating Renewable Resources [J]. Applied Energy, 2018, 232 (12): 245-257.

[40] Figueiredo N C, Da Silva P P, Cerqueira P A. Evaluating the Market Splitting Determinants: Evidence from the Iberian Spot Electricity Prices [J]. Energy Policy, 2015, 85 (10): 218-234.

[41] Finjord F, Hagspiel V, Lavrutich M, et al. The Impact of Norwegian-Swedish Green Certificate Scheme on Investment Behavior: A Wind Energy Case Study [J]. Energy Policy, 2018, 123 (12): 373-389.

［42］ Flues F, Löschel A, Lutz B J, et al. Designing an EU Energy and Climate Policy Portfolio for 2030: Implications of Overlapping Regulation under Different Levels of Electricity Demand ［J］. Energy Policy, 2014, 75（12）: 91-99.

［43］ Fu S, Ren Y. A Motivating Mitigation Mechanism for Generators on Condition of Coordinated Regulation of Emission and Electricity Market ［J］. International Journal of Electrical Power & Energy Systems, 2011, 33（5）: 1151-1160.

［44］ Fu S. Combinatorial Mitigation Actions: A Case Study on European Union's Electricity Sector ［J］. International Journal of Economy, Energy and Environment, 2017, 2（5）: 77-86.

［45］ García-álvarez M T, Cabeza-García L, Soares I. Analysis of the Promotion of Onshore Wind Energy in the EU: Feed-in Tariff or Renewable Portfolio Standard? ［J］. Renewable Energy, 2017, 111（7）: 256-264.

［46］ García-álvarez M T, Cabeza-García L, Soares I. Analysis of the Promotion of Onshore Wind Energy in the EU: Feed-in Tariff or Renewable Portfolio Standard? ［J］. Renewable Energy, 2017, 111（7）: 256-264.

［47］ García-álvarez M T, Cabeza-García L, Soares I. Assessment of Energy Policies to Promote Photovoltaic Generation in the European Union ［J］. Energy, 2018, 151（5）: 864-874.

［48］ García-álvarez M T, Cabeza-García L, Soares I. Assessment of Energy Policies to Promote Photovoltaic Generation in the European Union ［J］. Energy, 2018, 151（5）: 864-874.

［49］ Gaul C, Carley S. Solar Set Asides and Renewable Electricity Certificates: Early Lessons from North Carolina's Experience with Its Renewable Portfolio Standard ［J］. Energy Policy, 2012, 48（9）: 460-469.

［50］ Georgakellos D A. Impact of a Possible Environmental Externalities Internalization on Energy Prices: The Case of the Greenhouse Gases from the

Greek Electricity Sector [J]. Energy Economics, 2016, 32 (1): 202-209.

[51] Gerres T, Chaves Avila J P, Martin Martinez F, et al. Rethinking the Electricity Market Design: Remuneration Mechanisms to Reach High RES Shares. Results from a Spanish Case Study [J]. Energy Policy, 2019, 129 (6): 1320-1330.

[52] Gilbert R J, Kahn E. International Comparisons of Electricity Regulation [M]. Cambridge: Cambridge University Press, 2007.

[53] Godofredo G, Daglish T . Can Market Power in the Electricity Spot Market Translate into Market Power in the Hedge Market? [J]. Energy Economics, 2016, 58 (8): 11-26.

[54] Haas R, Eichhammer W, Huber C, et al. How to Promote Renewable Energy Systems Successfully and Effectively [J]. Energy Policy, 2014, 32 (6): 833-839.

[55] Haas R. Efficiency and Effectiveness of Promotion Systems for Electricity Generation from Renewable Energy Sources: Lessons from EU Countries [J]. Energy, 2011, 36 (4): 2186-2193.

[56] Hafeznia H, Aslani A, Anwar S, et al. Analysis of the Effectiveness of National Renewable Energy Policies: A Case of Photovoltaic Policies [J]. Renewable and Sustainable Energy Reviews, 2017, 79 (11): 669-680.

[57] Hckner J, Voswinkel S, Weber C, et al. Market Distortions in Flexibility Markets Caused by Renewable Subsidies – The Case for Side Payments [J]. Energy Policy, 2020, 137 (2): 111135. 1-111135. 13.

[58] He Z, Xu S. Factors That Influence Renewable Energy Technological Innovation in China: A Dynamic Panel Approach [J]. Sustainability, 2018, 10 (1): 21-32.

[59] Heffron R, Talus K. The Evolution of Energy Law and Energy Jurisprudence: Insights for Energy Analysts and Researchers [J] . Energy Research & Social Science, 2016, 19 (9): 1-10.

［60］ Helgesen P I, Tomasgard A. An Equilibrium Market Power Model for Power Markets and Tradable Green Certificates, Including Kirchhoff's Laws and Nash-Cournot competition ［J］. Energy Economics, 2018, 70 （2）: 270-288.

［61］ Helm C, Mier M. On the Efficient Market Diffusion of Intermittent Renewable Energies ［J］. Energy Economics, 2019, 80 （5）: 812-830.

［62］ Herbes C, Rilling B, Macdonald S, et al. Are Voluntary Markets Effective in Replacing State-led Support for the Expansion of Renewables? -A Comparative Analysis of Voluntary Green Electricity Markets in the UK, Germany, France and Italy ［J］. Energy Policy, 2020, 141 （6）: 11473.1-11473.14.

［63］ Hille E, Althammer W, Diederich H. Environmental Regulation and Innovation in Renewable Energy Technologies: Does the Policy Instrument Matter? ［J］. Technological Forecasting & Social Change, 2020, 153 （4）: 119921.1-119921.22.

［64］ Hochhalter A. Powering the Green Economy: The Feed-in Tariff Handbook ［J］. Ecological Economics, 2012, 73 （1）: 218-229.

［65］ Holmberg P, Newbery D. The Supply Function Equilibrium and Its Policy Implications for Wholesale Electricity Auctions ［J］. Utilities Policy, 2010, 18 （4）: 209-226.

［66］ Hong S, Qiang Z, Yi W, et al. China's Solar Photovoltaic Industry Development: The Status quo, Problems and Approaches ［J］. Applied Energy, 2014, 118 （4）: 221-230.

［67］ Hu J F, Yan Q Y, Li X M, et al. A Cooperative Game-based Mechanism for Allocating Ancillary Service Costs Associated with Wind Power Integration in China ［J］. Utilities Policy, 2019, 58 （6）: 120-127.

［68］ Hu J, Harmsen R, Crijns-Graus W, et al. Identifying Barriers to Large-scale Integration of Variable Renewable Electricity into the Electricity

Market: A Literature Review of Market Design [J]. Renewable & Sustainable Energy Reviews, 2018, 81 (1): 2181-2195.

[69] Huenteler J, Tang T, Chan G, et al. Why Is China's Wind Power Generation Not Living up to Its Potential? [J]. Environmental Research Letters, 2018, 13 (4): 153-162.

[70] Hustveit M, Frogner J S, Fleten S E. Tradable Green Certificates for Renewable Support: The Role of Expectations and Uncertainty [J]. Energy, 2018, 141 (6): 1717-1727.

[71] Imran K, Zhang J, Pal A, et al. Bilateral Negotiations for Electricity Market by Adaptive Agent-tracking Strategy [J]. Electric Power Systems Research, 2020, 186 (9): 106390. 1-106390. 12.

[72] Jacobs D, Marzolf N, Paredes J R, et al. Analysis of Renewable Energy Incentives in the Latin America and Caribbean Region: The Feed-in Tariff Case [J]. Energy Policy, 2016, 60 (9): 601-610.

[73] Jenner S, Groba F, Indvik J. Assessing the Strength and Effectiveness of Renewable Electricity Feed-in Tariffs in European Union Countries [J]. Energy Policy, 2013, 52 (6): 385-401.

[74] Jiang B, Wang X, Xue H, et al. An Evolutionary Game Model Analysis on Emission Control Areas in China [J]. Marine Policy, 2020, 118 (8): 104010. 1-104010. 10.

[75] Jiang D K, Chen Z, Mcneil L, et al. The Game Mechanism of Stakeholders in Comprehensive Marine Environmental Governance [J]. Marine Policy, 2020, 112 (2): 103728. 1-103728. 8.

[76] Johansson P O, Kristrm B. Welfare Evaluation of Subsidies to Renewable Energy in General Equilibrium: Theory and Application [J]. Energy Economics, 2019, 83 (9): 144-155.

[77] Kamyab F, Bahrami S. Efficient Operation of Energy Hubs in Time-of-use and Dynamic Pricing Electricity Markets [J]. Energy, 2016,

106 (7): 343-355.

[78] Khatera A. Rethinking the Diffusion of Renewable Energy Policies: A Global Assessment of Feed - in Tariffs and Renewable Portfolio Standards [J]. Energy Research & Social Science, 2018, 44 (10): 346-361.

[79] Kildegaard A. Green Certificate Markets, the Risk of Over-investment, and the Role of Long-term Contracts [J]. Energy Policy, 2008, 36 (9): 3413-3421.

[80] Kilinc-Ata N. The Evaluation of Renewable Energy Policies Across EU Countries and US States: An Econometric Approach [J]. Energy for Sustainable Development, 2016, 31 (4): 83-90.

[81] Kirkegaard J K, Caliskan K. When Socialists Marketize: The Case of China's Wind Power Market Sector [J]. Journal of Cultural Economy, 2018, 12 (1): 1-15.

[82] Kwon T. Policy Mix of Renewable Portfolio Standards, Feed - in Tariffs, and Auctions in South Korea: Are Three Better than One? [J]. Utilities Policy, 2020, 64 (6): 101056.1-101056.6.

[83] Laffont J J. A Theory of Incentives in Procurement and Regulation [M]. Cambridge: MIT Press, 1993.

[84] Landry J R, Bento A M. On the Trade-offs of Regulating Multiple Unpriced Externalities with a Single Instrument: Evidence from Biofuel Policies [J]. Energy Economics, 2020, 85 (1): 104557.

[85] Langni O, Diekmann J, Lehr U. Advanced Mechanisms for the Promotion of Renewable Energy—Models for the Future Evolution of the German Renewable Energy Act [J]. Energy Policy, 2009, 37 (4): 1289-1297.

[86] Laura Marí, Narcís Nabona, Adela Pagès-Bernaus. Medium-Term Power Planning in Electricity Markets with Pool and Bilateral Contracts [J]. European Journal of Operational Research, 2017, 260 (2) : 432-443.

［87］ Lee N R. When Competition Plays clean: How Electricity Market Liberalization Facilitated State-level Climate Policies in the United States ［J］. Energy Policy, 2020, 139 (4): 111308. 1-111308. 14.

［88］ Leepa C, Unfried M. Effects of a Cut-off in Feed-in Tariffs on Photovoltaic Capacity: Evidence from Germany ［J］. Energy Policy, 2013, 56 (5): 536-542.

［89］ Li L, Chen X. Analysis and Recommendations for Onshore Wind Power Policies in China ［J］. Renewable and Sustainable Energy Reviews, 2018, 82 (2): 156-167.

［90］ Li M, Sun X H, Leonard D. What Determines the Productivity Growth? Evidence from Chinese Renewable Energy Firms by Using Bayesian Stochastic Frontier Approach ［J］. Australian Economic Papers, 2018, 51 (7): 37-46.

［91］ Li S, Zhang S, Andrews-Speed P. Using Diverse Market-based Approaches to Integrate Renewable Energy: Experiences from China ［J］. Energy Policy, 2019, 125 (2): 330-337.

［92］ Li T, Li A, Guo X. The Sustainable Development-oriented Development and Utilization of Renewable Energy Industry-A Comprehensive Analysis of MCDM Methods ［J］. Energy, 2020, 212 (12): 118694. 1-118694. 17.

［93］ Li Y. Research on the Development Trend of Renewable Energy in Low Carbon Environment ［J］. Journal of Applied Science and Engineering Innovation, 2019, 35 (1): 172-186.

［94］ Lin J, Kahrl F. Challenges and Strategies for Electricity Market Transition in China ［J］. Energy Policy, 2019, 133 (10): 110899. 1-110899. 10.

［95］ Lin K C, Purra M M. Transforming China's Electricity Sector: Politics of Institutional Change and Regulation ［J］. Energy Policy, 2019, 124 (1): 401-410.

［96］ Liu C C, Li N, Zha D L. On the Impact of FIT Policies on Renewable Energy Investment: Based on the Solar Power Support Policies in China's Power Market ［J］. Renewable Energy, 2016, 96（3）: 251-267.

［97］ Liu C J, Feng Y. Low-carbon Economy: Theoretical Study and Development Path Choice in China ［J］. Energy Procedia, 2011, 5（1）: 487-493.

［98］ Liu D N, Liu M G, Xu E F, et al. Comprehensive Effectiveness Assessment of Renewable Energy Generation Policy: A Partial Equilibrium Analysis in China ［J］. Energy Policy, 2018, 115（4）: 330-341.

［99］ Liu P, Chu P. Wind Power and Photovoltaic Power: How to Improve the Accommodation Capability of Renewable Electricity Generation in China? ［J］. International Journal of Energy Research, 2018, 25（1）: 156-168.

［100］ Liu S, Bie Z, Lin J, et al. Curtailment of Renewable Energy in Northwest China and Market-based Solutions ［J］. Energy Policy, 2018, 123（12）: 494-502.

［101］ Liu S, Xie M. Modeling the Daily Generation Schedules in Underdeveloped Electricity Markets with High-share Renewables: A Case Study of Yunnan in China ［J］. Energy, 2020, 201（6）: 117677. 1-117677. 16.

［102］ Liu S, Yang Q, Cai H, et al. Market Reform of Yunnan Electricity in Southwestern China: Practice, Challenges and Implications ［J］. Renewable and Sustainable Energy Reviews, 2019, 113（10）: 109265.

［103］ Lo Prete C, Hobbs B F. A Cooperative Game Theoretic Analysis of Incentives for Microgrids in Regulated Electricity Markets ［J］. Applied Energy, 2016, 169（5）: 524-541.

［104］ Luo G L, Dan E L, Zhang X C, et al. Why the Wind Curtailment of Northwest China Remains High ［J］. Sustainability, 2018, 10（3）: 570-583.

［105］ Ma Z M, Zhong H W, Xia Q, et al. Constraint Relaxation-based

Day-ahead Market Mechanism Design to Promote the Renewable Energy Accommodation [J]. Energy, 2020, 198 (5): 117204. 1-117204. 13.

[106] Mahoney A, Denny E. Electricity Prices and Generator Behaviour in Gross Pool Electricity Markets [J]. Energy Policy, 2013, 63 (12): 628-637.

[107] Martin N J, Rice J L. Examining the Use of Concept Analysis and Mapping Software for Renewable Energy Feed-in Tariff Design [J]. Renewable Energy, 2017, 113 (12): 211-220.

[108] Matsukawa I. Detecting Collusion in Retail Electricity Markets: Results from Japan for 2005 to 2010 [J]. Utilities Policy, 2019, 57 (4): 16-23.

[109] Mendes C, Soares I. Renewable Energies Impacting the Optimal Generation Mix: The Case of the Iberian Electricity Market [J]. Energy, 2014, 69 (5): 23-33.

[110] Meyer R, Gore O. Cross-border Effects of Capacity Mechanisms: Do Uncoordinated Market Design Changes Contradict the Goals of the European Market Integration? [J]. Energy Economics, 2015, 51 (9): 9-20.

[111] Milligan M, Frew B A, Bloom A, et al. Wholesale Electricity Market Design with Increasing Levels of Renewable Generation: Revenue Sufficiency and Long-term Reliability [J]. Electricity Journal, 2016, 29 (2): 26-38.

[112] Mitchell C, Bauknecht D, Connor P. Effectiveness through Risk Reduction: A Comparison of the Renewable Obligation in England and Wales and the Feed-in System in Germany [J]. Energy Policy, 2006, 62 (3): 297-305.

[113] Musa S D, Tang Z, Ibrahimb A O, et al. China's Energy Status: A Critical Look at Fossils and Renewable Options [J]. Renewable and Sustainable Energy Reviews, 2018, 81 (1): 2281-2290.

［114］Mészáros Mátyás Tamás, Shrestha S O B, Zhou H. Feed-in Tariff and Tradable Green Certificate in Oligopoly ［J］. Energy Policy, 2010, 38 （8）: 4040-4047.

［115］Nasirov S. The Development of Market Power in the Spanish Power Generation Sector: Perspectives after Market Liberalization ［J］. Energy Policy, 2016, 96 （9）: 700-710.

［116］Ndebele T. Assessing the Potential for Consumer-driven Renewable Energy Development in Deregulated Electricity Markets Dominated by Renewables ［J］. Energy Policy, 2020, 136 （1）: 111057.1-111057.14.

［117］Newbery D M, Pollitt M G, Ritz R A, et al. Market Design for a High-renewables European Electricity System ［J］. Renewable and Sustainable Energy Reviews, 2018, 91 （7）: 695-707.

［118］Newbery D. Privatization Restructuring and Regulation of Network Utilities ［M］. Gambridge: MIT Press, 2002.

［119］Newbery D. Reforming Competitive Electricity Markets to Meet Environmental Targets ［J］. Economics of Energy and Environmental Policy, 2011, 1 （1）: 215-227.

［120］Ngar D, Hills P. Institutional Innovation for Sustainability in Transitional China: The Green Electricity Market in Shanghai ［J］. Asian Energy Studies Centre, 2014 （11）: 71-83.

［121］Nojavan S, Zare K, Mohammadi I B. Risk-based Framework for Supplying Electricity from Renewable Generation-owning Retailers to Price-sensitive Customers Using Information Gap Decision Theory ［J］. Electrical Power and Energy Systems, 2017, 93 （12）: 156-170.

［122］Obeng-Darko N A. Why Ghana Will Not Achieve Its Renewable Energy Target for Electricity. Policy, Legal and Regulatory Implications ［J］. Energy Policy, 2019, 128 （5）: 75-83.

［123］Okioga I T, Wu J, Sireli Y, et al. Renewable Energy Policy Formulation for Electricity Generation in the United States [J]. Energy Strategy Reviews, 2018, 22 (11): 365-384.

[124] Onifade T T. Hybrid Renewable Energy Support Policy in the Power Sector: The Contracts for Difference and Capacity Market Case Study [J]. Energy Policy, 2016, 95 (8): 390-401.

[125] Ozdemir O, Hobbs B F, Hout M, et al. Capacity vs Energy Subsidies for Promoting Renewable Investment: Benefits and Costs for the EU Power Market [J]. Energy Policy, 2020, 137 (2): 111166. 1-111166. 14.

[126] Parlane S, Ryan L L B. Optimal Contracts for Renewable Electricity [J]. Energy Economics, 2020, 91 (9): 104877. 1-104877. 15.

[127] Peng X, Tao X. Cooperative Game of Electricity Retailers in China's Spot Electricity Market [J]. Energy, 2018, 145 (2): 152-170.

[128] Peng Y, Lu Q, Xiao Y. A Dynamic Stackelberg Duopoly Model with Different Strategies [J]. Chaos, Solitons & Fractals, 2016, 85 (4): 128-134.

[129] Perkovic L, Mikulcic H, Pavlinek L, et al. Coupling of Cleaner Production with a Day-ahead Electricity Market: A Hypothetical Case Study [J]. Journal of Cleaner Production, 2017, 143 (2): 1011-1020.

[130] Pineda S, Bock A. Renewable-based Generation Expansion under a Green Certificate Market [J]. Renewable Energy, 2016, 91 (6): 53-63.

[131] Pischke E, Solomon B, Wellstead A, et al. From Kyoto to Paris: Measuring Renewable Energy Policy Regimes in Argentina, Brazil, Canada, Mexico and the United States [J]. Energy Research & Social Science, 2019, 50 (4): 82-91.

[132] Qiang W, Niu S, Liu X, et al. Analysis of Generation Cost Changes during China's Energy Transition [J]. Energy & Environment, 2018, 29 (4): 456-472.

[133] Raadal H L, Dotzauer E, Hanssen O J, et al. The Interaction be-

tween Electricity Disclosure and Tradable Green Certificates [J]. Energy Policy, 2012, 42 (8): 419-428.

[134] Reinier, A. C, van, et al. The Interplay between Imbalance Pricing Mechanisms and Network Congestions-Analysis of the German Electricity Market [J]. Utilities Policy: Strategy, Performance, Regulation, 2014, 28 (5): 52-61.

[135] Rio P D. Analysing the Interactions between Renewable Energy Promotion and Energy Efficiency Support Schemes: The Impact of Different Instruments and Design Elements [J]. Energy Policy, 2010, 38 (9): 4978-4989.

[136] Ritzenhofen I, Birge J R, Spinler S. The Structural Impact of Renewable Portfolio Standards and Feed-in Tariffs on Electricity Markets [J]. European Journal of Operational Research, 2016, 255 (11): 224-242.

[137] Roldan Fernandez J M, Burgos Payan M, Riquelme Santos J M, et al. Renewable Generation Versus Demand-side Management. A Comparison for the Spanish Market [J]. Energy Policy, 2016, 96 (9): 458-470.

[138] Romero-Sanz, I. Aguirre De Cárcer, and Juan Fernández De La MoraIonic Propulsion Based on Heated Taylor Cones of Ionic Liquids [J]. Journal of Propulsion and Power, 2005, 21 (2): 239-242.

[139] Roos A, Bolkesjo T F. Value of Demand Flexibility on Spot and Reserve Electricity Markets in Future Power System with Increased Shares of Variable Renewable Energy [J]. Energy, 2018, 144 (2): 207-217.

[140] Ross S J, McHenry M P, Whale J. The Impact of State Feed-in Tariffs and Federal Tradable Quota Support Policies on Grid-connected Small Wind Turbine Installed Capacity in Australia [J]. Renewable Energy, 2012, 46 (10): 141-147.

[141] Röpke L. The Development of Renewable Energies and Supply Security: A Trade-off Analysis [J]. Energy Policy, 2017, 61 (10): 1011-

1021.

[142] Salihu M D, Zhonghua T, Ibrahim A O, et al. China's Energy Status: A Critical Look at Fossils and Renewable Options [J]. Renewable and Sustainable Energy Reviews, 2018, 81 (1): 2281-2290.

[143] Sandeman J. Feed-In Tariffs: Accelerating the Deployment of Renewable Energy [J]. International Journal of Environmental Studies, 2010, 63 (3): 463-478.

[144] Scherer, F. Industrial Market Structure and Economic Performance [M]. Chicago: Rand McNally, 1980.

[145] Schusser S, Jaraite J. Explaining the Interplay of Three Markets: Green Certificates, Carbon Emissions and Electricity [J]. Energy Economics, 2018, 71 (3): 1-13.

[146] See K F, Coelli T. Total Factor Productivity Analysis of a Single Vertically Integrated Electricity Utility in Malaysia Using a Törnqvist Index Method [J]. Utilities Policy, 2014, 28 (3): 62-72.

[147] Sharifi R, Anvari M A. A bi-level Model for Strategic Bidding of a Price-maker Retailer with Flexible Demands in Day-ahead Electricity Market [J]. International Journal of Electrical Power & Energy Systems, 2020, 121 (12): 106065.1-106065.13.

[148] Sharky W. The Theory of Natural Monopoly [M]. Cambridge: Cambridge University Press, 1982.

[149] Simao T, Castro R, Simao J. Wind Power Pricing: From Feed-in Tariffs to the Integration in a Competitive Electricity Market [J]. International Journal of Electrical Power & Energy Systems, 2012, 43 (1): 1155-1161.

[150] Sioshansi R. Retail Electricity Tariff and Mechanism Design to Incentivize Distributed Renewable Generation [J]. Energy Policy, 2016, 95 (8): 498-508.

[151] Smith M S, Shively T S. Econometric Modeling of Regional Elec-

tricity Spot Prices in the Australian Market [J]. Energy Economics, 2018, 74 (7): 886-903.

[152] Song X, Han J, Shan Y, et al. Efficiency of Tradable Green Certificate Markets in China [J]. Journal of Cleaner Production, 2020, 264 (8): 121518.

[153] Stokes L C. The Politics of Renewable energy policies: The case of Feed-in Tariffs in Ontario, Canada [J]. Energy Policy, 2013, 56 (5): 490-500.

[154] Stokes L L H. Gainesville Regional Utilities' Feed-in Tariff [J]. Harvard Kennedy School Case Program, 2012, 21 (7): 54-67.

[155] Strantzali E, Aravossis K. Decision Making in Renewable Energy Investments: A Review [J]. Renewable and Sustainable Energy Reviews, 2016, 55 (3): 885-898.

[156] Sun P, Nie P Y. A Comparative Study of Feed-in Tariff and Renewable Portfolio Standard Policy in Renewable Energy Industry [J]. Renewable Energy, 2015, 74 (2): 255-262.

[157] Sun Y. The Optimal Percentage Requirement and Welfare Comparisons in a Two-country Electricity Market with a Common Tradable Green Certificate System - ScienceDirect [J]. Economic Modelling, 2016, 55 (6): 322-327.

[158] Tang B J, Wang X Y, Wei Y M. Quantities Versus Prices for Best Social Welfare in Carbon Reduction: A Literature Review [J]. Applied Energy, 2019, 233-234 (1): 554-564.

[159] Tu Q, Mo J, Betz R, et al. Achieving Grid Parity of Solar PV Power in China—The Role of Tradable Green Certificate [J]. Energy Policy, 2020, 144 (9): 111681. 1-111681. 12.

[160] Tzankova Z. Public Policy Spillovers from Private Energy Governance: New Opportunities for the Political Acceleration of Renewable Energy

Transitions [J]. Energy Research & Social Science, 2020, 67 (9): 101504. 1-101504. 12.

[161] Vlachos A G, Biskas P N. Embedding Renewable Energy Pricing Policies in Day-ahead Electricity Market Clearing [J]. Electric Power Systems Research, 2014, 116 (11): 311-321.

[162] Vural G. Renewable and Non-renewable Energy-growth Nexus: A Panel Data Application for the Selected Sub-Saharan African Countries [J]. Resources Policy, 2020, 65 (3): 101568. 1-101568.

[163] Wang Q. Effective Policies for Renewable Energy-the Example of China's Wind Power-lessons for China's Photovoltaic Power [J]. Renewable and Sustainable Energy Reviews, 2010, 14 (2): 702-712.

[164] Wang T, Gong Y, Jiang C. A Review on Promoting Share of Renewable Energy by Green-trading Mechanisms in Power System [J]. Renewable and Sustainable Energy Reviews, 2014, 40 (12): 923-929.

[165] Wang X, Zou H. Study on the Effect of Wind Power Industry Policy Types on the Innovation Performance of Different Ownership Enterprises: Evidence from China [J]. Energy Policy, 2018, 122 (11): 241-252.

[166] Wei W, Zhao Y, Wang J, et al. The Environmental Benefits and Economic Impacts of Fit-in-Tariff in China [J]. Renewable Energy, 2019, 133 (4): 401-410.

[167] Winter S, Schlesewsky L. The German Feed-in Tariff Revisited-an Empirical Investigation on Its Distributional Effects [J]. Energy Policy, 2019, 132 (9): 344-356.

[168] Woo C K, Moore J, Schneiderman B, et al. Merit-order Effects of Renewable Energy and Price Divergence in California's Day-ahead and Real-time Electricity Markets [J]. Energy Policy, 2016, 92 (5): 299-312.

[169] Xia F, Lu X, Song F. The Role of Feed-in Tariff in the Curtailment of Wind Power in China [J]. Energy Economics, 2020, 86 (2):

104661. 1-104661. 9.

［170］Xia F, Song F. The Uneven Development of Wind Power in China: Determinants and the Role of Supporting Policies ［J］. Energy Economics, 2017, 67 (9): 278-286.

［171］Xiaohua S, Xubei Z, Yun L, et al. Study on the Evolution Mechanism and Development Forecasting of China's Power Supply Structure Clean Development ［J］. Sustainability, 2017, 9 (2): 156-168.

［172］Xie H, Jin S. Evolutionary Game Analysis of Fallow Farmland Behaviors of Different Types of Farmers and Local Governments ［J］. Land Use Policy, 2019, 88 (11): 104122. 1-104122. 12.

［173］Xu R, Song Z, Tang Q, et al. The Cost and Marketability of Renewable Energy after Power Market Reform in China: A Review ［J］. Journal of Cleaner Production, 2018, 204 (12): 409-424.

［174］Yoo T H, Ko W, Rhee C H, et al. The Incentive Announcement Effect of Demand Response on Market Power Mitigation in the Electricity Market ［J］. Renewable and Sustainable Energy Reviews, 2017, 76 (9): 545-554.

［175］Yoon J H, Sim K H. Why is South Korea's Renewable Energy Policy Failing? A Qualitative Evaluation ［J］. Energy Policy, 2015, 86 (11): 369-379.

［176］Yu Z C. Beyond the State Market Dichotomy: Institutional Innovations in China's Electricity Industry Reform ［J］. Journal of Environmental Management, 2020, 264 (6): 110306. 1-110306. 10.

［177］Yuan L, Xi J. Review on China's Wind Power Policy (1986-2017) ［J］. Environmental Science and Pollution Research, 2019, 26 (25): 25387-25398.

［178］Yurchenko Y, Thomas S. EU Renewable Energy Policy: Successes, Challenges, and Market Reforms ［J］. A Briefing Paper Commissioned by Public Services International, 2015, 67 (9): 163-176.

［179］ Zahedi A. Development of an Economical Model to Determine an Appropriate Feed-in Tariff for Grid-connected Solar PV Electricity in All States of Australia ［J］. Renewable and Sustainable Energy Reviews, 2009, 13 (4): 871-878.

［180］ Zhang S, Andrews-Speed P, Li S. To What Extent Will China's Ongoing Electricity Market Reforms Assist the Integration of Renewable Energy? ［J］. Energy Policy, 2018, 114 (3): 165-172.

［181］ Zhang Y F, Parker D, Kirkpatrick C. Electricity Sector reform in Developing Countries: An Econometric Assessment of the Effects of Privatization, Competition and Regulation ［J］. Journal of Regulatory Economics, 2008, 33 (2): 159-178.

［182］ Zhang Y Z, Zhao X G, Ren L Z, et al. The Development of China's Biomass Power Industry under Feed-in Tariff and Renewable Portfolio Standard: A System Dynamics Analysis ［J］. Energy, 2017, 139 (11): 947-961.

［183］ Zhang Y Z, Zhao X G, Ren L Z, et al. The Development of the Renewable Energy Power Industry under Feed-in Tariff and Renewable Portfolio Standard: A Case Study of China's Wind Power Industry ［J］. Journal of Cleaner Production, 2017, 168 (12): 1262-1276.

［184］ Zhang Y, Farnoosh A. Analyzing the Dynamic Impact of Electricity Futures on Revenue and Risk of Renewable Energy in China ［J］. Energy Policy, 2019, 132 (9): 678-690.

［185］ Zhao X G, Feng T T, Lu C, et al. The Barriers and Institutional Arrangements of the Implementation of Renewable Portfolio Standard: A Perspective of China ［J］. Renewable and Sustainable Energy Reviews, 2014, 30 (2): 371-380.

［186］ Zhao X G, Ren L Z, Zhang Y Z, et al. Evolutionary Game Analysis on the Behavior Strategies of Power Producers in Renewable Portfolio Standard [J]. Energy, 2018, 162 (11): 505-516.

[187] Zhao X G, Wu L, Zhou Y. How to Achieve Incentive Regulation under Renewable Portfolio Standards and Carbon Tax Policy? A China's Power Market Perspective [J]. Energy Policy, 2020, 143 (8): 111576.1 – 111576.11.

[188] Zhao X G, Zhang Y Z, Ren L Z, et al. The Policy Effects of Feed-in Tariff and Renewable Portfolio Standard: A Case Study of China's Waste Incineration Power Industry [J]. Waste Management, 2017, 68 (10): 711-723.

[189] Zhao X G, Zhou Y, Zuo Y, et al. Research on Optimal Bench-mark Price of Tradable Green Certificate Based on System Dynamics: A China Perspective [J]. Journal of Cleaner Production, 2019, 230 (9): 241-252.

[190] Zhu C P, Fan R G, Lin J C. The Impact of Renewable Portfolio Standard on Retail Electricity Market: A System Dynamics Model of Tripartite Evolutionary Game [J]. Energy Policy, 2020, 136 (1): 111072.1-111072.13.

[191] Zhu L, Xu Y, Pan Y. Enabled Comparative Advantage Strategy in China's Solar PV Development [J]. Energy Policy, 2019, 133 (10): 110880.1-110880.9.

[192] Zipp A. The Marketability of Variable Renewable Energy in Liberalized Electricity Markets – An Empirical Analysis [J]. Renewable Energy, 2017, 113 (12): 1111-1121.

[193] Zou P, Chen Q, Xia Q, et al. Incentive Compatible Pool-based Electricity Market Design and Implementation: A Bayesian Mechanism Design Approach [J]. Applied Energy, 2015, 158 (11): 508-518.

[194] Zou P, Chen Q, Yu Y, et al. Electricity Markets Evolution with the Changing Generation Mix: An Empirical Analysis Based on China 2050 High Renewable Energy Penetration Roadmap [J]. Applied Energy, 2017, 185 (9): 56-67.

［195］Zou X. Double－sided Auction Mechanism Design in Electricity Based on Maximizing Social Welfare ［J］. Energy Policy, 2009, 37（11）：4231-4239.

［196］Zuo Y, Zhao X G, Meng X, et al. Research on Tradable Green Certificate Benchmark Price and Technical Conversion Coefficient：Bargaining-based Cooperative Trading ［J］. Energy, 2020, 208（10）：118376.1-118376.12.

［197］Zuo Y, Zhao X G, Zhang Y Z, et al. From Feed-in Tariff to Renewable Portfolio Standards：An Evolutionary Game Theory Perspective ［J］. Journal of Cleaner Production, 2019, 213（3）：1274-1289.

［198］白让让. 垄断产业利益集团影响规制放松的机理分析 ［J］. 人文杂志, 2015（8）：23-31.

［199］北京大学国家发展研究院能源安全与国家发展研究中心, 中国人民大学经济学院能源经济联合课题组, 王敏. 关于中国风电和光伏发电补贴缺口和大比例弃电问题的研究 ［J］. 国际经济评论, 2018（4）：67-85+6.

［200］比格, 郝萨穆扎德. 电力市场经济学 ［M］. 北京：经济管理出版社, 2018.

［201］陈林. 自然垄断与混合所有制改革——基于自然实验与成本函数的分析 ［J］. 经济研究, 2018（1）：81-96.

［202］陈荣荣, 孙韵琳. 并网光伏发电项目的 LCOE 分析 ［J］. 可再生能源, 2015, 33（5）：731-735.

［203］初钊鹏, 卞晨. 基于演化博弈的京津冀雾霾治理环境规制政策研究 ［J］. 中国人口·资源与环境, 2018, 28（12）：63-75.

［204］董福贵, 时磊. 可再生能源配额制及绿色证书交易机制设计及仿真 ［J］. 电力系统自动化, 2019, 43（12）：113-121.

［205］范合君, 戚聿东. 中国自然垄断产业竞争模式选择与设计研究——以电力、电信、民航产业为例 ［J］. 中国工业经济, 2011（8）：

47-56.

[206] 范林凯，夏大慰．图卢兹学派对产业组织及规制理论的贡献[J]．经济学动态，2015（2）：120-129.

[207] 方燕，张昕竹．连续递增定价、交易成本与递增阶梯定价的渐近有效性[J]．世界经济，2014（7）：167-192.

[208] Fereidoon P. Sioshansi．全球电力市场演进：新模式、新挑战、新路径[M]．北京：机械工业出版社，2017.

[209] 弗登博格，梯若尔．博弈论[M]．北京：中国人民大学出版社，2015.

[210] 郭鸿业，陈启鑫．电力市场中的灵活调节服务：基本概念、均衡模型与研究方向[J]．中国电机工程学报，2017，37（11）：3057-3066.

[211] 郭昆健，高赐威．现货市场环境下售电商激励型需求响应优化策略[J]．电力系统自动化，2020（5）：1-10.

[212] 郭沛，冯利华．有偏技术进步、要素替代和碳排放强度——基于要素增强型 CES 生产函数的门限回归[J]．经济问题，2019（7）：95-103.

[213] 郭炜煜，赵新刚．固定电价与可再生能源配额制：基于中国电力市场的比较[J]．中国科技论坛，2016（9）：90-97.

[214] 国际能源署．重塑电力市场：低碳电力系统转型过程中的市场设计与监管[M]．北京：机械工业出版社，2017.

[215] 和军，刘凤义．交易成本、沉淀成本、自然垄断与公私合作治理机制[J]．华东经济管理，2016，30（11）：150-156.

[216] 胡一伟．中国电价水平高低之辩——基于电价调整后中外电价水平的比较[J]．价格理论与实践，2019（7）：69-72.

[217] 黄珺仪．补贴政策对风电产业发展影响的实证分析[J]．生态经济，2018，34（5）：115-120.

[218] 黄珺仪．可再生能源电价管制政策动态效率的理论比较[J].

价格理论与实践，2016（6）：24-28.

［219］黄珺仪．中国可再生能源电价规制政策研究［D］．大连：东北财经大学，2011.

［220］黄茂兴，叶琪．马克思主义绿色发展观与当代中国的绿色发展——兼评环境与发展不相容论［J］．经济研究，2017（6）：17-30.

［221］黄先海，宋学印，诸竹君．中国产业政策的最优实施空间界定——补贴效应、竞争兼容与过剩破解［J］．中国工业经济，2015（4）：57-69.

［222］黄昕，平新乔．行政垄断还是自然垄断——国有经济在产业上游保持适当控制权的必要性再探讨［J］．中国工业经济，2020（3）：81-99.

［223］黄毅祥，蒲勇健．售电侧改革、市场主体变化与电价红利：基于讨价还价博弈［J］．管理工程学报，2020（3）：74-82.

［224］蒋玮，吴杰．电力市场不完全信息条件下的电力供需双边博弈模型［J］．电力系统自动化，2019，43（2）：18-24.

［225］蒋轶澄，曹红霞．可再生能源配额制的机制设计与影响分析［J］．电力系统自动化，2020，44（7）：187-199.

［226］康重庆，杜尔顺．可再生能源参与电力市场：综述与展望［J］．南方电网技术，2016，10（3）：16-22.

［227］孔令丞，石晶．我国可再生能源电力配额及其交易研究［J］．上海管理科学，2017，39（3）：30-38.

［228］拉丰，梯若尔．电信竞争［M］．北京：中国人民大学出版社，2017.

［229］李虹，熊振兴．生态占用、绿色发展与环境税改革［J］．经济研究，2017（7）：124-138.

［230］李洪珠，曹人众，张馨瑜．家庭用电背景下基于实时电价的需求响应模型［J］．电力系统及其自动化学报，2018，30（11）：7.

［231］李健，薛程．政府约束机制下环境质量监管三方演化博弈分

析及仿真研究 [J]. 工业技术经济, 2019 (4): 58-66.

[232] 李俊江, 王宁. 中国能源转型及路径选择 [J]. 行政管理改革, 2019 (5): 65-73.

[233] 李力行, 苗世洪. 源荷双侧不确定因素影响下基于 Rubinstein 博弈的电网双层定价模型 [J]. 电工技术学报, 2019, 34 (11): 729-741.

[234] 林伯强, 李江龙. 环境治理约束下的中国能源结构转变——基于煤炭和二氧化碳峰值的分析 [J]. 中国社会科学, 2015 (9): 84-107.

[235] 林伯强, 李江龙. 基于随机动态递归的中国可再生能源政策量化评价 [J]. 经济研究, 2014 (4): 89-103.

[236] 林伯强, 刘畅. 中国能源补贴改革与有效能源补贴 [J]. 中国社会科学, 2016 (10): 52-71.

[237] 林伯强. 中国新能源发展战略思考 [J]. 中国地质大学学报 (社会科学版), 2018, 18 (2): 76-83.

[238] 林卫斌. 网络型产业市场构造与规制——以电力行业为例 [M]. 北京: 北京大学出版社, 2017.

[239] 刘连光, 潘明明. 考虑源网荷多元主体的售电竞争非合作博弈方法 [J]. 中国电机工程学报, 2017, 37 (6): 1618-1625.

[240] 刘平阔. 中国"能源转型"是否合理?——能源替代—互补关系的实证研究 [J]. 中国软科学, 2019 (5): 14-30.

[241] 刘薇. 国际贸易视角下绿色产业补贴政策博弈分析 [J]. 技术经济与管理研究, 2019 (4): 11-16.

[242] 刘小玄, 张蕊. 可竞争市场上的进入壁垒——非经济垄断的理论和实证分析 [J]. 中国工业经济, 2014 (4): 71-83.

[243] 马翠萍, 史丹. 太阳能光伏发电成本及平价上网问题研究 [J]. 当代经济科学, 2014, 36 (2): 85-94.

[244] 马莉, 范孟华. 国外电力市场最新发展动向及其启示 [J]. 电力系统自动化, 2014, 38 (3): 1-9.

［245］蒲勇健，孙衔华．差价合约市场力抑制效应的 Bertrand 博弈模型分析［J］．中国管理科学，2017，25（5）：109-115.

［246］蒲勇健，余沙．基于独立售电公司双角色的 Stackelberg 博弈模型分析［J］．中国管理科学，2020，25（4）：1-12.

［247］戚聿东，李颖．新经济与规制改革［J］．中国工业经济，2018（3）：5-23.

［248］秦书生，胡楠．中国绿色发展理念的理论意蕴与实践路径［J］．东北大学学报，2017，19（6）：631-636.

［249］秦雪征，章政．浅析绿色发展模式在我国的实现路径［J］．北京大学学报（哲学社会科学版），2016（2）：20-24.

［250］曲振涛，杨恺钧．规制经济学［M］．上海：复旦出版社，2006.

［251］时璟丽．可再生能源发展促进政策机制分析及建议［J］．中国能源，2017，39（9）：5-10.

［252］史丹．绿色发展与全球工业化的新阶段：中国的进展与比较［J］．中国工业经济，2018（10）：5-18.

［253］斯蒂格勒．产业组织和政府管制［M］．上海：上海人民出版社，1996.

［254］Spulber D F．管制与市场［M］．上海：上海三联书店，2017.

［255］汤吉军，郭砚莉．沉淀成本、交易成本与政府管制方式——兼论我国自然垄断行业改革的新方向［J］．中国工业经济，2012（12）：31-43.

［256］梯若尔．产业组织理论［M］．北京：中国人民大学出版社，2015.

［257］田雪沁，吴静．计及外部性转移机制的绿色证书交易制度效益研究［J］．现代电力，2019，36（1）：6-13.

［258］王蓓蓓，丛小涵．高比例新能源接入下电网灵活性爬坡能力市场化获取机制现状分析及思考［J］．电网技术，2019，43（8）：

2691-2701.

[259] 魏楚，郑新业．能源效率提升的新视角——基于市场分割的检验 [J]．中国社会科学，2017（10）：90-111.

[260] 邬晓燕．绿色发展及其实践路径 [J]．北京交通大学学报（社会科学版），2014，13（3）：97-101.

[261] 吴诚，高丙团．基于主从博弈的发电商与大用户双边合同交易模型 [J]．电力系统自动化，2016，40（22）：56-62.

[262] 吴汉洪．西方产业组织理论在中国的引进及相关评论 [J]．政治经济学评论，2019，10（1）：3-21.

[263] 吴力波，孙可奇．不完全竞争电力市场中可再生能源支持政策比较 [J]．中国人口·资源与环境，2015，25（10）：53-60.

[264] 吴力波，周阳．上海市居民绿色电力支付意愿研究 [J]．中国人口·资源与环境，2018，28（2）：86-93.

[265] XIAO-PING ZHANG．电力系统重组——基于均衡模型的电力市场分析 [M]．北京：中国电力出版社，2016.

[266] 肖云鹏，王锡凡．面向高比例可再生能源的电力市场研究综述 [J]．中国电机工程学报，2018，38（3）：663-674.

[267] 许玲燕，杜建国，汪文丽．农村水环境治理行动的演化博弈分析 [J]．中国人口·资源与环境，2017，27（5）：17-26.

[268] 褟培正，孙高星，朱继忠，等．风电不确定性对电力现货市场电价的影响 [J]．南方电网技术，2018，106（12）：69-75.

[269] 杨娟，郭琎．我国垄断行业改革进展与深化思路 [J]．宏观经济管理，2019（5）：38-44.

[270] 杨娟，刘树杰．市场化电力体制中保底供电及其价格形成机制研究 [J]．价格理论与实践，2019（5）：10-12.

[271] 于崇德，潘跃龙，刘旭龙，等．逐步建立适应新型电力系统的电价形成和疏导机制 [J]．中国电力企业管理，2022（34）：20-24.

[272] 余杨，李传忠．绿证交易、发售电配额制与可再生能源财税

减负效应［J］.中国人口·资源与环境，2020，30（2）：80-88.

［273］俞萍萍，杨冬宁.低碳视角下的可再生能源政策——激励机制与模式选择［J］.学术月刊，2012，44（3）：83-89.

［274］曾嘉志，赵雄飞.用电侧市场放开下的电力市场多主体博弈［J］.电力系统自动化，2017，41（24）：129-136.

［275］张红凤.西方规制经济学的变迁［M］.北京：经济科学出版社，2005.

［276］张沁.中国低碳发展的激励型规制研究［M］.北京：冶金工业出版社，2012.

［277］张维迎.博弈论与信息经济学［M］.上海：格致出版社，2012.

［278］张文妍，李恩极，李群.基于Rubinstein讨价还价博弈的农地流转价格研究［J］.数学的实践与认识，2019，49（7）：108-115.

［279］张忠会，赖飞屹.基于纳什均衡理论的电力市场三方博弈分析［J］.电网技术，2016，40（12）：3671-3679.

［280］赵新刚，任领志.可再生能源配额制、发电厂商的策略行为与演化［J］.中国管理科学，2019，27（3）：168-179.

［281］植草益.微观规制经济学［M］.北京：中国发展出版社，1992.

附　录

附录 A

Matlab2014a 软件模拟仿真程序代码

一、RPS-TGC 电价规制对煤电的替代性模拟对比

（一）对煤电产量的影响

```
M=3. 2;N=1;v_h=265;v_g=500;c=750;d=5. 5*10^(-8);
delta=0:0. 01:0. 45;
q_h_fit=(1-delta)*(c-v_h)./(d*(M+1-delta));
subplot(1,2,1);plot(delta,q_h_fit);
grid on
xlabel('强制配额\delta','FontSize',18);
ylabel('q_{h-FIT}','FontSize',18);
ylim([0. 8*10^9,2. 1*10^9]);
legend1=legend({'FIT'});
set(legend1,'Location','southEast','Visible','on','FontWeight','norm','Fon-
```

tSize',16);

```
q_h_gtc=N*(1-delta). *(c-(delta*v_g+(1-delta)*v_h))./(d*
(N*(M+(1-delta).^2)+M*delta.^2));
subplot(1,2,2);plot(delta,q_h_gtc);
grid on
xlabel('强制配额\delta','FontSize',18);
ylabel('q_{h-GTC}','FontSize',18);
ylim([0.8*10^9,2.1*10^9]);
legend1=legend({'RPS下GTC'});
set(legend1,'Location','southEast','Visible','on','FontWeight','norm', 'Fon-
tSize',16);
```

（二）对绿色能源电力产量的影响

```
M=3.2;N=1;v_h=265;v_g=500;c=750;d=5.5*10^(-8);
delta=0:0.01:0.45;
q_g_fit=M*delta*(c-v_h)./(d*N*(M+1-delta));
subplot(1,2,1);
plot(delta,q_g_fit);
grid on
xlabel('强制配额\delta','FontSize',16);
ylabel('q_{g-FIT}','FontSize',16);
legend1=legend({'FIT'});
set(legend1,'Location','southEast','Visible','on','FontWeight','norm', 'Fon-
tSize',14);

q_g_gtc=M*delta. *(c-(delta*v_g+(1-delta)*v_h))./(d*(N*
(M+(1-delta).^2)+M*delta.^2));
subplot(1,2,2);
```

```
plot(delta,q_g_gtc);
grid on
xlabel('强制配额\delta','FontSize',16);
ylabel('q_{g-TGC}','FontSize',16);
ylim([0,3.5*10^9]);
legend1=legend({'RPS-TGC'});
set(legend1,'Location','southEast','Visible','on','FontWeight','norm', 'FontSize',14);
```

二、RPS-TGC 电价规制与电力市场化的适应性模拟对比

（一）对电力市场价格的影响

```
M=3.2;N=1;v_h=265;v_g=500;c=750;d=5.5*10^(-8);
delta=0:0.01:0.45;
p_z=c-M*(c-v_h)./(M+1-delta);
subplot(1,2,1);plot(delta,p_z);
grid on
xlabel('强制配额\delta','FontSize',16);
ylabel('p_{z}','FontSize',16);
legend1=legend({'FIT'});
set(legend1,'Location','southWest','Visible','on','FontWeight','norm','FontSize',14);


p_z=c-M*N*(c-(delta*v_g+(1-delta)*v_h))./((N*(M+(1-delta).^2)+M*delta.^2));
subplot(1,2,2);plot(delta,p_z);
grid on
xlabel('强制配额\delta','FontSize',16);
ylabel('p_{z}','FontSize',16);
```

legend1 = legend({'RPS-TGC'}) ;

set(legend1 ,'Location' ,'southWest' ,'Visible' ,'on' ,'FontWeight' ,'norm' ,'FontSize' ,14) ;

（二） 对社会福利的影响

M = 3. 2 ; N = 1 ; v_h = 265 ; v_g = 500 ; c = 750 ; d = 5. 5 * 10^(-8) ;

lamda = 1. 15 ; chi = 0. 15 ;

delta = 0 :0. 01 :0. 45 ;

SW_fit = (M * (c-v_h) . /(2 * (M+1-delta)) +(c-c * delta-M * v_h) . /

((M+1-delta)) -. . .

　　lamda * delta * M. * (N+delta) * (c-v_h) . /(N * (M+1-delta)) +

lamda * delta * (c-v_g) -lamda * v_g-. . .

　　(1+chi) * (1-delta) * v_h) * M * (c-v_h) . /(d * (M+1-delta)) ;

subplot(1 ,2 ,1) ;plot(delta ,SW_fit) ;

grid on

xlabel('强制配额\delta' ,'FontSize' ,19) ;

ylabel('SW_{ FIT}' ,'FontSize' ,19) ;

legend1 = legend({'FIT'}) ;

set(legend1 ,'Location' ,'southWest' ,'Visible' ,'on' ,'FontWeight' ,'norm' ,. . .

　　'FontSize' ,15) ;

SW_gtc = (c-delta * v_g-(1-delta) * v_h-M * N * (c-(delta * v_g+

(1-delta) * v_h)) . /(2 * (N * (M+(1-delta) . ^2) +M * delta. ^2)) -. . .

　　delta. * (1-delta) . * (M * (N+delta) * (c-v_h) -N * (M+1-

delta) * (c-v_g)) . /(N * (M+(1-delta). ^2+M * delta. ^2))). * . . .

　　(M * N * (c-(delta * v_g+(1-delta) * v_h)) . /(d * (N * (M+(1-

delta). ^2+M * delta. ^2)))) ;

subplot(1 ,2 ,2) ;plot(delta ,SW_gtc) ;

　　grid on

xlabel('强制配额\delta','FontSize',19);

ylabel('SW_{TGC}','FontSize',19);

legend1=legend({'RPS-TGC'});

set(legend1,'Location','southWest','Visible','on','FontWeight','norm','FontSize',15);

三、三方演化博弈策略模拟

（一）情景一

P0=450;delta0=0.0777;S=100;varpi=227;Q0=6.99*10^9;

x0=0.5;y0=0.5;z0=0.5;

Delta_delta=(0.20/0.0777)^(1/12)-1;%

disp(['配额年增长率',num2str(Delta_delta)])

Delta_Q=0.023;

U_C=0.5;

n=20;%

delta=[delta0;delta0*(1+Delta_delta).^(1:n)'];

P=[P0;P0*(1+0.023*Delta_delta/0.8).^(1:n)'];

F=1.5*P;

Q=[Q0;Q0*(1+0.023*Delta_delta/0.8).^(1:n)'];

x=[x0;zeros(n,1)];

y=[y0;zeros(n,1)];

z=[z0;zeros(n,1)];

for t=2:n+1

    Delta_x_t=x(t-1)*(1-x(t-1))*y(t-1)*z(t-1)*(P(t-1)-varpi)*Delta_delta*Delta_Q;

    x(t)=x(t-1)+Delta_x_t;

    Delta_y_t=y(t-1)*(1-y(t-1))*(F(t-1)*z(t-1)-P(t-1))*Delta_delta*Delta_Q;

```
    y(t) = y(t-1)+Delta_y_t;
    Delta_z_t = z(t-1) * (1-z(t-1)) * U_C;
    z(t) = z(t-1)+Delta_z_t;
end


plot(x,'g');hold on
plot(y,'r');
plot(z,'b');
grid on
xlabel('时间','FontSize',16);
ylabel('比例','FontSize',16);
axis([ 0 n 0.4 1.0]);
legend1 = legend({'绿色能源电力生产商','煤电生产商','政府'});
    set(legend1,'Location','southEast','Visible','on','FontWeight','norm',...
    'FontSize',14);
```

(二)情景二

```
P0 = 210;delta0 = 0.0777;S = 100;varpi = 227;Q0 = 6.99 * 10^9;
x0 = 0.5;y0 = 0.5;z0 = 0.5;
Delta_delta = (0.20/0.0777)^(1/12)-1;%
disp(['配额年增长率',num2str(Delta_delta)])
Delta_Q = 0.023;
U_C = 0.5;
n = 30;%
delta = [delta0;delta0 * (1+Delta_delta).^(1:n)'];
P = P0 * ones(n,1);
F = 1.5 * P;
Q = [Q0;Q0 * (1+0.023 * Delta_delta/0.8).^(1:n)'];
x = [x0;zeros(n,1)];
```

```
y = [ y0 ; zeros( n , 1 ) ] ;
z = [ z0 ; zeros( n , 1 ) ] ;
for t = 2 : n+1
    Delta_x_t = x( t-1 ) * ( 1-x( t-1 ) ) * y( t-1 ) * z( t-1 ) * ( P( t-1 ) -
varpi ) * Delta_delta * Delta_Q ;
    x( t ) = x( t-1 ) +Delta_x_t ;
    Delta_y_t = y( t-1 ) * ( 1-y( t-1 ) ) * ( F( t-1 ) * z( t-1 ) -P( t-1 ) ) *
Delta_delta * Delta_Q ;
    y( t ) = y( t-1 ) +Delta_y_t ;
    Delta_z_t = z( t-1 ) * ( 1-z( t-1 ) ) * U_C ;
    z( t ) = z( t-1 ) +Delta_z_t ;
end


plot( x ,'g' ) ; hold on
plot( y ,'r' ) ;
plot( z ,'b' ) ;
grid on
xlabel( '时间' ,'FontSize' , 16 ) ;
ylabel( '比例' ,'FontSize' , 16 ) ;
axis( [ 0 n 0.4 1.0 ] ) ;
legend1 = legend( {'绿色能源电力生产商' ,'煤电生产商' ,'政府' } ) ;
set( legend1 ,'Location' ,'southEast' ,'Visible' ,'on' ,'FontWeight' ,'norm' ,'Fon-
tSize' , 14 ) ;
```

（三）情景三

```
P0 = 30 ; delta0 = 0.0777 ; S = 100 ; varpi = 227 ; Q0 = 6.99 * 10^9 ;
x0 = 0.5 ; y0 = 0.5 ; z0 = 0.5 ;
Delta_delta = ( 0.20/0.0777 )^( 1/12 ) -1 ;%
disp( [ '配额年增长率' , num2str( Delta_delta ) ] )
```

```
Delta_Q = 0.023;

U_C = 0.5;

n = 60; %

delta = [ delta0; delta0 * ( 1+Delta_delta ). ^( 1:n)' ] ;

P = P0 * ones( n,1 ) ;

F = 0.009 * P;

Q = [ Q0; Q0 * ( 1+0.023 * Delta_delta/0.8 ). ^( 1:n)' ] ;

x = [ x0; zeros( n,1 ) ] ;

y = [ y0; zeros( n,1 ) ] ;

z = [ z0; zeros( n,1 ) ] ;

for t = 2:n+1

    Delta_x_t = x( t-1 ) * ( 1-x( t-1 ) ) * y( t-1 ) * z( t-1 ) * ( P( t-1 ) -
varpi) * Delta_delta * Delta_Q;

    x( t ) = x( t-1 ) +Delta_x_t;

    x( t ) = x( t ) * ( x( t )>0 ) ;

    Delta_y_t = y( t-1 ) * ( 1-y( t-1 ) ) * ( F( t-1 ) * z( t-1 ) -P( t-1 ) ) *
Delta_delta * Delta_Q;

    y( t ) = y( t-1 ) +Delta_y_t;

    y( t ) = y( t ) * ( y( t )>0 ) ;

    Delta_z_t = z( t-1 ) * ( 1-z( t-1 ) ) * U_C;

    z( t ) = z( t-1 ) +Delta_z_t;

    z( t ) = z( t ) * ( z( t )>0 ) ;

end


plot( x,'g' ) ; hold on

plot( y,'r' ) ;

plot( z,'b' ) ;

grid on
```

```
xlabel('时间','FontSize',16);
ylabel('比例','FontSize',16);
axis([0 n 0.0 1.0]);
legend1 = legend({'绿色能源电力生产商','煤电生产商','政府'});
set(legend1,'Location','southEast','Visible','on','FontWeight','norm','FontSize',14);
```

（四）情景四

```
P0 = 4400;delta0 = 0.0777;S = 100;varpi = 227;Q0 = 6.99 * 10^9;
x0 = 0.5;y0 = 0.5;z0 = 0.5;
Delta_delta = (0.20/0.0777)^(1/12)-1;%
disp(['配额年增长率',num2str(Delta_delta)])
Delta_Q = 0.023;
U_C = 0.5;
n = 20;%
delta = [delta0;delta0 * (1+Delta_delta).^(1:n)'];
P = P0 * ones(n,1);
F = 0.99 * P;
Q = [Q0;Q0 * (1+0.023 * Delta_delta/0.8).^(1:n)'];
x = [x0;zeros(n,1)];
y = [y0;zeros(n,1)];
z = [z0;zeros(n,1)];
for t = 2:n+1
    Delta_x_t = x(t-1) * (1-x(t-1)) * y(t-1) * z(t-1) * (P(t-1)-varpi) * Delta_delta * Delta_Q;
    x(t) = x(t-1)+Delta_x_t;
    x(t) = x(t) * (x(t)>0);
    Delta_y_t = y(t-1) * (1-y(t-1)) * (F(t-1) * z(t-1)-P(t-1)) * Delta_delta * Delta_Q;
```

```
    y(t)=y(t-1)+Delta_y_t;

    y(t)=y(t)*(y(t)>0);

    Delta_z_t=z(t-1)*(1-z(t-1))*U_C;

    z(t)=z(t-1)+Delta_z_t;

    z(t)=z(t)*(z(t)>0);

end


plot(x,'g');hold on

plot(y,'r');

plot(z,'b');

grid on

xlabel('时间','FontSize',16);

ylabel('比例','FontSize',16);

axis([0 n 0.0 1.0]);

legend1=legend({'绿色能源电力生产商','煤电生产商','政府'});

set(legend1,'Location','southEast','Visible','on','FontWeight','norm','Fon-
tSize',14);
```

四、补贴对绿色证书交易的影响

```
P0=230;delta0=0.0777;S=100;Q0=6.99*10^9;

x0=0.5;y0=0.5;z0=0.5;

Delta_delta=(0.30/0.0777)^(1/12)-1;%

disp(['配额年增长率',num2str(Delta_delta)])

Delta_Q=0.023;

U_C=0.5;

n=20;%

delta=[delta0;delta0*(1+Delta_delta).^(1:n)'];

varpi=227-11.5*(0:n)';varpi=varpi.*(varpi>0);
```

```
P = [ P0;P0 * ( 1+0. 023 * Delta_delta/0. 8). ^( 1:n)' ] ;

F = 1. 8 * P;

Q = [ Q0;Q0 * ( 1+0. 023 * Delta_delta/0. 8). ^( 1:n)' ] ;

x = [ x0;zeros( n,1) ] ;

y = [ y0;zeros( n,1) ] ;

z = [ z0;zeros( n,1) ] ;

for t = 2:n+1

    Delta_x_t = x( t-1) * ( 1-x( t-1) ) * y( t-1) * z( t-1) * ( P( t-1) -
varpi( t-1) ) * Delta_delta * Delta_Q;

    x( t) = x( t-1) +Delta_x_t;

    Delta_y_t = y( t-1) * ( 1-y( t-1) ) * ( F( t-1) * z( t-1) -P( t-1) ) *
Delta_delta * Delta_Q;

    y( t) = y( t-1) +Delta_y_t;

    Delta_z_t = z( t-1) * ( 1-z( t-1) ) * U_C;

    z( t) = z( t-1) +Delta_z_t;

end

subplot( 2,2,1)

plot( x,'g') ;hold on

plot( y,'r') ;

plot( z,'b') ;

grid on

xlabel( '时间','FontSize',16) ;

ylabel( '比例','FontSize',16) ;

axis( [ 1 n 0. 4 1. 0] ) ;

legend1 = legend( {'绿色能源电力生产商','煤电生产商','政府'} ) ;

    set( legend1,'Location','southEast','Visible','on','FontWeight','norm',...
    'FontSize',14) ;
```

```
P0 = 230;delta0 = 0.0777;S = 100;Q0 = 6.99 * 10^9;
x0 = 0.5;y0 = 0.5;z0 = 0.5;
Delta_delta = (0.30/0.0777)^(1/12)-1;%
disp(['配额年增长率',num2str(Delta_delta)])
Delta_Q = 0.023;
U_C = 0.5;
n = 20;%
delta = [delta0;delta0 * (1+Delta_delta).^(1:n)'];
varpi = [227-8 * (0:n/2),227-8 * n/2-15 * (1:n/2)]';varpi = varpi. *
(varpi>0);
P = [P0;P0 * (1+0.023 * Delta_delta/0.8).^(1:n)'];
F = 1.5 * P;
Q = [Q0;Q0 * (1+0.023 * Delta_delta/0.8).^(1:n)'];
x = [x0;zeros(n,1)];
y = [y0;zeros(n,1)];
z = [z0;zeros(n,1)];
for t = 2:n+1
    Delta_x_t = x(t-1) * (1-x(t-1)) * y(t-1) * z(t-1) * (P(t-1)-
varpi(t-1)) * Delta_delta * Delta_Q;
    x(t) = x(t-1)+Delta_x_t;
    Delta_y_t = y(t-1) * (1-y(t-1)) * (F(t-1) * z(t-1)-P(t-1)) *
Delta_delta * Delta_Q;
    y(t) = y(t-1)+Delta_y_t;
    Delta_z_t = z(t-1) * (1-z(t-1)) * U_C;
    z(t) = z(t-1)+Delta_z_t;
end
subplot(2,2,2)
plot(x,'g');hold on
```

```
plot( y ,'r') ;

plot( z ,'b') ;

grid on

xlabel('时间','FontSize',16) ;

ylabel('比例','FontSize',16) ;

axis( [ 1 n 0. 4 1. 0] ) ;

legend1 = legend( {'绿色能源电力生产商','煤电生产商','政府'} ) ;

    set( legend1 ,'Location','southEast','Visible','on','FontWeight','norm',...

    'FontSize',14) ;


P0 = 240 ; delta0 = 0. 0777 ; S = 100 ; Q0 = 6. 99 * 10^9 ;

x0 = 0. 5 ; y0 = 0. 5 ; z0 = 0. 5 ;

Delta_delta = ( 0. 30/0. 0777)^( 1/12) -1 ; %

disp( ['配额年增长率', num2str( Delta_delta) ] )

Delta_Q = 0. 023 ;

U_C = 0. 5 ;

n = 20 ; %

delta = [ delta0 ; delta0 * ( 1+Delta_delta) . ^( 1 : n)' ] ;

varpi = [ 227 - 15 * ( 0 : n/2) , 227 - 15 * n/2 - 8 * ( 1 : n/2) ]' ; varpi =
varpi. * ( varpi>0) ;

    P = [ P0 ; P0 * ( 1+0. 023 * Delta_delta/0. 8) . ^( 1 : n)' ] ;

    F = 1. 6 * P ;

    Q = [ Q0 ; Q0 * ( 1+0. 023 * Delta_delta/0. 8) . ^( 1 : n)' ] ;

    x = [ x0 ; zeros( n , 1) ] ;

    y = [ y0 ; zeros( n , 1) ] ;

    z = [ z0 ; zeros( n , 1) ] ;

    for t = 2 : n+1

        Delta_x_t = x( t-1) * ( 1-x( t-1) ) * y( t-1) * z( t-1) * ( P( t-1) -
```

```
varpi(t-1)) * Delta_delta * Delta_Q;
    x(t) = x(t-1)+Delta_x_t;
    Delta_y_t = y(t-1) * (1-y(t-1)) * (F(t-1) * z(t-1)-P(t-1)) *
Delta_delta * Delta_Q;
    y(t) = y(t-1)+Delta_y_t;
    Delta_z_t = z(t-1) * (1-z(t-1)) * U_C;
    z(t) = z(t-1)+Delta_z_t;
end
subplot(2,2,3)
plot(x,'g');hold on
plot(y,'r');
plot(z,'b');
grid on
xlabel('时间','FontSize',16);
ylabel('比例','FontSize',16);
axis([1 n 0.4 1.0]);
legend1 = legend({'绿色能源电力生产商','煤电生产商','政府'});
    set(legend1,'Location','southEast','Visible','on','FontWeight','norm',...
    'FontSize',14);


P0 = 230;delta0 = 0.0777;S = 100;Q0 = 6.99 * 10^9;
x0 = 0.5;y0 = 0.5;z0 = 0.5;
Delta_delta = (0.30/0.0777)^(1/12)-1;%
disp(['配额年增长率',num2str(Delta_delta)])
Delta_Q = 0.023;
U_C = 0.5;
n = 20;%
delta = [delta0;delta0 * (1+Delta_delta).^(1:n)'];
```

```
varpi = [ 227;227-kron(4 * 11.5 * (1:5)',ones(4,1))];
varpi = varpi. * (varpi>0);
P = [ P0;P0 * (1+0.023 * Delta_delta/0.8).^(1:n)'];
F = 1.5 * P;
Q = [ Q0;Q0 * (1+0.023 * Delta_delta/0.8).^(1:n)'];
x = [ x0;zeros(n,1)];
y = [ y0;zeros(n,1)];
z = [ z0;zeros(n,1)];
for t = 2:n+1
    Delta_x_t = x(t-1) * (1-x(t-1)) * y(t-1) * z(t-1) * (P(t-1) -
varpi(t-1)) * Delta_delta * Delta_Q;
    x(t) = x(t-1)+Delta_x_t;
    Delta_y_t = y(t-1) * (1-y(t-1)) * (F(t-1) * z(t-1)-P(t-1)) *
Delta_delta * Delta_Q;
    y(t) = y(t-1)+Delta_y_t;
    Delta_z_t = z(t-1) * (1-z(t-1)) * U_C;
    z(t) = z(t-1)+Delta_z_t;
end
subplot(2,2,4)
plot(x,'g');hold on
plot(y,'r');
plot(z,'b');
grid on
xlabel('时间','FontSize',16);
ylabel('比例','FontSize',16);
axis([1 n 0.4 1.0]);
legend1 = legend({'绿色能源电力生产商','煤电生产商','政府'});
    set(legend1,'Location','southEast','Visible','on','FontWeight','norm',...
```

```
'FontSize',14);
```

五、配额对绿色证书交易的影响

```
P0=450;delta0=0.0777;S=100;varpi=227;Q0=6.99*10^9;
x0=0.5;y0=0.5;z0=0.5;
Delta_delta=(0.15/0.0777)^(1/12)-1;%
disp(['配额年增长率',num2str(Delta_delta)])
Delta_Q=0.023;
U_C=0.5;
n=20;%
delta=[delta0;delta0*(1+Delta_delta).^(1:n)'];
P=[P0;P0*(1+0.023*Delta_delta/0.8).^(1:n)'];
F=1.5*P;
Q=[Q0;Q0*(1+0.023*Delta_delta/0.8).^(1:n)'];
x=[x0;zeros(n,1)];
y=[y0;zeros(n,1)];
z=[z0;zeros(n,1)];
for t=2:n+1
    Delta_x_t=x(t-1)*(1-x(t-1))*y(t-1)*z(t-1)*(P(t-1)-
varpi)*Delta_delta*Delta_Q;
    x(t)=x(t-1)+Delta_x_t;
    Delta_y_t=y(t-1)*(1-y(t-1))*(F(t-1)*z(t-1)-P(t-1))*
Delta_delta*Delta_Q;
    y(t)=y(t-1)+Delta_y_t;
    Delta_z_t=z(t-1)*(1-z(t-1))*U_C;
    z(t)=z(t-1)+Delta_z_t;
end
```

```
plot(x,'g');hold on

plot(y,'r');

plot(z,'b');

grid on

xlabel('时间','FontSize',16);

ylabel('比例','FontSize',16);

axis([0 n 0.4 1.0]);

legend1 = legend({'绿色能源电力生产商','煤电生产商','政府'});

        set(legend1,'Location','southEast','Visible','on','FontWeight','norm',...

        'FontSize',14);


P0 = 450;delta0 = 0.0777;S = 100;varpi = 227;Q0 = 6.99 * 10^9;

x0 = 0.5;y0 = 0.5;z0 = 0.5;

Delta_delta = (0.20/0.0777)^(1/12)-1;%

disp(['配额年增长率',num2str(Delta_delta)])

Delta_Q = 0.023;

U_C = 0.5;

n = 20;%

delta = [delta0;delta0 * (1+Delta_delta).^(1:n)'];

P = [P0;P0 * (1+0.023 * Delta_delta/0.8).^(1:n)'];

F = 1.5 * P;

Q = [Q0;Q0 * (1+0.023 * Delta_delta/0.8).^(1:n)'];

x = [x0;zeros(n,1)];

y = [y0;zeros(n,1)];

z = [z0;zeros(n,1)];

for t = 2:n+1

    Delta_x_t = x(t-1) * (1-x(t-1)) * y(t-1) * z(t-1) * (P(t-1) -
varpi) * Delta_delta * Delta_Q;
```

```
    x(t)=x(t-1)+Delta_x_t;
    Delta_y_t=y(t-1)*(1-y(t-1))*(F(t-1)*z(t-1)-P(t-1))*
Delta_delta*Delta_Q;
    y(t)=y(t-1)+Delta_y_t;
    Delta_z_t=z(t-1)*(1-z(t-1))*U_C;
    z(t)=z(t-1)+Delta_z_t;
end


plot(x,'-og');hold on
plot(y,'-or');
plot(z,'-ob');
grid on
xlabel('时间','FontSize',16);
ylabel('比例','FontSize',16);
axis([0 n 0.4 1.0]);
legend1=legend({'绿色能源电力生产商','煤电生产商','政府'});
    set(legend1,'Location','southEast','Visible','on','FontWeight','norm',...
    'FontSize',14);
P0=450;delta0=0.0777;S=100;varpi=227;Q0=6.99*10^9;
x0=0.5;y0=0.5;z0=0.5;
Delta_delta=(0.38/0.0777)^(1/12)-1;%
disp(['配额年增长率',num2str(Delta_delta)])
Delta_Q=0.023;
U_C=0.5;
n=20;%
delta=[delta0;delta0*(1+Delta_delta).^(1:n)'];
P=[P0;P0*(1+0.023*Delta_delta/0.8).^(1:n)'];
F=1.4*P;
```

```
Q = [ Q0; Q0 * (1+0. 023 * Delta_delta/0. 8). ^(1:n)'];

x = [ x0; zeros( n,1) ];

y = [ y0; zeros( n,1) ];

z = [ z0; zeros( n,1) ];

for t = 2:n+1

    Delta_x_t = x( t-1) * (1-x( t-1) ) * y( t-1) * z( t-1) * ( P( t-1) -
varpi) * Delta_delta * Delta_Q;

    x( t) = x( t-1) +Delta_x_t;

    Delta_y_t = y( t-1) * (1-y( t-1) ) * ( F( t-1) * z( t-1) -P( t-1) ) *
Delta_delta * Delta_Q;

    y( t) = y( t-1) +Delta_y_t;

    Delta_z_t = z( t-1) * (1-z( t-1) ) * U_C;

    z( t) = z( t-1) +Delta_z_t;

end


plot( x,'- * g');hold on

plot( y,'- * r');

plot( z,'- * b');

grid on

xlabel('时间','FontSize',16);

ylabel('比例','FontSize',16);

axis( [ 0 n 0. 4 1. 0]);

legend1 = legend( {'绿色能源电力生产商','煤电生产商','政府'});

    set( legend1,'Location','southEast','Visible','on','FontWeight','norm',...

    'FontSize',14);
```

附录 B

附表 B. 1　IEEE-39 节点的电力系统模型机组参数

机组名称	机组类型	额定容量（兆瓦）	最小技术出力（兆瓦）	上爬坡速率	平均发电成本（元/兆瓦时）	节点
G30	风电	1350	0	600	212. 0	Bus30
G31	水电	1000	0	500	190. 8	Bus31
G32	风电	2000	0	900	275. 0	Bus32
G33	煤电	1350	600	120	289. 6	Bus33
G34	煤电	1100	450	45	318. 4	Bus34
G35	风电	1500	0	450	282. 6	Bus35
G36	煤电	2100	1200	120	304. 0	Bus36
G37	太阳能	1100	0	500	307. 2	Bus37
G38	风电	1500	0	600	247. 0	Bus38
G39	太阳能	800	0	300	270. 0	Bus39

附表 B. 2　IEEE-39 节点的电力系统模型线路参数

线路名称	电阻标幺值	电抗标幺值	1/2 充电电纳标幺值	支路传输容量（兆瓦）	首节点	末节点
Line1	0. 0035	0. 0411	0. 6987	600	Bus1	Bus2
Line2	0. 0010	0. 0250	0. 7500	1000	Bus1	Bus39
Line3	0. 0013	0. 0151	0. 2572	500	Bus2	Bus3
Line4	0. 0070	0. 0086	0. 1460	500	Bus2	Bus25
Line5	0. 0000	0. 0181	0. 0000	900	Bus2	Bus30
Line6	0. 0013	0. 0213	0. 2214	500	Bus3	Bus4
Line7	0. 0011	0. 0133	0. 2138	500	Bus3	Bus18
Line8	0. 0008	0. 0128	0. 1342	600	Bus4	Bus5
Line9	0. 0008	0. 0129	0. 1382	500	Bus4	Bus14
Line10	0. 0002	0. 0026	0. 0434	1200	Bus5	Bus6

续表

线路名称	电阻标幺值	电抗标幺值	1/2 充电电纳标幺值	支路传输容量（兆瓦）	首节点	末节点
Line11	0.0008	0.0112	0.1476	900	Bus5	Bus8
Line12	0.0006	0.0092	0.1130	900	Bus6	Bus7
Line13	0.0007	0.0082	0.1389	480	Bus6	Bus11
Line14	0.0000	0.0250	0.0000	1800	Bus6	Bus31
Line15	0.0004	0.0046	0.0780	900	Bus7	Bus8
Line16	0.0023	0.0363	0.3804	900	Bus8	Bus9
Line17	0.0010	0.0250	1.2000	900	Bus9	Bus39
Line18	0.0004	0.0043	0.0729	600	Bus10	Bus11
Line19	0.0004	0.0043	0.0729	600	Bus10	Bus13
Line20	0.0000	0.0200	0.0000	900	Bus10	Bus32
Line21	0.0016	0.0435	0.0000	500	Bus12	Bus11
Line22	0.0016	0.0435	0.0000	500	Bus12	Bus13
Line23	0.0009	0.0101	0.1723	600	Bus13	Bus14
Line24	0.0018	0.0217	0.3660	600	Bus14	Bus15
Line25	0.0009	0.0094	0.1710	600	Bus15	Bus16
Line26	0.0007	0.0089	0.1342	600	Bus16	Bus17
Line27	0.0016	0.0195	0.3040	600	Bus16	Bus19
Line28	0.0008	0.0135	0.2548	600	Bus16	Bus21
Line29	0.0003	0.0059	0.0680	600	Bus16	Bus24
Line30	0.0007	0.0082	0.1319	600	Bus17	Bus18
Line31	0.0013	0.0173	0.3216	600	Bus17	Bus27
Line32	0.0007	0.0138	0.0000	900	Bus19	Bus20
Line33	0.0007	0.0142	0.0000	900	Bus19	Bus33
Line34	0.0009	0.0180	0.0000	900	Bus20	Bus34
Line35	0.0008	0.0140	0.2565	900	Bus21	Bus22
Line36	0.0006	0.0096	0.1846	600	Bus22	Bus23
Line37	0.0000	0.0143	0.0000	900	Bus22	Bus35
Line38	0.0022	0.0350	0.3610	600	Bus23	Bus24
Line39	0.0005	0.0272	0.0000	900	Bus23	Bus36
Line40	0.0032	0.0323	0.5310	600	Bus25	Bus26
Line41	0.0006	0.0232	0.0000	900	Bus25	Bus37
Line42	0.0014	0.0147	0.2396	600	Bus26	Bus27

续表

线路名称	电阻标幺值	电抗标幺值	1/2 充电电纳标幺值	支路传输容量（兆瓦）	首节点	末节点
Line43	0.0043	0.0474	0.7802	600	Bus26	Bus28
Line44	0.0057	0.0625	1.0290	600	Bus26	Bus29
Line45	0.0014	0.0151	0.2490	600	Bus28	Bus29
Line46	0.0008	0.0156	0.0000	1200	Bus29	Bus38

附表 B.3　各机组分时段出力情况

时点	风电 A（G30）	水电（G31）	风电 B（G32）	煤电 A（G33）	煤电 B（G34）	风电 C（G35）	煤电 C（G36）	光伏 A（G37）	风电 D（G38）	光伏 B（G39）
1	1300	860	1966	1341	1101	1495	2101	100	1497	71
2	1350	898	2000	1323	1083	1501	2087	101	1501	73
3	1310	900	1997	1366	1076	1493	2076	103	1498	75
4	1215	910	1858	1351	1057	1458	2085	102	1482	72
5	1000	860	1796	1312	1074	1383	2063	580	1371	439
6	935	830	1610	1337	1065	1296	2081	697	1352	537
7	856	730	1538	1345	1053	1253	2072	813	1281	638
8	863	710	1479	1339	1093	1165	2086	851	1179	715
9	752	701	1373	1327	1067	1102	2088	890	1103	758
10	969	700	1403	1330	1039	1008	2091	920	1202	761
11	1037	682	1655	1319	1033	985	2102	1100	1321	800
12	863	537	1365	1326	1081	964	2092	1105	1031	804
13	783	637	1282	1325	1037	953	2081	1107	1018	806
14	819	643	1493	1329	1093	1021	2019	1106	1215	809
15	791	682	1364	1341	1082	1012	2052	1102	1117	802
16	1100	747	1692	1334	1063	1361	2044	1065	1358	783
17	1159	782	1724	1342	1072	1421	2027	1032	1361	762
18	1153	825	1711	1338	1081	1451	2094	928	1352	631
19	1202	876	1799	1332	1092	1457	2080	630	1347	536
20	1221	891	1810	1396	1103	1459	2078	582	1421	375
21	1250	897	1849	1327	1098	1502	2059	228	1474	109
22	1302	923	1930	1395	1091	1507	2060	139	1483	76
23	1320	963	1961	1347	1082	1502	2073	143	1487	72
0	1336	889	1979	1384	1085	1503	2082	110	1495	71

附表 B.4　单边现货交易各节点分时节点电价情况

节点	时点																							
	1	2	3	4	5	6	7	8	9	10	11	12	13	14	15	16	17	18	19	20	21	22	23	24
Bus1	104	120	120	120	120	120	162	174	200	200	200	200	162	240	240	240	240	200	180	150	120	120	150	150
Bus2	103	120	120	120	120	120	149	163	200	200	200	200	160	240	240	240	240	200	180	150	120	120	150	150
Bus3	103	120	120	120	120	120	126	165	200	200	200	200	160	240	240	240	240	200	180	150	120	120	150	150
Bus4	108	120	120	120	120	120	183	194	200	200	200	200	160	240	240	240	240	200	180	150	120	120	150	150
Bus5	109	120	120	120	120	120	189	197	200	200	200	200	165	240	240	240	240	200	180	150	120	120	150	150
Bus6	109	120	120	120	120	120	191	198	200	200	200	200	166	240	240	240	240	200	180	150	120	120	150	150
Bus7	109	120	120	120	120	120	189	196	200	200	200	200	166	240	240	240	240	200	180	150	120	120	150	150
Bus8	108	120	120	120	120	120	188	196	200	200	200	200	165	240	240	240	240	200	180	150	120	120	150	150
Bus9	107	120	120	120	120	120	177	186	200	200	200	200	164	240	240	240	240	200	180	150	120	120	150	150
Bus10	110	120	120	120	120	120	200	203	200	200	200	200	150	240	240	240	240	200	180	150	120	120	150	150
Bus11	109	120	120	120	120	120	197	201	200	200	200	200	148	240	240	240	240	200	180	150	120	120	150	150
Bus12	110	120	120	120	120	120	200	203	200	200	200	200	150	240	240	240	240	200	180	150	120	120	150	150
Bus13	110	120	120	120	120	120	203	205	200	200	200	200	152	240	240	240	240	200	180	150	120	120	150	150
Bus14	111	120	120	120	120	120	211	210	200	200	200	200	156	240	240	240	240	200	180	150	120	120	150	150
Bus15	117	120	120	120	120	120	275	245	200	200	200	200	157	240	240	240	240	200	180	150	120	120	150	150
Bus16	120	120	120	120	120	120	303	261	200	200	200	200	158	240	240	240	240	200	180	150	120	120	150	150
Bus17	98	120	120	120	120	120	240	137	200	200	200	200	159	240	240	240	240	200	180	150	120	120	150	150

续表

节点	时点 1	2	3	4	5	6	7	8	9	10	11	12	13	14	15	16	17	18	19	20	21	22	23	24
Bus18	100	120	120	120	120	120	274	147	200	200	200	200	159	240	240	240	240	200	180	150	120	120	150	150
Bus19	120	120	120	120	120	120	303	261	200	200	200	200	158	240	240	240	240	200	180	150	120	120	150	150
Bus20	120	120	120	120	120	120	303	261	200	200	200	200	158	240	240	240	240	200	180	150	120	120	150	150
Bus21	120	120	120	120	120	120	303	261	200	200	200	200	158	240	240	201	220	200	180	150	120	120	150	150
Bus22	120	120	120	120	120	120	303	261	200	200	200	200	158	240	240	160	200	200	180	150	120	120	150	150
Bus23	120	120	120	120	120	120	303	261	200	200	200	200	158	240	240	359	299	200	180	150	120	120	150	150
Bus24	120	120	120	120	120	120	303	261	200	200	200	200	158	240	240	257	249	200	180	150	120	120	150	150
Bus25	102	120	120	120	120	120	160	160	200	200	200	200	160	240	240	240	240	200	180	150	120	120	150	150
Bus26	100	120	120	120	120	120	200	148	200	200	200	200	159	240	240	240	240	200	180	150	120	120	150	150
Bus27	99	120	120	120	120	120	218	143	200	200	200	200	159	240	240	240	240	200	180	150	120	120	150	150
Bus28	100	120	120	120	120	120	200	148	200	200	200	200	159	240	240	240	240	200	180	150	120	120	150	150
Bus29	100	120	120	120	120	120	200	148	200	200	200	200	159	240	240	240	240	200	180	150	120	120	150	150
Bus30	103	120	120	120	120	120	149	163	200	200	200	200	160	240	240	240	240	200	180	150	120	120	150	150
Bus31	109	120	120	120	120	120	191	198	200	200	200	200	166	240	240	240	240	200	180	150	120	120	150	150
Bus32	110	120	120	120	120	120	200	203	200	200	200	200	150	240	240	200	200	200	180	150	120	120	150	150
Bus33	120	120	120	120	120	120	303	261	200	200	200	200	158	240	240	240	240	200	180	150	120	120	150	150
Bus34	120	120	120	120	120	120	303	261	200	200	200	200	158	240	240	240	240	200	180	150	120	120	150	150

续表

节点	1	2	3	4	5	6	7	8	9	10	11	12	13	14	15	16	17	18	19	20	21	22	23	24
													时点											
Bus35	120	120	120	120	120	120	303	261	200	200	200	200	158	240	240	160	200	200	180	150	120	120	150	150
Bus36	120	120	120	120	120	120	303	261	200	200	200	200	158	240	240	359	299	200	180	150	120	120	150	150
Bus37	102	120	120	120	120	120	160	160	200	200	200	200	160	240	240	240	240	200	180	150	120	120	150	150
Bus38	100	120	120	120	120	120	200	148	200	200	200	200	159	240	240	240	240	200	180	150	120	120	150	150
Bus39	106	120	120	120	120	120	169	180	200	200	200	200	163	240	240	240	240	200	180	150	120	120	150	150

附表 B.5　需求侧响应双边现货交易各节点分时点电价情况

节点	1	2	3	4	5	6	7	8	9	10	11	12	13	14	15	16	17	18	19	20	21	22	23	24
													时点											
Bus1	411	177	164	143	181	181	560	328	260	167	959	337	214	234	266	221	1275	219	349	240	345	361	177	240
Bus2	155	154	160	146	150	160	187	181	200	161	202	172	127	179	224	123	457	120	198	240	167	149	149	240
Bus3	175	153	158	146	150	159	217	190	204	161	273	184	483	406	396	524	477	527	212	240	182	168	264	240
Bus4	180	158	151	138	151	154	264	180	212	169	360	163	431	373	371	465	582	468	230	240	160	122	247	240
Bus5	233	186	171	137	176	176	348	222	236	178	411	197	409	360	361	441	847	444	240	240	179	135	240	240
Bus6	240	192	174	137	180	180	360	228	240	180	412	202	408	359	360	440	890	442	240	240	180	135	240	240
Bus7	245	189	172	137	179	179	365	230	239	179	436	206	400	354	356	431	893	433	245	240	187	145	237	240
Bus8	248	188	172	137	178	178	367	232	239	178	448	209	396	351	354	426	894	428	247	240	190	150	236	240

续表

节点	1	2	3	4	5	6	7	8	9	10	11	12	13	14	15	16	17	18	19	20	21	22	23	24
Bus9	317	183	168	140	179	179	448	272	248	173	663	263	319	302	317	340	1054	340	290	240	255	239	211	240
Bus10	100	100	100	135	100	100	150	100	166	150	389	100	414	362	363	446	150	449	235	240	132	100	242	240
Bus11	91	91	188	136	93	194	133	91	253	187	396	95	412	361	362	444	86	447	237	240	134	105	241	240
Bus12	100	100	149	135	100	153	150	100	215	171	389	100	414	362	363	446	150	449	235	240	132	100	242	240
Bus13	109	109	111	135	107	112	167	109	177	155	381	105	416	364	364	448	214	451	234	240	131	95	242	240
Bus14	131	133	127	134	126	129	210	131	193	164	361	116	420	367	366	454	378	456	230	240	128	81	244	240
Bus15	95	141	122	124	126	123	210	95	197	175	321	63	413	362	362	446	390	448	222	240	67	-19	242	240
Bus16	80	144	120	120	120	120	210	80	199	120	304	40	410	360	361	442	394	444	218	240	40	-720	241	240
Bus17	197	147	162	153	150	164	210	215	200	152	288	222	407	358	359	439	399	441	215	240	226	240	240	240
Bus18	189	149	160	150	150	162	212	206	201	156	282	208	436	377	373	471	429	474	214	240	209	212	249	240
Bus19	80	144	120	120	120	120	210	80	-801	-880	-696	-960	410	360	361	442	394	444	-782	-760	-960	-1720	241	240
Bus20	80	144	120	120	120	120	210	80	-801	-880	-696	-960	410	360	361	442	394	444	-782	-760	-960	-1720	241	240
Bus21	80	113	120	120	120	120	210	80	199	120	304	40	410	360	361	442	394	444	218	240	40	-720	241	240
Bus22	80	120	120	120	120	120	210	80	199	120	304	40	410	360	361	442	394	444	218	240	40	-720	241	240
Bus23	80	125	120	120	120	120	210	80	199	120	304	40	410	360	361	442	394	444	218	240	40	-720	241	240
Bus24	80	141	160	120	120	160	210	80	199	120	304	40	410	360	361	442	394	444	218	240	40	-720	241	240
Bus25	160	153	160	147	150	160	190	185	200	160	212	178	160	200	240	160	200	158	200	240	174	160	160	240

时点

续表

| 节点 | 时点 | | | | | | | | | | | | | | | | | | | | | | | |
---	1	2	3	4	5	6	7	8	9	10	11	12	13	14	15	16	17	18	19	20	21	22	23	24
Bus26	179	150	161	150	150	162	200	200	200	156	250	200	284	279	300	300	300	300	208	240	200	200	200	240
Bus27	187	149	162	151	150	163	205	207	200	154	267	210	341	316	327	364	346	365	211	240	212	218	218	240
Bus28	179	150	161	150	150	162	200	200	200	156	250	200	284	279	300	300	300	300	208	240	200	200	200	240
Bus29	179	150	161	150	150	162	200	200	200	156	250	200	284	279	300	300	300	300	208	240	200	200	200	240
Bus30	155	154	160	146	150	160	187	181	200	161	202	172	127	179	224	123	457	120	198	240	167	149	149	240
Bus31	240	192	174	137	180	180	360	228	240	180	412	202	408	359	360	440	890	442	240	240	180	135	240	240
Bus32	100	100	100	135	100	100	150	100	150	150	150	100	154	152	152	154	150	154	150	150	132	100	151	150
Bus33	80	144	120	120	120	120	210	80	-801	-880	-696	-960	410	360	361	410	394	410	-782	-760	-960	-1720	241	240
Bus34	80	144	120	120	120	120	210	80	-801	-880	-696	-960	410	360	361	442	394	444	-782	-760	-960	-1720	241	240
Bus35	80	120	120	120	120	120	210	80	199	120	304	40	410	360	361	442	394	444	218	240	40	-720	241	240
Bus36	-920	-875	-880	-880	-880	-880	210	-920	199	-880	-696	-960	410	360	361	442	394	444	218	240	-960	-1720	241	240
Bus37	160	153	160	147	150	160	190	185	200	160	212	178	160	200	240	160	200	158	200	240	174	160	160	240
Bus38	179	150	161	150	150	162	200	200	200	156	250	200	284	279	300	300	300	300	208	240	200	200	200	240
Bus39	364	180	166	142	180	180	504	300	254	170	811	300	266	268	291	280	1165	280	319	240	300	300	194	240

后　记

　　随着人类对环境污染和全球气候变化问题的日益关注，对环境友好的绿色能源成为世界各国在学术与实践领域的热词。然而，绿色能源领域涉及面广，是一门跨学科、多理论、多方法的复杂体系。本书尝试从能源电力经济学的视角切入，聚焦绿色能源的电价制度变迁过程，结合我国绿色能源价格制度的发展实践，试图为中国绿色能源电力价格市场化和可持续发展提供有益的探索。

　　在本书写作过程中，也曾面临一些迷惑与困难，有幸获得了许多重要的帮助，在这里深表谢意。特别感谢人生导师杨先明教授，杨老师深厚的学术造诣、孜孜不倦的学术作风、崇高的人文精神与执着的学者风范令我们敬佩和感动，在这里向杨老师致以最崇高的敬意和最真挚的感谢！另外，感谢儿子安彻，在我和爱人读博期间因忙于学业，如今又多忙于工作，使儿子比同龄孩子少了许多爸爸、妈妈的陪伴与照顾，深感内疚与歉意。本书得以顺利出版，要衷心感谢为此提供帮助的所有人，感谢亲人的理解与默默支持，感谢西南林业大学经济管理学院领导和同事的关心、帮助与大力支持。

　　因笔者水平有限，书中难免存在错漏与不足，望读者朋友谅解并予以指正。

党国英　刘朝阳
2024 年 1 月 20 日